1968
Eles só queriam mudar o mundo

Regina Zappa e Ernesto Soto

1968
Eles só queriam mudar o mundo

2ª edição

Copyright © 2008, 2018, Regina Zappa e Ernesto Soto

Copyright desta edição © 2008, 2018:
Jorge Zahar Editor Ltda.
rua Marquês de S. Vicente 99 – 1º | 22451-041 Rio de Janeiro, RJ
tel (21) 2529-4750 | fax (21) 2529-4787
editora@zahar.com.br | www.zahar.com.br

Todos os direitos reservados.
A reprodução não autorizada desta publicação, no todo
ou em parte, constitui violação de direitos autorais. (Lei 9.610/98)

Grafia atualizada respeitando o novo
Acordo Ortográfico da Língua Portuguesa

Leitura final: José Maurício Gradel

Projeto gráfico e composição: Mari Taboada
Capa: Estúdio Insólito
Foto da capa: Estudante pichando o muro
em frente à igreja da Candelária, no Rio.

CIP-Brasil. Catalogação na publicação
Sindicato Nacional dos Editores de Livros, RJ

Z38m
2.ed.
Zappa, Regina, 1953-
    1968: eles só queriam mudar o mundo / Regina Zappa e
Ernesto Soto. – 2.ed. – Rio de Janeiro: Zahar, 2018.
                                                    il.
Contém cronologia
Inclui bibliografia e índice
ISBN 978-85-378-1742-1

1. 1968. 2. Movimentos de protesto. 3. Movimentos estudantis. 4. Civilização moderna – 1950-. 5. Jovens – Atividades políticas. 6. Trabalhadores – Atividades políticas. 7. Mudança social. 8. História moderna – 1945-1989. I. Soto, Ernesto. II. Título. III. Título: Eles só queriam mudar o mundo.

11-5478
CDD: 909.826
CDU: 94(100)"1950/..."

Sumário

Prefácio: Cinquenta anos depois 9

Apresentação 11

Janeiro
Prenúncio de primavera, conflitos antigos e corações novos, 17 • Davi e Golias, 19 • Brasil na roda-viva, 22 • Da Lua à Paz Armada, 27 • "My generation", 28 • *Bonnie and Clyde*, 32 • A ditadura grega liberta Theodorakis, 32 • O Ano Têt, 33

> Para Chico Buarque, o fim de um processo efervescente 24
> A antropofagia de Zé Celso, por Macksen Luiz 26
> 68, marco na moda do mundo, por Iesa Rodrigues 30
> Ho Chi Minh, o Iluminador 34
> Vo Nguyen Giap, a Raposa da Selva 36
> ESPECIAL: Uma geração encontra o seu destino, por Monica Horta 37

Fevereiro
Avanços e recuos no Vietnã, 43 • Seguindo os passos de Rosa Parks, 44 • Beatles saem em busca de um sentido na vida, 46 • Os excedentes, 50 • Os movimentos revolucionários no Brasil, 53 • Agitação, 55 • No teatro, a resistência entra em cena, 56 • Agitação em Nanterre, 61

> O ministro da Justiça dos Panteras Negras 45
> O começo do fim dos garotos de Liverpool, por Jamari França 48
> Um empurrão nefasto no autor de "Ponteio" 54
> A opinião do teatro 57
> ESPECIAL: O sofrimento silencioso dos vietnamitas 63
>   Para que remoer..., por Châu Diên 64

Março

Morte no Calabouço, 69 • My Lai, o massacre dos inocentes, 73 • Velhos problemas, novo presidente, 78

> A geração 68 na Europa, segundo o historiador Tony Judt 71
> O Vietnã de Antonio Callado 74
> A canção subversiva dos Stones 76
> ESPECIAL: Contracultura, a voz do caos americano 82

Abril

Cavalos e espadas contra padres, 91 • Três tiros na cabeça de Rudi, o pacifista, 93 • Panteras afiam suas garras, 95 • "Olhei ao redor e vi a terra prometida. Talvez não chegue lá", 99 • Charme, a nova arma política, 103

> Eles que amavam tanto a revolução: Carlos Marighella 92
> Eles que amavam tanto a revolução: Honestino Guimarães 94
> Um sonho de liberdade 100
> ESPECIAL: Estruturas abertas, por Glória Ferreira 105

Maio

Primeiro de maio, 111 • Tintas, pincéis e estilingues, 112 • O maio que marcou a França, 113 • Das salas de aula às barricadas, 115 • Operários entram na luta. Governo treme, 117 • Comuna e bandeiras vermelhas, sabor de revolução, 123 • Negros e pobres marcham sobre Washington, 126 • O movimento se espalha pela Europa, 127

> Eles que amavam tanto a revolução: Daniel Cohn-Bendit 118
> Eles que amavam tanto a revolução: Alain Krivine 121
> Cortina fecha em Cannes, por Pedro Butcher 124
> ESPECIAL: O que os franceses queriam era poetizar a vida 130

Junho

Rebeldes e revolucionários no mesmo barco, 141 • Dispersão francesa, 148 • Conflitos em toda parte, 150 • Tragédia à americana, 152

> Eles que amavam tanto a revolução: Fernando Gabeira 144
> Memória e fantasia, por Lucia Murat 146
> Lugar de louco é fora do asilo, por Cláudio Cordovil 149
> Tiros no príncipe do pop 150
> Bob, a CIA, a máfia e os cubanos 154
> ESPECIAL: Procura-se uma utopia 156

Julho

A atração pela maçã que reluzia, *161* • As aventuras do diário de Che, *161* • Bomba na ABI, *164* • O domínio do mal: *O bebê de Rosemary*, *167* • O pacifismo e o monopólio nuclear, *169* • A tragédia de Biafra, *175*

> Eles que amavam tanto a revolução: José Ibrahin   *166*
> Vidal Sassoon, o fazedor de cabeças   *168*
> Orgulho e luta contra a discriminação   *170*
> E o samba pediu passagem   *172*
> ESPECIAL: No compasso de todos os ritmos   *177*

Agosto

Agosto, mês do desgosto, *183* • Primavera sem flores, *184* • Verão dos tanques, *189* • A invasão que tentou destruir uma ideia, *191* • Na batalha contra a guerra, *194*

> Novilíngua nativa, por Tárik de Souza   *184*
> Tropicália, segundo Caetano   *186*
> A usina de energia continua aí   *192*
> ESPECIAL: O destino dos Sete de Chicago, por Eduardo Graça   *200*

Setembro

Nuvens negras no Planalto Central, *205* • Queda do ditador não derruba a ditadura, *207* • Mulheres na linha de frente, *212* • Carrancas e guardas vermelhos, *216* • Entre o rock e o comunismo, *217* • Pessoas de plástico, *219*

> A vaia em "Sabiá" e a torcida por Vandré – O exílio e o protesto   *208*
> Mulheres em cena!, por Schuma Schumaher   *213*
> Filmes estrangeiros lançados em 1968   *221*
> ESPECIAL: O Grande Salto que não foi adiante   *222*

Outubro

Pancadaria na Maria Antônia, *227* • Ibiúna – Uma derrota histórica, *228* • Plano de Burnier: terror no Rio, *231* • Guerrilha matou militar americano, *235* • Tragédia e festa no México, *236* • O pódio da discórdia, *238* • Militares na América Latina, *242* • Apolo no espaço e Jackie na Grécia, *245*

> Eles que amavam tanto a revolução: José Dirceu   *230*
> Timothy Leary, de Harvard a guru do LSD   *233*
> Miss Brasil 68   *247*
> ESPECIAL: A Escola de Frankfurt no pensamento de uma geração   *248*

Novembro

Eleições na terra do Tio Sam, 253 • A calma que antecede a tempestade, 256 • Um estilo novo e literário no jornalismo, 256 • Drop City, a comunidade hippie que inventou a Drop Art, 259

> O que vem de lá 257
> 1968, comemorar o quê?, por Jean-François Villetard 258
> O som que vinha das vitrolas 260
> Cinema Marginal – "Udigrudi" tupiniquim, por Pedro Butcher 261
> A mais completa tradução 262
> ESPECIAL: Depois da radicalização, direita volver!, por Claudia Antunes 264

Dezembro

Nuvens cinzentas no horizonte, 267 • Sinal de alerta para a linha dura, 268 • Rainha adiou o xeque-mate, 269 • O fatídico AI-5, 269 • Quem tem medo do Tropicalismo?, 271 • Bombas, espionagem e a Terra vista de longe, 275

> O planeta visto da cela 272
> Rolling Stones e o circo que ninguém viu 274
> "Viemos em paz, em nome de toda a humanidade" 277
> ESPECIAL: 1968: nasce a Teologia da Libertação, por Frei Betto 280

Conclusão: A insurreição do desejo 285

Cronologia 291

Referências bibliográficas, 303 • Agradecimentos, 305 • Créditos das ilustrações, 307 • Índice onomástico, 309

A Vera Sílvia
e a todos os que ousaram e ousam
sonhar em mudar o mundo.

Preparado para o embate: estudante picha a igreja da Calendária, no Rio, com o bolso cheio de bolas de gude que seriam espalhadas no asfalto para derrubar a cavalaria

Prefácio
Cinquenta anos depois

Cinquenta anos após os acontecimentos que marcaram 1968, este livro não perdeu a atualidade. Pelo contrário. Publicado uma década atrás, segue despertando a curiosidade e sendo procurado por historiadores, estudantes e pesquisadores interessados nos eventos históricos que fizeram de 1968 um dos períodos mais dinâmicos e arrebatadores do século XX.

1968: eles só queriam mudar o mundo conquistou um lugar especial como referência de consulta por ir muito além dos fatos que marcaram aquele tempo. Um deles, por exemplo, foi a derrota da nação mais poderosa do planeta, os Estados Unidos, para o pequeno Vietnã. O episódio surpreendia o mundo, que se perguntava, atônito, como o mais fraco poderia vencer o mais forte. Mas o campo de batalha era muito maior. Uma boa parcela da juventude e grande parte das chamadas minorias – movidas pelo desprezo ao poder constituído e ao autoritarismo e em busca da liberdade e da felicidade – lutavam por seus direitos. No Brasil a luta era contra a ditadura militar. Na França, os estudantes gritavam contra as proibições, exigiam democracia nas universidades e forçavam mudanças nos costumes. Nos Estados Unidos, o movimento pelos direitos civis enfrentava a violenta reação que acabou levando ao assassinato de Martin Luther King. Na Europa Oriental, a Primavera de Praga sinalizava para os outros países que era possível desejar o fim do domínio soviético e reformas liberalizantes.

A "combustão espontânea", como classificaria o escritor Mark Kurlansky em seu livro *1968: o ano que abalou o mundo*, acontecia por toda parte, embora de formas diversas. Direitos humanos, feminismo, ecologia, meio ambiente e igualdade de direitos eram valores defendidos pela geração que foi à luta por um mundo melhor e mais justo. Foi um ano especial, vigoroso, de grande turbulência e ousadia. Muitas das bandeiras levantadas naquela época seguem mobilizando e norteando o pensamento crítico de quem acredita ser fundamental a consolidação das reivindicações sociais que foram propostas. Até hoje essas questões são debatidas e sensibilizam as consciências que insistem no avanço do processo civilizatório.

No entanto, o que mudou nos últimos dez anos foi a compreensão de que as conquistas humanistas podem não resistir por si mesmas ao tempo e à força das ondas conservadoras. Era ilusão crer que, uma vez alcançadas, essas conquistas se solidificariam. A história não é linear, é feita de avanços e recuos. O que podia ser visto na década passada como a sedimentação de um caminho progressista em direção a um convívio humano mais livre e solidário foi se transformando, em pouco tempo, num sinal de que os avanços podem mudar de direção e sofrer retrocessos.

Hoje, multidões de refugiados vagueiam pelas regiões mais ricas do mundo em busca de um teto, uma refeição, e são rejeitadas. O recrudescimento das organizações racistas, as manifestações abertas e sem pudores de movimentos fascistas e homofóbicos em todo o mundo, a chegada dos partidos de extrema-direita ao poder, a eleição de Donald Trump nos Estados Unidos – todos são evidências de que a evolução que acreditávamos consolidada enfraquece diante da investida reacionária.

Se não for cuidada e cultivada sem trégua, a semente libertária plantada em 1968 pode murchar e demorar a florescer de novo. É preciso estar atento e forte, diria o poeta. Sem a vigília, corremos o risco de perder as conquistas e ter que recomeçar a luta desde o início a cada ameaça de retrocesso. Apesar da distância no tempo, acreditamos que 1968 não caiu no esquecimento. É – ainda hoje, e agora mais do que nunca – uma bandeira essencial a ser empunhada por aqueles que desejam mudanças progressistas, justiça social, liberdade e igualdade.

R.Z. e E.S.
Rio de Janeiro, março de 2018

Apresentação

Passaram-se 40 anos e 1968 continua desafiando as incontáveis iniciativas para explicá-lo. Para quem procura compreendê-lo, 1968 segue intrigante e provocador. Foram muitas as formas de interpretá-lo ao longo do tempo: ano louco, enigmático, revolucionário, utópico, radical, rebelde, mítico, inesperado, surpreendente, profético, das ilusões perdidas. Adjetivos não faltam. A pergunta que ainda busca resposta no tempo é: qual o vínculo entre tantos e tão espantosos episódios e o curto espaço de 366 dias desse ano, além de tudo, bissexto?

Nem mesmo aqueles que estiveram no olho do furacão, no centro dos acontecimentos, sabem responder com convicção. Uma coisa é certa. Quem lançar um olhar curioso sobre o século passado verá que 1968 se destaca claramente entre todos os outros. Mesmo em relação a anos como 1989, da queda do Muro de Berlim, e 1991, da dissolução da União das Repúblicas Socialistas Soviéticas (URSS). A dimensão universal, a repercussão e o extraordinário significado dos eventos que agitaram seus dias colocam 1968 em um patamar único em todo o século XX.

Longe de esgotar o assunto, este livro faz um passeio pelos ricos acontecimentos daquele período, na tentativa de ajudar, especialmente as novas gerações, a entender por que 68 foi tão representativo. Que ele sirva de instrumento para analisar os fatos que marcam nossas vidas até hoje. No mosaico desses acontecimentos, é possível, talvez, encontrar a pista.

Profeticamente, 1968 foi escolhido pela Organização das Nações Unidas (ONU) como Ano Internacional dos Direitos Humanos. Para o povo de Cuba, ele foi o Ano do Guerrilheiro Heroico. Uma homenagem a Ernesto Che Guevara, assassinado pela CIA, no dia 9 de outubro de 1967, no miserável vilarejo de La Higuera, nos Andes bolivianos. A luta pelos direitos humanos e a guerrilha foram personagens marcantes na história de 68.

Ainda em plena ressaca das festas de 31 de dezembro de 1967, o amanhecer de 1º de janeiro de 1968 descortinou um mundo dividido em dois blocos liderados, respectivamente, pela União Soviética e pelos Estados

Unidos. Socialismo e capitalismo. Não havia alternativas: era um ou outro. A lógica dominante era a da Guerra Fria. Os dois blocos tinham o poder de destruir várias vezes a Terra – como se fosse possível – com seus gigantescos arsenais nucleares. Por isso, ninguém atacava ninguém, mesmo com a existência de algumas zonas de guerra quente, como o Vietnã, no Sudeste Asiático. Cada um zelava ciumenta e cuidadosamente por sua área de influência. Era essa a decepcionante herança que cabia à humanidade desde o fim da Segunda Guerra Mundial.

Os problemas que subsistiam não impediam que os poderosos respirassem, no limiar de 68, a euforia gerada pelo período de maior prosperidade e crescimento de toda a história do mundo industrializado. Para a maioria dos jovens, no entanto, era um ambiente insatisfatório, autoritário e injusto. Em um planeta iniciando um irreversível e acelerado processo de globalização, com as primeiras transmissões ao vivo pela televisão, via satélite, encurtando extraordinariamente as distâncias entre tempo e espaço, não era nada espantoso que jovens de formação, tradição e história tão diferentes como alemães, italianos, americanos, etíopes, escandinavos, brasileiros, franceses, tchecos, eslovacos, mexicanos, chineses e japoneses se rebelassem e encontrassem em seus protestos – que curiosamente tinham alvos em comum, como o autoritarismo – inspiração para criar novas formas de luta.

A onda de rebeldia que percorreu o globo em 68 foi inspirada, de um lado, por reivindicações específicas de cada realidade nacional – no Brasil, a luta contra a ditadura militar, impulsionada por um sentimento libertário contra o opressivo autoritarismo que permeava as relações no interior das famílias, nas escolas e universidades, nas empresas e na vida cotidiana dentro de uma sociedade de consumo e comunicação de massas que sofria a doença de uma deformada prosperidade.

Mas não era só isso. Jovens de todo o planeta alimentavam também uma generosa e generalizada revolta contra o mundo bipolar, os valores sociais ultrapassados, o falso moralismo, a repressão sexual, as injustiças sociais e a guerra no Vietnã, onde um poderoso país imperialista exerce uma agressão cruel contra uma pequena e subdesenvolvida nação do Terceiro Mundo. Uma guerra que repercutia e também era travada no território americano, especialmente nas universidades, onde milhares de estudantes protestavam quase diariamente contra o recrutamento obrigatório para o serviço militar, apoiados por uma opinião pública crescentemente contrária à guerra e revoltada com o número de mortos e feridos americanos. Aos 18 anos, os jovens eram convocados para lutar e morrer no Vietnã. No entanto, eles sequer tinham o direito de votar. Teriam ainda que esperar mais três anos para completar 21 e poder escolher um presidente.

Na Europa, a existência de uma "cortina de ferro" separando realidades diferentes não evitava que a juventude protestasse dos dois lados contra regimes igualmente incapazes de corresponder a seus sonhos, exigências e esperanças. Do lado oriental, especialmente na Polônia, na Romênia e na então Tchecoslováquia, as duras condições de vida e a implacável repressão da polícia política não impediam as manifestações dos jovens contra a censura, o frustrante "socialismo real" e o burocrático e repressivo marxismo oficial vigente no Leste Europeu. Protestos vistos com crescente mau humor pela poderosa União Soviética, ciosa guardiã da disciplina, da ordem e da paz dos cemitérios em suas repúblicas.

Ano de muitas audácias. Em que o sonho não era apenas fazer uma reforma ou uma recauchutagem nas opressivas estruturas existentes. O poder da imaginação tinha sido liberado. Os estudantes, que ergueram barricadas no Centro de Paris e nas aleias das bem-cuidadas universidades americanas e tomaram as ruas na bela e secular Praga e em muitas outras cidades, queriam uma nova vida. Seus cantos, suas palavras de ordem, suas bandeiras e cartazes não vinham do passado. Representavam o futuro. Contra o centralismo, queriam autogestão. Contra o autoritarismo, propunham assembleias-gerais. Rebelião e revolução nunca estiveram tão próximas.

Em Praga, o premonitório sonho libertário duraria apenas o fugaz tempo de uma primavera, até que os tanques esmagassem a florescente liberdade que, entretanto, voltaria inexoravelmente alguns anos depois com força irresistível para derrubar muros, cortinas e tiranos.

1968 foi, para os americanos, de tirar o fôlego. Pouco depois da passagem do ano, o barulho do espocar das garrafas de champanhe se confundiu com os disparos dos vietcongues, dedicados camponeses durante o dia, imbatíveis guerrilheiros à noite, que, calçados com suas humildes sandálias de sola de borracha, desceram das montanhas do Vietnã do Norte para colocar em xeque o mais poderoso Exército do mundo na ofensiva do Têt (Ano Novo chinês), um dos acontecimentos capitais do ano.

A guerra foi levada ao coração de Saigon e a embaixada americana – um dos lugares mais protegidos do mundo – chegou a ser tomada pelos guerrilheiros. Se os vietcongues não conseguiram atingir no terreno militar todos os seus objetivos, a ofensiva do Têt teve um efeito devastador na opinião pública e colocou definitivamente a maioria dos americanos contra a guerra, fez Lyndon Johnson desistir de disputar a reeleição, expulsou os democratas da Casa Branca, elegeu Richard Nixon presidente e forçou o início da conferência de paz em Paris.

Nos Estados Unidos, líderes continuaram servindo de alvos preferenciais para tiros de radicais e/ou desequilibrados. Robert Kennedy e Martin Luther King foram abatidos. Tribos de todas as cores, tendências e bandeiras soltaram a voz nas ruas e estradas da América: pacifistas, hippies, yippies, Panteras Negras, feministas, homossexuais, militaristas, libertários, militantes dos direitos civis, republicanos e democratas. O debate ideológico foi intenso, temperado muitas vezes pelos cassetetes, bombas de gás e até mesmo tiros da polícia. Com a morte de Luther King, muitos negros consideraram bloqueado o caminho pacífico para conquistar os direitos civis e optaram pela luta armada. Foi um ano de muitos e sangrentos conflitos raciais.

Na enigmática China, a chamada Grande Revolução Cultural e Proletária mobilizava em 1968 mais de 20 milhões de jovens chineses. Armados do *Livro vermelho* com os pensamentos do camarada Mao, eles sacudiram as tradicionais estruturas de seu milenar país, como se a história estivesse começando do zero, naquele instante. O passado era revisto e refeito. Os guardas vermelhos, como se autointitulava a versão chinesa da geração 68, se lançaram numa incontrolável onda de perseguições políticas que fugiu ao controle de seu comandante, Mao, a quem cultuavam como um deus. Líderes e intelectuais foram perseguidos, humilhados e assassinados. Nem o extraordinário patrimônio cultural escapou da fúria purificadora. Templos, esculturas, manuscritos e livros foram destruídos por falta de conteúdo revolucionário. No final de 68, com a economia e a vida no país mergulhadas no caos, Mao, o Grande Timoneiro, tentou mudar o rumo do barco para evitar o naufrágio, como já tinha feito antes por ocasião do Grande Salto para a Frente, outra campanha fracassada.

Ano de muitos protestos. De vitórias e derrotas para os movimentos populares. No México, estudantes que manifestavam contra a disfarçada ditadura mexicana foram massacrados na tristemente famosa praça de Tlatelolco, na Cidade do México. Nunca se soube o número de mortos, feridos e desaparecidos. Os Jogos Olímpicos, realizados também no México, foram marcados – pela primeira vez na história olímpica – por manifestações de atletas americanos negros contra o racismo existente nos Estados Unidos. No Japão, estudantes enfrentaram a polícia em intermináveis batalhas, protestando contra o uso de seu país como base de reabastecimento das forças americanas que combatiam no Vietnã.

Em todo o mundo, protestos mobilizaram jovens quase cotidianamente ao longo de 1968, mas em nenhum deles as manifestações tiveram a dimensão das que ocorreram em maio, na França. O que havia começado como uma banal reivindicação em uma universidade no subúrbio de Paris, Nanterre, sobre o direito de moças e rapazes partilharem os mesmos alojamentos estudantis, se transformou ao longo do mês numa quase revolução, com 10 milhões de operários em greve, a cidade sitiada, barricadas no Quartier Latin e o poder em xeque.

Mas foi provavelmente no comportamento, cultura e contracultura, que a geração 68 deixou mais fortemente sua assinatura, sua marca, sua herança. Foi um ano extraordinário, em que a comunicação instantânea acertou suas fronteiras com o tamanho exato do mundo. A música, principalmente o rock, tornou-se um dos meios fundamentais para os jovens expressarem suas alegrias e tristezas, angústias e revolta, protesto e esperança no futuro. Janis Joplin, Jimi Hendrix, Beatles, Jim Morrison, Bob Dylan... As convenções existiam para serem quebradas. Muitos jovens deixaram o cabelo crescer, passaram a usar roupas coloridas e a se enfeitar com flores. Pregaram o amor livre e a não violência. Novas formas de organização familiar foram propostas.

Uma talentosa geração de músicos brasileiros chegou aos palcos em 68, revolucionando a MPB. Festivais da canção revelaram autores. Caetano e Gil burilaram o Tropicalismo, "um movimento para acabar com todos os outros movimentos", buscando uma estimulante interação entre diferentes manifestações artísticas. No teatro e no cinema, José Celso Martinez Corrêa e Glauber Rocha causaram espanto e admiração e abriram novos espaços para a arte.

Tudo isso incomodava os militares no poder. O teatro, em peças como *Roda viva*, foi alvo de brutais ataques terroristas. Na música, os autores eram obrigados a inventar subterfúgios para enganar a implacável e quase sempre estúpida censura.

Os estudantes brasileiros estiveram nas ruas durante quase todo o ano, enfrentando a feroz repressão do governo militar. Lutavam por suas reivindicações, por liberdade e pelo fim da ditadura. No fim do ano, com a promulgação do Ato Institucional n.5 (AI-5), os militares, depois de quatro anos no poder, finalmente tiraram o disfarce e assumiram plenamente as feições do regime que impunham. Uma ditadura cruel e despótica. Tão cruel que, além do uso indiscriminado da tortura contra presos políticos, foi capaz de alimentar planos insanos de utilizar o Para-Sar, uma unidade de elite da Força Aérea especializada em salvar vidas humanas, na eliminação física dos oponentes da ditadura. Atos terroristas contra a população civil – entre eles a explosão do gasômetro no Centro do Rio de Janeiro e o envenenamento das fontes de abastecimento de água da cidade – faziam parte dos planos dos militares "linha-dura". Planos sinistros que foram neutralizados pelas denúncias de um militar democrata.

A herança de 1968 é polêmica, rica e se faz sentir até hoje. Foi o ano deflagrador de uma série de reivindicações sociais, políticas e culturais que continuam sem solução. Indicou a necessidade da criação de uma nova ordem mundial voltada fundamentalmente para o homem, com a implantação da igualdade entre os sexos, do respeito à vida e ao meio ambiente, do planejamento ecológico e da defesa dos direitos das minorias. E o mais importante: ensinou que uma sociedade não é feita apenas para reproduzir a si mesma num círculo vicioso, mas também estar em permanente transformação, visando atender às necessidades e aspirações de sua população.

De onde surgiram inspiração e fôlego para tanta movimentação reunida num só ano? O fato é que, em um determinado momento, alguém não se conformou e escreveu com letras firmes num muro de Paris: "Seja realista, peça o impossível."

Janeiro

Prenúncio de primavera, conflitos antigos e corações novos

O ano de 1967 terminara sem grandes sobressaltos, mas ventos revolucionários traziam eletricidade ao novo ano que se anunciava. No início de janeiro, em Havana, Fidel Castro decretava, sintomaticamente, que 1968 seria o Ano do Guerrilheiro Heroico. Tratava-se de uma homenagem a Che Guevara, que travara seu último combate na América Latina no vale do rio Yuro, na Bolívia, em 8 de outubro de 1967, e fora executado no dia seguinte. O espírito de Che, portanto, já reinava por decreto sobre 1968. Seu martírio pela causa revolucionária serviria para que, durante muito tempo, inúmeros jovens se inspirassem em seu exemplo.

Em Paris, a polícia tenta conter a marcha dos estudantes

A *alegria de um casamento hippie numa praça de Nova York*

O ano começava entre balanços de túnicas indianas e calças boca de sino e rodopios de saias longas com rendas e paetês. Pierre Cardin lançara roupas geométricas e as garotas se vestiam com as minissaias criadas por Mary Quant ou, se fossem mais "caretas", com vestidos evasê e meias arrastão. Havia, porém, sinais reveladores em todo o mundo, desde o início da década, de que, logo à frente, a energia que pairava no ar se transformaria em turbulência.

Na Europa Oriental, sob o domínio vigilante da hoje extinta União Soviética, algumas mudanças despontavam. Com a pretensão de ampliar a liberdade de expressão e reabilitar as vítimas do stalinismo, o bem-intencionado reformista e democrata Alexander Dubcek acabava de ascender, no dia 5 de janeiro, ao cargo de primeiro-secretário do Partido Comunista da então Tchecoslováquia, ainda parcialmente encoberta pela chamada Cortina de Ferro. Começava a ganhar força o movimento que se tornaria conhecido como Primavera de Praga e que apontava na direção de uma lenta distensão.

Dubcek defendia o "socialismo de rosto humano". Junto com ele, um grupo de jovens intelectuais conquistava espaço no Partido Comunista tcheco. Dubcek decidira fazer uma reforma profunda na estrutura política do país, com a intenção de remover todos os vestígios do autoritarismo que ele considerava uma aberração no sistema socialista.

No Oriente Médio, os conflitos de 1967 ainda ecoavam. Na fronteira de Israel com a Jordânia, houve troca de tiros e ataques com mísseis no primeiro dia de 1968. A região tinha sido palco de choques recentes entre árabes e judeus meses antes, entre 5 e 10 de junho, durante a Guerra dos Seis Dias, com fulminantes ataques de Israel a bases aéreas egípcias e bombardeios da Jordânia em Jerusalém. No confronto, o Exército de Israel derrotara as forças do Egito, da Jordânia e da Síria, passando a ocupar grandes extensões de Jerusalém Oriental, da Cisjordânia e da Faixa de Gaza, além do deserto egípcio do Sinai e das colinas sírias de Golã, ampliando sua área três vezes. Acreditava-se, então, que os territórios ocupados poderiam servir como "moedas de troca" em negociações de paz com os países árabes, mas a permanência das hostilidades mostrava, no início de 1968, que uma solução pacífica estava cada vez mais difícil na região.

Uma boa notícia, porém, vinha da África do Sul. O cirurgião Christian Barnard e sua equipe haviam realizado com sucesso, em 2 de janeiro, o segundo transplante de coração do mundo. O primeiro fora feito em dezembro de 1967 e transformara instantaneamente o desconhecido médico sul-africano em celebridade mundial. O paciente do primeiro transplante morrera 18 dias depois, de pneumonia, por causa dos remédios para evitar a rejeição do órgão. Mas as esperanças de cura de doenças cardíacas por transplante estavam definitivamente postas sobre a mesa.

Davi e Golias

Em uma península do Sudeste Asiático, era travada uma guerra entre Davi e Golias. Considerado o mais polêmico e violento conflito armado da segunda metade do século XX, foi o estopim para a insurreição de milhares de jovens no mundo inteiro. De um lado, o Vietnã, que vivia do plantio de arroz e cujo padrão de vida, baseado em uma cultura ancestral, era várias vezes inferior ao menos desenvolvido dos estados americanos. De outro, os Estados Unidos, a mais rica e poderosa nação do mundo, capaz de realizar intervenções militares em escala planetária e arrasar, com bombardeios nucleares, qualquer vestígio de vida sobre a Terra.

O conflito na Indochina vinha de longe. Em 1946, o Vietminh, sob o comando do líder revolucionário comunista Ho Chi Minh, formara um Estado no norte do Vietnã. Começava a luta armada entre o Vietminh e os colonizadores franceses, que, em 1949, impuseram Bao Daï como imperador do Vietnã. O confronto teve um de seus pontos culminantes com o processo de descolonização, quando os norte-vietnamitas, liderados por Ho e com o apoio da China, derrotaram os franceses, obrigando-os a aceitar sua independência em 1950.

O Vietminh continuou a luta pelo controle do território. Em 1954, os franceses retiraram-se, após terem sido humilhantemente vencidos na histórica batalha de Dien Bien Phu. No mesmo ano, a Conferência de Genebra reconheceu a independência da Indochina francesa, que envolvia o Laos, o Camboja e o Vietnã. Um armistício consolidou a separação do Vietnã, que ficou dividido em dois pelo paralelo 17: a República Democrática do Vietnã (ou Vietnã do Norte), pró-soviética e sob o regime comunista de Ho Chi Minh, e o Vietnã do Sul, com a monarquia encabeçada por Bao Daï. Em 1955, um golpe militar liderado por Ngo Dinh Diem depôs a monarquia, instaurando uma república ditatorial que recebeu apoio americano.

Era mais um desdobramento da Doutrina Truman, criada nos Estados Unidos para conter a expansão comunista. Os americanos passaram a apoiar a política repressiva de Saigon, no Vietnã do Sul, o que incentivou o surgimento da Frente Nacional de Libertação do Vietnã. O braço armado desse movimento de oposição, a guerrilha vietcongue, contava com o apoio dos comunistas de Hanói, no Vietnã do Norte, que, por sua vez, proclamavam a intenção de reunificar o país.

Os Estados Unidos, no entanto, só entraram "oficialmente" na guerra em 1964, sob o falso pretexto de que dois destróieres seus haviam sido atacados por lanchas norte-vietnamitas em águas internacionais do golfo de Tonquim. O presidente Lyndon B. Johnson ordenou, então, bombardeios

Jovens americanos protestam contra a guerra no Vietnã

de represália sobre o Vietnã do Norte. A guerra passou a atingir diretamente o Norte, que até aquele momento ajudava os vietcongues no Sul com alimentos e armas. Os Estados Unidos começaram a mandar para o Vietnã parte dos 540 mil soldados que seriam enviados até sua retirada, em 1973. Começava, então, a guerra que mobilizaria o mundo na década de 1960.

Logo no primeiro dia de janeiro de 1968, o senador americano Robert Kennedy desembarcou em Saigon para estudar a situação dos refugiados e das vítimas civis. O conflito se mostrava terrivelmente sangrento e começava a provocar um sentimento de repulsa em vários países e entre a própria população americana, que exigia o fim da guerra. A televisão exibia diariamente, via satélite, uma conquista tecnológica que ensaiava então seus primeiros passos, as cenas dilacerantes dos combates. E, na sala de estar, as famílias viam seus filhos, irmãos, maridos e pais morrerem.

No mesmo ano em que declararam guerra ao Vietnã, os Estados Unidos apoiaram o golpe contra o presidente brasileiro João Goulart, considerado simpatizante do comunismo soviético pelo governo de Washington. As provas do apoio vieram muitos anos depois, quando se soube que o então embaixador Lincoln Gordon e seu adido militar, o coronel Vernon Walters, participaram ativamente das decisões que antecederam o 31 de março de 1964. Documentos comprovaram que Gordon sabia da existência de uma operação montada pela CIA para dar respaldo ao golpe, caso houvesse resistência. A operação se chamava Brother Sam e contava com navios de guerra americanos de prontidão no litoral do Nordeste brasileiro.

Em 1968, havia um forte sentimento antiamericano entre setores intelectuais, artísticos e estudantis brasileiros, que manifestavam seu repúdio aos Estados Unidos com palavras de ordem do tipo *"yankee go home"* e "abaixo o imperialismo" escritas nos muros das cidades. O Vietnã era apenas mais uma razão para que, sobretudo os jovens, manifestassem sua rejeição à ingerência americana nos assuntos internos brasileiros. Quase 40 anos depois, documentos secretos da diplomacia americana que vieram à tona em Washington mostraram que, em 1973 e 1974, o governo de Richard Nixon tinha conhecimento do que se passava no Brasil. O embaixador dos Estados Unidos em Brasília, John Crimmins, informara Nixon dos métodos da ditadura (tortura, assassinatos), mas recomendou discrição para não atrapalhar nem a estratégia de "influenciar a política brasileira", nem a venda de armas ao país. O telegrama enviado por Crimmins ao Departamento de Estado dizia o seguinte:

> O programa americano de assistência à segurança do Brasil é uma ferramenta essencial aos nossos esforços de influenciar a política brasileira. O programa vem sendo efetivo em começar a restabelecer os EUA como fonte primária de equipamento, treinamento e doutrina para as Forças Armadas do Brasil. Interessa-nos muito, porém, consolidar e expandir nossos ganhos recentes na provisão de equipamento militar ao Brasil.

Brasil na roda-viva

A criação cultural no Brasil estava em ebulição, embora enfrentasse uma atuante censura desde o golpe de 1964 e o país se encontrasse em plena ditadura. Mas o ambiente cultural vinha de anos férteis e criativos em que as artes dialogaram como nunca entre si, refletindo conscientização política e desejo de transformação.

O Cinema Novo criara uma estética inovadora no Brasil. O teatro revolucionara a cena artística no Rio e em São Paulo. A música se encarregava do protesto mais explícito e o público pedia mais. Nos anos 60, os jovens cinemanovistas – entre eles Glauber Rocha, Cacá Diegues, Joaquim Pedro de Andrade, Arnaldo Jabor, David Neves – se entusiasmavam com o engajamento e a forma diferente de atuar adotada pelos grupos do Teatro de Arena e do Teatro Opinião e iam buscar ali os atores de seus filmes. Nas artes plásticas, textos, imagens e objetos passaram a ser as referências da nova arte conceitual, que valorizava a obra por si só. Nessa época de interação entre obra e espectador, as instalações eram um dos meios preferidos pelos artistas, que, para terem projeção, precisavam ser engajados e de vanguarda. Era um tempo em que a arte tinha que ter opinião. E tinha.

O Teatro de Arena, criado em São Paulo nos anos 50, injetava política na dramaturgia brasileira. Em 1958, apresentara *Eles não usam black-tie*, de Gianfrancesco Guarnieri, que ajudaria a consolidar o teatro revolucionário. O Cinema Novo rompera com o passado e entrava em sintonia perfeita com a efervescência intelectual e o embrionário movimento estudantil. Glauber Rocha esquentara as turbinas lançando, em 1967, *Terra em transe*. Eram os sinais da intensa inquietação que vinha se mostrando desde o início da década.

A música, mais forte do que nunca, vinha de um ano pleno, com artistas que se firmariam no cenário musical até os dias de hoje. Para se ter uma ideia, sua força era tanta que, numa mesma edição do Festival da Record, em 1967, consagraram-se canções emblemáticas como "Ponteio", de Edu Lobo e Capinam; "Roda viva", de Chico Buarque; "Domingo no parque", de Gilberto Gil; "Alegria, alegria", de Caetano Veloso; "Eu e a brisa", de Johnny Alf. O solo estava arado. Em 1968, dentro e fora dos festivais, as canções de protesto ganhariam espaço e se multiplicariam.

Oprimidos pela censura, intelectuais e artistas provocavam as autoridades. Chico Buarque se afastava da imagem de bom garoto que ganhara com "A banda", em 1966, e sacudia o teatro com a primeira peça de sua autoria,

A POESIA ESTÁ NA RUA

Roda viva, que estreou no Rio em 15 de janeiro de 1968. Montado pelo diretor do Teatro Oficina, José Celso Martinez Corrêa, o espetáculo demolia o *star system* da época e criticava duramente o artista que vendia a alma em troca da fama. *Roda viva* conta a história de um compositor que é usado pela máquina da televisão e depois jogado fora. Com Marieta Severo, Heleno Pestse e Antonio Pedro nos papéis centrais, logo virou sucesso e passou a ser marca de crítica à ditadura militar.

Para Chico Buarque, o fim de um processo efervescente

"Eu não era um bom conspirador", diz Chico Buarque. E não era mesmo. Tanto que um dia, quando a atriz Tônia Carrero telefonou para lhe dizer de forma cifrada que haveria um encontro com o "príncipe russo" em sua casa, Chico ficou paralisado, sem dizer nada, por alguns segundos. Depois exclamou: "Ah, o Vladimir!" Terminava ali, antes mesmo de começar, sua fugaz carreira de conspirador político. Com essa simples frase, ele detonava o sigilo sobre um encontro clandestino que um grupo de artistas, entre eles Tônia, planejava fazer em torno de Vladimir Palmeira, um dos principais líderes estudantis dos anos 60. Do encontro, o compositor não se lembra. "Acho que fui desconvidado no ato."

Nessa época, Chico morava no Rio e não se envolvia em nenhuma atividade política. Sua experiência com a censura se limitava à proibição pela Marinha da música "Tamandaré", em 1965, e uma ou outra coisa aqui e ali. A impressão mais forte que guarda de 1968 não é a do começo de coisa alguma, mas a do fim de um processo.

"Até 1968, era tudo muito festeiro, a barra não tinha pesado ainda nem para os movimentos estudantis nem para as artes. Aí veio o AI-5. Lembro que estava em minha casa à noite com o [Hugo] Carvana, assistindo à televisão, quando o AI-5 foi anunciado em cadeia nacional. Lembro-me do Carvana dizendo em tom solene: 'Estamos fodidos...'

É bem verdade que a classe artística – na música, no teatro – começou a fazer oposição ao governo militar no dia 1º de abril de 1964. A resistência começou ali. E a agitação política existiu muito fortemente entre 1964 e 1968, porque havia uma certa liberdade. A censura, antes de 1968, era bem amena. O Gama e Silva, que era ministro da Justiça, recebia os artistas, havia interlocução. Recebia também as lideranças estudantis, que eram a vanguarda nessa luta. Lembro que os espetáculos em cartaz eram bastante fortes. Não se sentia o tacão da censura. Não havia a censura institucionalizada, a censura prévia. Esta se estabeleceu com o AI-5.

O que havia antes eram movimentos paramilitares, como no caso da agressão aos atores do *Roda viva*, em São Paulo. Isso era assustador. Ouvi uma frase de um general que dizia: 'Se essa peça não

A direção de Zé Celso tornava o espetáculo polêmico e histórico, por usar a peça como pretexto para a construção de um espetáculo-manifesto ao qual chamava de teatro de agressão. Chico não se opôs à livre criação do diretor. Na segunda montagem de *Roda viva*, em São Paulo, em julho, com Marília Pêra no lugar de Marieta Severo, militantes do Comando de Caça aos Comunistas (CCC), junto com policiais, invadiram o Teatro Ruth Escobar, espancando artistas e público e destruindo cenário, figurinos e equi-

tinha nada de mais por que vocês acham que nós fomos obrigados a intervir?' Isso já mostrava que os agressores de *Roda viva* estavam próximos do poder. Era a linha dura tentando ganhar a disputa dentro do Exército, onde sempre existiu uma linha mais razoável e um pessoal mais selvagem. Depois, quando apareceu o AI-5, a impressão que a gente tinha era de que esses grupos paramilitares tinham assumido o poder.

Antes do AI-5, havia uma efervescência e uma alegria. Os estudantes, que foram golpeados em 1964 com o fechamento da UNE, estavam se sentindo com força para recuperar o espaço perdido. Minha impressão é de que os artistas iam um pouco a reboque dessa juventude. Nesse tempo não existia política partidária. A gente estava se sentindo com força para fazer cobranças ao governo militar, na época um tanto enfraquecido. Além disso, havia os movimentos estudantis internacionais, e as palavras de ordem lá de fora foram incorporadas aqui. Eu achava aquilo meio fogo de palha, na época, meio alegria. É que maio de 1968, na França, tinha um glamour muito forte, então muita gente se deixou levar por isso e foi fundo. Mas, no dia 13 de dezembro, a barra pesou. Acabou a brincadeira. O clima pesou. A gente chegava no bar e ouvia os comentários de que a imprensa estava censurada.

No Brasil, 1968 vinha vindo desde 1964 – os movimentos de contestação, a revolta estudantil, as mudanças comportamentais. *Roda viva* estreou em 1968, mas começou a ser montada em 1967. O que houve de mais grave em 1968 foi o AI-5, que acabou com a brincadeira. Aí veio a grande transformação, a grande porrada. Os artistas viajaram ou se calaram.

Depois do AI-5, o Brasil se descolou do mundo e permaneceu descolado muito tempo. A censura também atingia as coisas que vinham de fora. No cinema não passava *Laranja mecânica* [de 1971] nem *O último tango em Paris* [de 1972, só liberado no Brasil em 1979]. O Brasil começou a ficar isolado, uma espécie de um imenso Portugal. Perdeu a conexão. A ideia do regime militar de se criar uma ilha de desenvolvimento tinha a ver com o que Salazar tinha feito em Portugal. Foi um atraso cultural pela falta de informação. O mesmo aconteceu aqui. Para mim, o revertério do AI-5 foi uma grande surpresa. Tomei um susto."

> Depoimento

A antropofagia de Zé Celso

José Celso Martinez Corrêa, que inaugurou as bases do Tropicalismo no palco em 1967, com a reinvenção de Oswald de Andrade em *O rei da vela*, e que no início de 1968 provocou polêmica ao encenar *Roda viva*, de Chico Buarque, marca ainda esse ano ao levar à cena *Galileu Galilei*, de Bertolt Brecht. As duas montagens anteriores contribuíram para que o diretor aproximasse o dramaturgo alemão das vertentes que incidiam sobre aquele momento histórico: a reafirmação da nacionalidade e o enfrentamento da ditadura. Zé Celso transformou o cientista que nega a "verdade científica" diante das pressões da Inquisição em um homem que, mesmo submetido, não abdica da certeza, que se provará incontestável no futuro. Não sem razão, o diretor encerrou o espetáculo tropicalisticamente, com Galileu e os demais personagens dançando ao som de "Banho de Lua", um "rockzinho" cantado por Celly Campelo. Estéticas e reflexões se encontraram num ponto de convergência improvável e, desse modo, a "geleia geral" se completou, antropofagicamente.

MACKSEN LUIZ
jornalista e crítico teatral

pamento técnico. Mais tarde, soube-se que haviam confundido *Roda viva* com outra encenação no mesmo teatro, *Feira paulista de opinião*, em que um ator defecava dentro de um capacete. O Comando ia atacar essa peça, mas enganou-se de horário e, para não perder a viagem, agrediu os atores de *Roda viva*. No dia seguinte, Chico Buarque estava na plateia para apoiar o grupo e aí começou um movimento organizado em defesa de *Roda viva* e contra a ação da censura nos palcos.

O clima geral era de tensão. No meio estudantil, os ânimos também se acirravam. Secundaristas começavam a protestar por mais vagas nas universidades e contra o mau funcionamento do restaurante do Calabouço, uma precária e provisória instalação no Aterro do Flamengo, no Rio, que atendia estudantes carentes e entidades estudantis. No dia 15 de janeiro, saíram às ruas em passeata. Em Belo Horizonte, estudantes fizeram manifestação contra a ditadura militar, em frente à Faculdade de Direito da Universidade Federal de Minas Gerais.

Quanto mais aumentavam, entre os estudantes, a inquietação e o sentimento de revolta, mais o governo militar se preparava para a repressão. No dia 4 de janeiro, foi baixado o decreto-lei n.348, regulamentando e fortalecendo as Divisões de Segurança e Informações dos ministérios civis. Em 8 de janeiro, o general Costa e Silva decretou a ampliação dos poderes da Secretaria-Geral do

Roda viva *fez muito sucesso, mas os militares não gostaram*

Conselho de Segurança Nacional. O CSN, criado pelo artigo 162 da Constituição de 1937 com a função de estudar as questões relativas à segurança nacional, ganhava poder. Se veria depois, em setembro de 1969, que o Conselho seria o "órgão de mais alto nível de assessoramento direto do presidente da República, na formulação e na execução da política de segurança nacional", conforme o decreto-lei n.900.

Da Lua à Paz Armada

Em Cabo Kennedy, na Flórida, o programa espacial americano ganhava fôlego com o lançamento, em 7 de janeiro, da Surveyor 7,

Costa e Silva amplia seus poderes

a última sonda de uma série destinada a testar a viabilidade de um pouso na Lua, preparando o terreno para o programa Apolo. O resultado foi satisfatório e, em 20 de julho de 1969, a Apolo 11 levaria os primeiros homens a pisar na Lua. E, mais fantástico ainda, os traria de volta.

Mas nem só de intenções pacíficas se alimentavam os projetos científicos nos Estados Unidos. Em 19 de janeiro, realizava-se no deserto de Nevada o mais potente teste nuclear subterrâneo, num poço de 975 metros de profundidade. A era nuclear havia começado oficialmente em 1945, quando os americanos lançaram as primeiras bombas atômicas contra Hiroshima e Nagasaki, no Japão, durante a Segunda Guerra Mundial. A partir daí, os Estados Unidos tornaram-se uma forte e temida potência nuclear, que disputaria com a União Soviética a hegemonia política, econômica e militar no mundo.

A Guerra Fria, talvez a mais cínica modalidade de guerra moderna, que estabelecia entre as duas superpotências um conflito nos campos político e ideológico sem embate militar, incentivava, no entanto, confrontos armados na Ásia, na África e na América Latina. Dava-se a esse período o nome de Paz Armada, pois acreditava-se que, enquanto houvesse um "equilíbrio" bélico entre as duas potências, a paz estaria garantida, pois uma sabia que não seria atacada pela outra. E ambas, dedicadas à corrida armamentista, já possuíam arsenais nucleares que poderiam acabar várias vezes com o planeta, em poucos minutos.

Para amenizar os ânimos e tentar manter a harmonia, Estados Unidos e União Soviética assinaram, no dia 18 de janeiro, em Genebra, um tratado de não proliferação de armas atômicas. Por ironia, três dias depois um bombardeiro americano B-52 caía na Groenlândia com quatro bombas nucleares.

"My generation"

A cratera que uma bomba atômica podia deixar na superfície da Terra talvez não fosse tão profunda quanto o abismo entre gerações na década de 1960. No ano de 1968, em particular, a questão do *gap* de gerações era tão crucial que

os jovens passavam boa parte do tempo falando de sua geração excepcional, como na música "My generation" ("Talking 'bout/ My generation"), da banda de rock inglesa The Who, incluída no primeiro disco do grupo, lançado em 1965. Normalmente, os acontecimentos são reconhecidos como relevantes em retrospecto, mas o curioso, em 1968, foi a importância que seus contemporâneos deram à época e a si próprios. Esse choque geracional na Europa, por exemplo, tinha como origem as transformações, sobretudo na área da educação, ocorridas a partir da década de 1950. E, no início de 1968, já se podia sentir a ebulição juvenil que desencadearia a revolta estudantil.

A rebeldia dos jovens era, a princípio, uma questão de estilo. O pesadelo da geração de seus pais era alimentado pela cultura do sexo, drogas e rock 'n' roll que se espraiava ano adentro. A chegada da pílula anticoncepcional, em 1960, já adubara o território do comportamento juvenil com a semente da liberdade sexual. Mas enquanto no começo dos anos 60 a revolução sexual era uma promessa, em 1968 a história era outra. As experiências com drogas se tornaram reais e o sexo passou a ser uma trincheira.

The Who, a banda que lançou "My generation", música que traduziu a época

Depoimento

68, marco na moda do mundo

O padrão de beleza mudou e as modelos que faziam sucesso eram Twiggy (no alto) e Veruska (centro). Mary Quant lançava a minissaia

Nunca as mudanças foram tão radicais e súbitas na moda, que mal se recuperava da crise do pós-guerra. A própria capital do estilo, Paris, viveu a rebeldia dos jovens que participavam dos movimentos que culminariam com os confrontos nas ruas, em maio de 68. Yves Saint-Laurent, estilista que começava a se firmar como criador, foi o primeiro a observar que algo estava mudando e a fazer coleções inspiradas no jeito de vestir dos estudantes da Sorbonne, dos motoqueiros da Rive Gauche, enfim, a tirar ideias da vestimenta das ruas. Quanto aos outros colegas, ainda se mantinham protegidos no silêncio e elegância dos ateliês e das Maisons.

Mas não era essa a moda que os jovens queriam. Eles preferiam a mistura de estampas e casacos de couro, do jeito que os Beatles voltaram usando da viagem à Índia, naquele ano de 1968, em busca da sabedoria do guru indiano Maharishi Mahesh Yogi. Eles queriam a liberdade de usar calças jeans, saias curtas e cabelos naturais.

No Brasil, o início da década foi o apogeu da Casa Canadá, dos sapatos de verniz do Chagas, das revistas de moda com modelos da Rhodia, da Fenit, primeira feira de moda do país, em São Paulo. Depois de 1964, a juventude desandou a protestar contra a família burguesa, as mães que andavam de cabelões desfiados e escarpins, vestidos Pucci e bolsas Gucci. Nas universidades, a moda era o blusão de goleiro, da rua da Alfândega, a calça Lee importada, comprada em Copacabana, e as sandálias franciscanas. Os cabelos lisos e longos ou crespos e fartos pareciam dispensar pentes. Na ala masculina, a barba virou obrigatória.

Foi uma época de rebeldia contra as tradições e as propostas da geração anterior. Ao mesmo tempo, abriu o caminho para a democratização da moda. Quanto às ideias que surgiam por trás das portas das Maisons Dior, Cardin, Courrèges, Paco Rabanne, não se pode dizer que tenham ido além das poucas clientes que insistiam em seguir a moda oficial e resistiam ao rejuvenescimento do visual, pela adesão à chamada antimoda. Em compensação, os jovens designers de moda do século XXI não se cansam de olhar e buscar referências nas coleções rejeitadas dos estilistas.

IESA RODRIGUES
jornalista, especialista em moda

Carnaby Street, em Londres, estava na moda. Em toda a Europa viam-se roupas coloridas, com um certo look andrógino, e modelos deliberadamente feitos para vestir mal quem tivesse mais de 30 anos. Calças de veludo vermelho e camisetas pretas justas se tornaram um uniforme. Embora o lado frívolo de 68, que idolatrava a moda, a cultura pop e o sexo, pudesse parecer apenas afronta e exibição da juventude, era a forma que a nova geração havia encontrado para romper com as ideias das antigas lideranças políticas que comandavam o Velho Mundo, como Adenauer, na Alemanha; De Gaulle, na França; Kruschev, na União Soviética; Franco, na Espanha; e Salazar, em Portugal.

Com a explosão demográfica em meados dos anos 60, a Europa passou a ter mais jovens, de todas as classes sociais, concluindo o ensino médio, enquanto na década anterior a maior parte deixava a escola depois de apenas alguns anos no ensino fundamental (antigos primário e ginásio). O fenômeno implicou mudanças sociais inquietantes: quanto mais os jovens avançavam na escolaridade e obtinham treinamento profissional e até empregos, mais se ampliava a distância entre eles e seus pais. Isso intensificou o conflito de gerações que, se antes restringia-se ao universo familiar, agora passava a pressionar o sistema universitário obsoleto, desenhado para atender a uma elite minoritária. Os jovens queriam ter direito a cursar a universidade e os investimentos dos governos depois da Segunda Guerra haviam sido concentrados no ensino fundamental, prioridade naquele momento.

Em 1949, a Espanha tinha 50 mil jovens em universidades; a Grã-Bretanha, menos de 100 mil; e a França, pouco mais de 130 mil. No começo dos anos 60, os europeus – com exceção dos britânicos, que mantiveram o ensino universitário voltado para uma minoria privilegiada – começaram a mudar as regras educacionais para permitir a entrada de um maior número de alunos. As exigências foram afrouxadas, as universidades ficaram superlotadas e o ensino começou a se deteriorar. Na Alemanha, por exemplo, onde em 1950 havia 108 mil universitários, no final da década de 1960 havia 400 mil.

Ainda assim, a maioria dos jovens europeus não cursava universidade em 1968, sobretudo os filhos de operários e camponeses. Estes experimentaram de forma diferente o ano de 68, quando todo o movimento jovem parecia girar em torno da universidade. Suas ideias políticas provavelmente não eram as mesmas, mas a verdade é que, quanto à mudança no comportamento, eles compartilhavam dos anseios dos universitários.

O primeiro distúrbio estudantil do ano aconteceu na Espanha, em 12 de janeiro, quando a Universidade de Madri foi palco de confrontos entre policiais e estudantes, que haviam entrado em greve por tempo ilimitado.

Logo depois, no dia 15, o mesmo tipo de incidente estourou nas universidades francesas, sobretudo em Caen e Nanterre. No dia 26, estudantes e operários começaram a mostrar para valer sua disposição para a luta: operários grevistas da Saviem, fábrica de caminhões em Caen, na França, fizeram violenta manifestação. No mesmo dia, ocorreram incidentes em Fougères e de novo na Universidade de Nanterre, cujo campus tinha sido invadido pela polícia para pôr fim a um comício de estudantes *enragé*, o que deixou o corpo docente e os estudantes enfurecidos. No dia 29, a polícia finalmente invadiu e ocupou a Universidade de Madri. O clímax de toda essa inquietação se daria um pouco mais adiante, em maio.

Bonnie and Clyde

Em janeiro de 68, estreava na Europa e nos Estados Unidos um filme considerado o primeiro da nova era do cinema hollywoodiano, por quebrar tabus e fazer sucesso entre o público jovem. Era *Bonnie and Clyde*, dirigido por Arthur Penn. Tratava-se da história de dois jovens apaixonados, ladrões de banco, que circulavam pelo centro dos Estados Unidos durante a Grande Depressão. O casal reforçava nos jovens a ideia do antiestablishment e da quebra de todas as regras.

Produzido e lançado num país que se lembrava bem da era de violência do gangsterismo, ainda se recuperava do trauma do assassinato do presidente John Kennedy e via aumentar a tensão provocada por conflitos raciais, o filme causou, a princípio, repulsa e indignação entre os críticos. Por adotar, com humor, o ponto de vista dos criminosos, foi visto como perigoso. Paralelamente, surgiam revistas, programas de televisão, lojas e indústrias dedicados exclusivamente aos jovens e que passariam a depender de seu consumo. Em 1968, esses produtos atravessavam as fronteiras nacionais com uma facilidade sem precedentes e a cultura de massas tornou-se internacional por definição.

A ditadura grega liberta Theodorakis

A Grécia viveu, entre 1967 e 1974, uma ditadura, a chamada Ditadura dos Coronéis. Em 1967, com o apoio dos Estados Unidos, militares liderados por Georgios Papadopoulos deram um golpe e instauraram um regime militar no país, reforçando a repressão anticomunista. Os militares, numa decisão unilateral, aboliram a monarquia em 1973, o que desencadeou uma onda de protestos no ano seguinte e obrigou os militares a devolverem o governo aos civis. Em 1974, iniciou-se o processo de redemocratização.

Em 1968, Mikis Theodorakis, um dos mais populares compositores da Grécia, saía da prisão. Seu trabalho havia sido banido pelo novo regime e Theodorakis refugiara-se na clandestinidade, sendo preso em seguida, por conclamar os gregos a lutarem contra a ditadura militar. Quando foi solto, devido a pressões internacionais, seguiu para Paris. A partir de então, tornou-se militante dos direitos humanos e fundou um comitê de intelectuais e artistas para ajudar os curdos, foi membro do movimento pela libertação do líder africano Nelson Mandela e ajudou a fundar o movimento Cultura para a Paz.

Nascido em 1925 na ilha de Chios, Theodorakis sempre misturou música e política. É conhecido internacionalmente por ter composto as trilhas dos filmes *Zorba, o grego*, *Z – A orgia do poder* e *Serpico*. Passara boa parte da Guerra Civil Grega (1945-48) em esconderijos ou campos de prisioneiros e se identificava com a esquerda. Foi preso e torturado várias vezes e sempre lutou para continuar suas atividades musicais. Acabou criando um novo estilo de música grega.

O Ano Têt

Enquanto a oposição à Guerra do Vietnã crescia em todo o mundo, uma espetacular ofensiva guerrilheira mostrava que seria impossível para os americanos derrotarem militarmente o vietcongue. O Ano Novo lunar chinês-vietnamita, o Têt, trazia uma esperança de paz, uma expectativa de conciliação. Mas, na verdade, aconteceu o oposto. Em 30 de janeiro de 1968, as forças apoiadas por Hanói e lideradas pelo general Vo Nguyen Giap, numa surpreendente ofensiva, tomaram de assalto 36 cidades sul-vietnamitas e conseguiram entrar em Huê e Saigon, onde chegaram a ocupar a embaixada americana, um dos lugares mais protegidos do mundo. Os vietcongues perderam mais de 30 mil homens nessa operação arriscada, que provocou uma derrota moral nas Forças Armadas americanas. O vietcongue saiu do ataque com um triunfo político. Afinal, provou ser capaz de vencer a guerra e frustrar a expectativa dos Estados Unidos.

Ho Chi Minh, o Iluminador

Líder comunista e principal articulador da luta no Vietnã contra o domínio francês, e depois contra um Vietnã do Sul apoiado pelos Estados Unidos, Ho Chi Minh começou a vida como professor rural no Vietnã e acabou protagonista da luta anticolonial no Sudeste Asiático. O Iluminador ou Aquele que Ilumina, como ficou conhecido, nasceu Nguyen Tat Thanh, no Vietnã, em 1890. Seu pai, Nguyen Sinh Huy, professor que tinha fama de ser extremamente inteligente, era nacionalista e ensinou os filhos a resistir ao domínio francês. Sua filha conseguiu emprego trabalhando para o Exército francês, mas acabou condenada à prisão perpétua por roubar armas que um dia ela esperava fossem servir para a luta pela independência vietnamita.

Ho trabalhou temporariamente como professor, até se empregar como cozinheiro num navio francês e viajar pelo mundo inteiro. Em uma de suas viagens, desembarcou no Rio de Janeiro para tratamento de saúde e ficou hospedado, por cerca de três meses, em uma pensão em Santa Teresa. Mais tarde, em 1924, ao encontrar-se em Moscou com os jornalistas e militantes socialistas brasileiros Astrojildo Pereira e Rodolfo Coutinho, Ho revelaria como ficara impressionado com a "Zona do Mangue" (antiga região de prostituição), com seu cheiro fétido e seu mercado do sexo, segundo ele, um subproduto do capitalismo nas condições do atraso semicolonial.

Em 1917, Ho estabeleceu-se em Paris, onde leu os livros de Karl Marx, tornou-se comunista e um dos fundadores do PC francês. Ele acreditava, conforme escreveu em carta a um amigo, que era dever de um comunista voltar à sua terra e "fazer contato com as massas, organizar, unir e treiná-las, para então liderá-las na luta pela liberdade e a independência". Mas Ho sabia que, se voltasse ao Vietnã, seria preso pelas autoridades francesas. Por isso, antes de retornar, foi viver na China, junto à fronteira vietnamita, onde ajudou compatriotas exilados a criar a Liga Revolucionária do Vietnã. Em 1930, fundou em Hong Kong o Partido Comunista Indochinês. Foi preso e, após ser solto, em 1933, viajou para a então União Soviética, onde ficou alguns anos se recuperando de uma tuberculose. Em 1938, voltou à China e serviu como conselheiro na militância armada comunista do país.

Quando o Japão ocupou o Vietnã, em 1941, enquanto a França se encontrava ocupada pelos alemães, Ho ajudou a fundar o Vietminh, movimento independentista de orientação comunista que lutou contra os japoneses. Em agosto de 1945, com a rendição do Japão, o Vietminh tomou o poder e proclamou a República Democrática do Vietnã (RDV) em Hanói. Ho Chi Minh se tornou presidente. Mas os franceses não estavam dispostos a conceder a independência de suas colônias e a guerra explodiu em 1946.

Por volta de 1945, Roosevelt, Churchill e Stálin decidiram que o Vietnã seria dividido em dois: o Norte seria controlado pelos chineses e o Sul, pelos britânicos. A França tentou retomar o controle sobre o Vietnã. Os ingleses concordaram em sair e a China deixou o país em troca de garantias da França de que esta abriria mão de seus direitos sobre os territórios na China. E, claro, os franceses não reconheceram o governo de Ho Chi Minh e os conflitos ressurgiram, com o Vietminh, em 1953, controlando grandes áreas do norte do país. Ho já tinha o apoio da China comunista de Mao Tsé-tung, que derrotara Chiang Kai-Shek. A França dominava o sul e instalou no poder o antigo imperador vietnamita, Bao Daï.

Por oito anos, os guerrilheiros do Vietminh combateram as tropas francesas nas montanhas e arrozais do Vietnã. A luta foi conduzida pelo general Vo Nguyen Giap, a Raposa da Selva, que liderou o Vietminh à vitória, em março de 1954, derrotando os franceses na decisiva Batalha de Dien Bien Phu, e foi, a vida toda, leal companheiro de lutas de Ho.

No final da década de 1960, Ho, que já estava com a saúde debilitada, não chegou a ver a unificação e a libertação de seu país. Em 3 de setembro de 1969, morreu em Hanói, de ataque cardíaco. Com a conquista comunista do Sul, em 1975, Saigon foi renomeada como Cidade Ho Chi Minh, para homenagear aquele que fora a alma da revolução e da luta do Vietnã por sua independência. Em um trecho do livro *O caminho que me levou ao leninismo*, ele escreveu:

"Em primeiro lugar, foi o patriotismo, e não o comunismo, que me levou a acreditar em Lênin e na Terceira Internacional. Aos poucos, durante a luta e enquanto estudava o marxismo-leninismo paralelamente às minhas participações nas atividades práticas, eu me dei conta de forma gradativa de que somente o socialismo e o comunismo poderiam libertar as nações oprimidas e o povo trabalhador ao redor do mundo da escravidão."

Vo Nguyen Giap (no alto, à esq.) e Ho Chi Minh (ao centro), arquitetos da vitória

Vo Nguyen Giap, a Raposa da Selva

Companheiro de Ho Chi Minh, Vo Nguyen Giap nasceu em 1912, estudou na Universidade de Hanói, fez doutorado em economia e, como Ho, também começou a vida como professor, só que de história. Aliou-se ao Partido Comunista e sempre se opôs ao domínio francês. Foi preso em 1939, escapou para a China, onde juntou-se ao Vietminh, enquanto no Vietnã sua irmã era capturada e executada e sua mulher mandada para a prisão, onde morreria. Responsável por organizar a resistência aos japoneses entre 1942 e 1945, Giap foi o grande estrategista da luta contra os franceses.

Comandante francês no Vietnã, o general Navarre armou um plano para atrair Giap a uma batalha na qual ele seria forçado a organizar um ataque maciço contra as tropas da França em Dien Bien Phu. Giap aceitou o desafio, mas, no lugar de fazer um grande ataque, optou por cercar a vila, cavando uma enorme trincheira com túneis que se interconectavam em torno de Dien Bien Phu. Dessa forma, o Vietminh pôde se aproximar dos soldados franceses, protegendo a cidade. Giap levou para lá militantes do Vietminh de todo o país – eram 70 mil soldados, cinco vezes mais que os franceses. Em março de 1954, lançava sua ofensiva vitoriosa. Os franceses se renderam em 7 de maio e, pouco depois, decidiram pela retirada das tropas do Vietnã.

Negociações subsequentes em Genebra dividiram o país, restando apenas a parte norte ao Vietminh. A RDV, tendo ainda Ho Chi Minh na presidência, concentrou seus esforços na construção de uma sociedade comunista. No começo dos anos 60, o conflito no Sul foi retomado por guerrilheiros comunistas que organizaram uma insurgência contra o governo de Saigon, apoiado pelos Estados Unidos. Giap permaneceu como comandante em chefe do Vietminh durante toda a Guerra do Vietnã.

Em outubro de 1972, negociadores quase chegaram a uma solução para o conflito, que envolvia a retirada dos americanos em troca do cessar-fogo e da devolução de 566 prisioneiros americanos. Mas Richard Nixon não se sentia seguro. Mandou bombardear Hanói e Haiphong para forçar os vietcongues a se retirarem do Sul. Foi o bombardeio mais intenso da história mundial até então. Em 11 dias, 100 mil bombas foram lançadas sobre as duas cidades. O poder destrutivo foi equivalente a cinco vezes o da bomba jogada em Hiroshima. Jornais de todo o mundo acusaram o "genocídio", a "barbárie da Idade da Pedra" e a "selvageria sem sentido". Os norte-vietnamitas se mantiveram firmes e, em janeiro de 1973, Nixon assinava o plano de paz proposto no ano anterior.

As últimas tropas americanas deixaram o Vietnã em março de 1973. Pouco depois de um ano, em abril de 1975, a Frente Nacional de Libertação do Vietnã do Sul, dos vietcongues, entrava em Saigon para estabelecer a República Socialista do Vietnã, unificando o país. No novo governo, Giap assumiu o Ministério da Defesa e foi também nomeado vice-primeiro-ministro.

Uma geração encontra o seu destino

MONICA HORTA

Se 1968 fosse gente, seria uma pessoa muito especial...

Quando os fogos de artifício anunciaram a sua chegada, dois gigantes do céu estavam surgindo na linha do horizonte.

Para os astrólogos de antigamente, o destino da pessoa, do país ou do acontecimento que estava retratado num mapa astral era determinado primordialmente pelos planetas que nasciam junto com ele. Mas os astrólogos de antigamente não conheciam nem Urano, nem Netuno, nem Plutão. Os três planetas exteriores a Saturno, o último visível a olho nu, caminham lentamente e suas posições no céu constelam um destino que é compartilhado por toda uma geração.

Em 1º de janeiro de 68, Urano e Plutão estavam muito próximos um do outro e prometiam um ano raro, de mudanças profundas e violentas destinadas a deixar uma marca muito difícil de apagar. Quando Plutão, o planeta das grandes transformações, se encontra com Urano, o senhor de todas as revoluções, o céu promete mudanças tão explícitas quanto as provocadas pelos terremotos. Esse encontro só acontece uma vez a cada 200 anos. No século XVI, coincidiu com a invenção da imprensa; no século XVIII, com as descobertas de Newton, que aliás foi também um grande astrólogo.

No século XX, aconteceu no signo de Virgem, um sinal de que uma velha ordem estava acabando e um aviso de que quem quisesse aceitar alegremente o novo tempo não poderia ter medo do caos. Ao mesmo tempo, Netuno, o senhor do inconsciente ou do imaginário coletivo, passava pelo signo de Escorpião e vestia as transformações mais radicais, até mesmo a morte, com um véu de

Monica Horta é astróloga e jornalista

sedução quase irresistível. Com Netuno em Escorpião, o perigo é divino, maravilhoso...

E Netuno ainda contava com o apoio luxuoso de Vênus, a senhora do amor e da imaginação: o que era sonho tinha acabado de virar paixão.

É provável que várias pessoas tenham nascido neste dia e nesta hora, cada uma tendo de lidar com as limitações do seu corpo, com as determinações da sua cultura e da sua classe social. Portanto, donas de personalidades muito diferentes. Mesmo assim, dá para afirmar com segurança que todas têm em comum uma maneira especial de estar no mundo, uma energia forte, ao mesmo tempo construtiva e destrutiva, uma imaginação delirante e uma determinação quase obsessiva de transformar sonhos em realidade.

Se fosse gente, 1968 teria sido carismático, sedutor, ao mesmo tempo realista e louco. E teria tido que dar conta de um destino tão difícil quanto fascinante, de uma história feita de vitórias inesquecíveis e derrotas cruéis. E teria sido capaz de afirmar com absoluta segurança que "quem sabe faz a hora, não espera acontecer"...

Mas a história não se faz só com indivíduos, e as mudanças coletivas são provocadas por gerações.

Nada do que aconteceu teria acontecido se 1968, cumprindo um destino muito anterior a ele, não tivesse se encontrado com os jovens de uma outra geração. E como se define uma geração? Os critérios são múltiplos e dependem da escala de valores de quem os define. Para quem gosta de música, "geração rock and roll"... Para quem acredita que o tempo é marcado pelos grandes conflitos, "geração do pós-guerra"... Para quem observa o mundo do ponto de vista da astrologia, "geração de Plutão em Leão"!

Plutão é um planeta que mexe com proporções. É o dono da chave do tamanho. Quando ele passa por um signo, o tema a ele relacionado ganha uma importância especial, se transforma numa questão de vida ou morte. Para ilustrar esta afirmação com uma experiência mais próxima, basta voltarmos ao ano de 1982. Quando Plutão entrou em Escorpião, um signo que está diretamente ligado à sexualidade, começaram a chegar as notícias de uma misteriosa peste que estava matando os gays em São Francisco. Durante os 14 anos que se seguiram, a aids obrigou a humanidade a fazer uma revisão profunda das suas escolhas e comportamentos sexuais. De uma hora para outra, independente dos avanços da ciência e da medicina, o sexo tinha se transformado numa questão de "vida ou morte". Em 1994, Plutão entrou em Sagitário. A cura da aids não fora encontrada, a epidemia continuava matando milhões de pessoas, mas essa não era mais a questão central. Sagitário está ligado à fé, às crenças que determinam o nosso comportamento social. Com Plutão em Sagitário, voltamos a viver uma "guerra santa". Retornamos ao conflito aberto entre o Islã e o mundo cristão que parecia ter se encerrado no tempo das Cruzadas, quando Plutão também estava em Sagitário. Em 2008, Plutão começou sua passagem pelo signo de Capricórnio e a humanidade vai ver balançar toda a estrutura hierárquica do mundo moderno...

A geração de Plutão em Leão começou a nascer em outubro de 1937 e foi testemunha ocular de um tempo em que a afirmação do ego se tornou imperativa. Durante os 30 anos anteriores, Plutão tinha passeado pelo signo de Câncer e acabado de vez com a ideia de que a família, como célula *mater* da sociedade, merecia o sacrifício da individualidade, do prazer e da criatividade. Libertadas do jugo familiar, as crianças que nasceram entre 1937 e 1956 foram obrigadas a procurar motivações individuais para suas vidas. Individuais em termos...

Os mais velhos dessa geração ainda tinham Urano e Netuno em signos de terra, com Netuno exatamente no local do céu que Plutão e Urano iriam revolucionar em 68. Apesar de terem sido convidados, os primeiros representantes da geração de Plutão em Leão chegaram à festa meio desanimados, como se desconfiassem das próprias ilusões.

Mas as coisas já estavam diferentes para uma turma que nasceu a partir de 1942. Esses pensavam mais rápido, tinham uma inteligência investigativa, fascinada por novos caminhos, sempre pronta a descobrir alternativas para as velhas ideias. Tudo isso porque Urano, o planeta do "consciente coletivo", tinha entrado no signo de Gêmeos, aquele que fala de linguagem e desperta o desejo de uma comunicação mais ampla, mais rápida e universal. Um desejo que só seria atendido no final do século XX, quando Urano em Aquário trouxe a explosão da internet. Ele já tinha oferecido essa nova maneira de pensar aos que haviam nascido entre agosto e setembro de 41, mas aparentemente voltou rápido para trás e só se estabeleceu em Gêmeos em 1942.

Nesse ano aconteceu outra mudança importante no céu. Netuno entrou em Libra, inundou o inconsciente coletivo com o sonho de um mundo ideal e começou a forjar a geração que ia se jogar de cabeça na festa de 68. Assim como tinha acontecido com Urano, Netuno também cedeu à tentação do recuo e só encampou integralmente o ideal libriano em setembro de 43.

Mas o núcleo duro da geração 68 começou mesmo a nascer em agosto de 1946. A partir daí e até maio de 1949, Saturno, o planeta da razão, foi fazer companhia a Plutão no signo de Leão e passou a exigir de quem nasceu nesse tempo explicações racionais para as questões de toda uma geração. Questionou o impulso individualista de Leão e impôs a ideia de que o eu só tinha valor quando colocava sua criatividade a serviço de um ideal coletivo.

A grande massa de estudantes que foi para a rua em 1968 nasceu nesse período e tinha como marca registrada astrológica as presenças de Plutão e Saturno em Leão, de Netuno em Libra e de Urano em Gêmeos.

Para entender o que aconteceu em 68, podemos brincar com o recurso de imaginar um estudante hipotético que teria nascido no dia 2 de agosto de 1946. Se você nasceu exatamente nesse dia, vai ficar vaidoso (o que não é novidade para um leonino). Se não, não se preocupe – todos os que nasceram nessa época, independentemente do signo solar, compartilham desta natureza: nosso estudante arquetípico era egoico, orgulhoso e criativo. Fascinado pelo pensamento teórico e inebriado pela consciência de ser protagonista de um momento histórico. Marte e Vênus, no final do signo de Virgem, tinham esperado a vida inteira pelo encontro com 1968. Quando Plutão e Urano chegaram a esse mesmo lugar do céu, nosso herói estava pronto para embarcar de corpo e alma numa aventura apaixonante.

A razão? Desta vez ela não ia criar problemas... A maior inimiga dos grandes amores tinha passado pelo menos quatro anos ocupada em construir teorias e tinha assumido compromissos muito sérios com ideias capazes de melhorar o mundo. Em 68, a razão tinha pressa, queria ação e se irritava profundamente com qualquer um que viesse com aquela velha história de esperar para que as condições históricas estivessem dadas. Em oposição ao Netuno de Libra da geração 68, Saturno exigia a realização concreta e imediata dos ideais que tinham alimentado seus sonhos. Quando Saturno passa por Áries, ninguém tem muita paciência para aturar frustrações. Quem sabe faz a hora...

E todo o poder foi dado à imaginação...

A energia extraordinária que estava no céu no primeiro dia de 1968 caiu como uma luva, ou desabou como uma tempestade, sobre os jovens que tiveram a coragem de viver todas as promessas do céu.

Quem pegou a conjunção entre Plutão e Urano em um ponto muito sensível de seu mapa individual sentiu as consequências de sua própria audácia de forma dramática, e muitos, talvez alguns dos melhores dessa geração, não resistiram ao seu peso e ficaram pelo caminho. Outros tiveram a ventura de aproveitar o potencial de regeneração que vinha do céu e refizeram suas vidas a partir de novos parâmetros. Mas com certeza ninguém passou incólume. Nem quem sambou na pista, nem quem foi de galeria...

Em 1968, o mundo estava mudando numa velocidade muito maior do que muda sempre. E um espetáculo como esse não acontece a toda hora. Por isso, não dá pra cobrar dos jovens de hoje uma paixão e uma entrega que uma geração privilegiada recebeu do céu. Quem pertence à geração 68 sabe que participou de um momento raro e por isso vai carregar sempre uma linda e dolorosa melancolia.

Lembrar de 68 é como lembrar de um grande amor...

Fevereiro

Avanços e recuos no Vietnã

A Guerra do Vietnã continuava e se tornava, cada vez mais, um símbolo da arrogância imperialista americana em todo o mundo. Logo no primeiro dia de fevereiro, os guerrilheiros vietcongues conseguiram estabelecer um governo revolucionário em Huê, antiga capital imperial de Annam (na fronteira entre o Vietnã do Norte e o do Sul), e começaram a aparecer em certos bairros de Saigon, capital sul-vietnamita. Ao final de quatro dias de combates sangrentos, alguns bolsões vietcongues ainda resistiam. Mas os combates prosseguiam em Saigon, com as tropas norte-vietnamitas fazendo uso de tanques soviéticos e estabelecendo pontos de apoio avançados em torno da base americana de Khe Sanh, nos arredores da cidade, palco de confrontos violentos durante grande parte da guerra. O presidente sul-vietnamita, Nguyen van Thieu, exigiu da Assembleia de seu país plenos poderes durante um ano. Em 6 de fevereiro, os marines retomaram Huê, mas não completamente. Pouco depois, Hanói se declarou pronta para as negociações, desde que cessassem os bombardeios americanos.

Na França, em 7 de fevereiro, os chamados Comitês Vietnã fizeram uma manifestação de oposição a um encontro internacional de apoio à intervenção dos Estados Unidos no Vietnã, que se realizaria em Paris. Em 18 de fevereiro, em Berlim, na então Alemanha Ocidental, mais de 10 mil estudantes saíram às ruas para protestar contra a guerra, liderados por Rudi Dutschke, principal líder estudantil do país.

O presidente dos Estados Unidos, Lyndon Johnson, anunciou, em 12 de fevereiro, sua disposição de encontrar-se imediatamente com os norte-vietnamitas. No dia seguinte, os americanos bombardearam as posições vietcongues na periferia de Saigon, apesar de a proposta de cessar-fogo americana ter sido estabelecida por um período de 18 dias. Finalmente, no dia 23, chegava ao fim a resistência vietcongue em Huê, depois de mais de três semanas. O resultado foi a disseminação da fome na cidade e em sua periferia, que haviam sido esvaziadas e isoladas.

O líder estudantil alemão Rudi Dutschke: protesto contra a guerra

Seguindo os passos de Rosa Parks

Enquanto o confronto no Vietnã era alvo de críticas dentro e fora dos Estados Unidos, uma outra guerra irreconciliável crescia nas entranhas do solo americano: a luta dos negros pelos direitos civis nos Estados Unidos. Desde 1955, quando a costureira negra Rosa Parks se recusara a obedecer à lei do apartheid racial no Alabama, não cedendo seu lugar no ônibus a um homem branco que exigia que ela se retirasse do setor destinado aos brancos, a campanha dos negros por seus direitos crescera e se organizara, conseguindo, em 1968, uma mobilização nunca vista. Em 8 de fevereiro, uma manifestação de negros na Carolina do Sul deixou três mortos e 34 feridos.

Desde a Guerra Civil, o país jamais estivera tão dividido quanto em 1968. O Movimento dos Direitos Civis nos Estados Unidos, que começara em 1955 e se intensificara nos anos 60, com o surgimento de organizações negras como o Black Power e o Black Panther Party (Partido dos Panteras

O ministro da Justiça dos Panteras Negras

Famoso por ter proclamado, nos anos 60, que a violência é tão americana quanto a torta de cereja ("*violence is as American as cherry pie*"), Rap Brown, batizado Jamil Abdullah al-Amin depois de converter-se ao islamismo na prisão, em meados da década de 1970, nasceu em Baton Rouge, na Louisiana, em 1943, como Hubert Gerold Brown. Ainda estudante, na Southern University, juntou-se à organização de direitos civis conhecida como Student Nonviolent Coordinating Committee (SNCC). No início, o comitê era um movimento pacifista, mas foi se tornando agressivo à medida que o próprio Brown e seus companheiros, entre eles Stokely Carmichael (líder negro que também pertenceu ao SNCC e depois juntou-se aos Panteras Negras), começavam a adotar uma postura mais violenta em relação à luta pelos direitos civis.

Em 1967, Brown tornou-se diretor nacional da organização e, em 1968, abandonou a política de não violência ao associar seu grupo ao Partido dos Panteras Negras, organização negra radical fundada por Bobby Seale e Huey Newton. Em pouco tempo, Brown assumia o posto de ministro da Justiça dos Panteras Negras e conclamava seus pares à luta, exortando-os à revolução violenta e proclamando: "Se a América não ceder, nós vamos queimá-la."

Pouco depois, em 1969, Brown publicou *Die, Nigger, Die,* livro de memórias políticas em que voltou suas baterias contra aqueles que considerava "traidores" afro-americanos, rendidos aos brancos. Sua autobiografia é tida nos meios intelectuais americanos como um documento histórico vital, por revelar as atitudes político-sociais e as expectativas de uma época.

No começo de 1970, Brown foi acusado de incitar a violência durante uma manifestação em Cambridge, Maryland, e acabou condenado em Nova Orleans por porte de arma em dois estados. Brown desapareceu em 1970 antes de ser julgado em Maryland. Ferido a bala em 1972, quando executava um assalto a mão armada, em Nova York, foi preso e condenado em 1974.

Durante o cumprimento de sua pena, converteu-se genuinamente ao Islã, experimentando uma profunda transformação interior. Ao sair da prisão de Attica, em 1976, abriu uma quitanda em Atlanta, Geórgia, tornou-se palestrante e passou a escrever para o *Dial Press*. Além disso, era líder da Comunidade Muçulmana de Atlanta. Em março de 2000, foi preso por atirar em dois policiais negros e matar um deles, quando estes foram à sua loja prendê-lo por roubo, no Alabama. Rap Brown/Al-Amin cumpre pena de prisão perpétua.

Negras), lutava pelo fim da segregação racial nos Estados Unidos. Em Nova York, Hubert Rap Brown, até então presidente do Student Nonviolent Coordinating Committee (SNCC) – Comitê Estudantil Não Violento –, abandonou as crenças pacifistas e passou a defender uma "revolução negra para que nossa raça possa viver", conforme dizia. Aderiu ao Partido dos Panteras Negras e ganhou fama de extremista.

Rosa Parks, que se tornou símbolo da luta dos negros nos Estados Unidos, morreu em Detroit, no estado de Michigan, em 2005.

Beatles saem em busca de um sentido na vida

O espírito de 68 era de luta, mas também, e sobretudo, de busca de um sentido novo para a existência que permitisse aposentar os ideais das gerações passadas. Com os Beatles era um pouco diferente. Era o ano de "Revolution", mas também de baladas mais suaves, como "Hey Jude" e "Hello goodbye". E também o ano em que partiram para a Índia para estudar, meditar e tentar encontrar a espiritualidade. Saíram em busca de uma espiritualidade que iria influenciar as gerações de jovens hippies. A viagem disseminou o conceito de que o Oriente espiritual tinha algo a ensinar ao Ocidente racional. George Harrison explicava assim o desejo do grupo: "Você pode ter tudo na vida. Nós somos os Beatles, não somos? Podemos ter tudo o que o dinheiro pode comprar. E toda a fama com que poderíamos sonhar. E daí? Não é amor. Não é saúde."

Os Beatles já eram, a esta altura, ricos e famosos, e partiram no dia 10 de fevereiro atrás da verdade e da paz que o dinheiro não podia comprar. Seguiam os passos do cultuado escritor Hermann Hesse, que se inspirou em sua visita à Índia, em 1911, para escrever *Sidarta*, sobre um homem em busca de autoconhecimento. Muito mais que Hesse, os Beatles levariam milhares de hippies a procurar no Oriente a resposta para a existência.

Com suas mulheres, viajaram para Rishikesh, um grande centro de estudos de ioga, depois de assistirem a uma palestra do guru Maharishi Mahesh Yogi e decidirem tornarem-se seus discípulos, convencidos por George. Entretanto, a lua de mel com Maharishi não duraria muito. Após algumas semanas, uma das integrantes do entourage dos Beatles – que incluía a atriz Mia Farrow, o cantor Mike Love e o músico Donovan – acusou Maharishi de assediá-la sexualmente. Diz a lenda que a vítima foi a própria Mia Farrow.

Nunca se soube se a acusação era verdadeira. O certo é que John Lennon foi embora furioso (mais tarde escreveu a música satírica "Sexy sadie" para Maharishi). Ringo Starr já retornara a Londres antes do incidente e Paul McCartney também. George ficou um tempo maior, já que estava apaixonado pelos instrumentos e pela filosofia indiana. De qualquer modo, John diria nessa época: "Se os Beatles e os anos 60 tinham alguma mensagem, essa mensagem era: aprenda a nadar. Ponto. E depois de aprender, nade, nade. Você constrói seu próprio sonho. Essa é a história dos Beatles, não é?"

O melhor resultado da viagem à Índia, porém, foi o *Álbum branco*, dos Beatles, composto basicamente durante seu retiro em Rishikesh, e cuja gravação em estúdio levou quase oito meses de trabalho. Foram 30 músicas dispostas em dois LPs, numa coletânea de vários estilos musicais que iam do rock 'n' roll ao blues, do reggae ao soul, country e pop. O disco mais diversificado da banda era também o primeiro indício de separação do grupo.

Os Beatles foram para a Índia buscar um sentido para a vida junto ao guru Maharishi. Na volta, lançaram o Álbum branco

> Depoimento

O começo do fim dos garotos de Liverpool

Os Beatles chegaram ao ponto máximo da carreira em 1967, quando lançaram o álbum *Sgt. Pepper's Lonely Hearts Club Band*, precedido por outra obra-prima, o LP *Revolver* (1966). Em 1968, John, Paul, George e Ringo começaram a implodir. Eles tiveram sua *trip* transcendental na Índia, com reflexos duradouros apenas em George Harrison, interessado no assunto desde 1965, quando conheceu a cítara e a filosofia indiana durante as filmagens de *Help*.

Em julho de 1968, lançaram o longa animado de vanguarda *Yellow Submarine*. Em agosto, um de seus mais populares *singles*, com "Hey Jude" e "Revolution", foi direto para o primeiro lugar e venderia 6 milhões de cópias. Paul fizera "Hey Jude" em solidariedade a Julian Lennon, filho de John com Cynthia Lennon. Cynthia foi trocada nesse ano por Yoko Ono, xingada injustamente por muitos como a coveira dos Beatles.

Enquanto gravavam o duplo *Álbum branco* que levaria o nome da banda, investiram numa gravadora, a Apple, que teve sucesso inicial com *Those Were the Days*, da cantora Mary Hopkins, produzido por Paul McCartney, e também contrataram um jovem cantor folk, James Taylor. Abriram a butique Apple, mas a iniciativa não deu certo por falta de tino comercial: roupas eram dadas ou roubadas, por exemplo, sem que providências fossem tomadas.

A sede da Apple, centralizando todos os negócios, era uma festa com dezenas de parasitas sugando a banda de todas as maneiras possíveis. Cheios de boas intenções, os Beatles se viram no meio de um verdadeiro inferno que ameaçou levá-los à bancarrota. Para completar, já andavam se estranhando, com as individualidades sobrepondo-se ao coletivo.

Ringo Starr sentiu-se excluído e deixou a banda em 22 de agosto, mas foi convencido a voltar em 3 de setembro, quando encontrou sua bateria cheia de flores. O material trazido em grande parte da Índia formou as 30 faixas do disco, gravadas sem a integração do passado, com cada Beatle cuidando de suas canções. Mesmo assim, o *Álbum branco* revelou enorme riqueza de estilos e grandes composições.

O experimentalismo de "Revolution #9" (John) contrastava com o rock rasgado de "Back in the USSR" (Paul) e "Everybody's got something to hide except for me and my monkey" (John). Havia ainda uma canção precursora do heavy metal ("Helter Skelter", de Paul), grandes baladas como "I will" (Paul), "Long long long" (George) e "Julia" (John), blues ("Yer blues", de John), *dixie* ("Honey pie", de Paul), barroco ("Piggies", de George). Entre outras coisas.

Depois do *Álbum branco*, lançado em 22 de novembro de 1968, os Beatles lançaram apenas um grande LP, *Abbey Road*, e duas trilhas: *Let it Be*, do documentário que registrava uma pretensa volta ao passado, e *Yellow Submarine*, feita de sobras de estúdio. 1968 foi o começo do fim.

JAMARI FRANÇA
jornalista e autor do livro Vamo batê lata, *uma biografia dos Paralamas do Sucesso*

Revolution
John Lennon e Paul McCartney

You say you want a revolution
Well you know
We all want to change the world
You tell me that it's evolution
Well you know
We all want to change the world
But when you talk about destruction
Don't you know you can count me out (*in*)*
Don't you know it's gonna be alright
Alright / Alright

You say you got a real solution
Well you know
We'd all love to see the plan
You ask me for a contribution
Well you know
We're all doing what we can
If you want money for people with minds that hate
All I can tell you is brother you have to wait
Don't you know it's gonna be alright
Alright / Alright

You say you'll change the constitution
Well you know
We'd all love to change your head
You tell me it's the institution
Well you know
You better free your mind instead
But if you go carrying pictures of Chairman Mao
You ain't going to make it with anyone anyhow
Don't you know it's gonna be alright
Alright ALRIGHT ALRIGHT ALRIGHT
ALRIGHT ALRIGHT ALRIGHT ALRIGHT

Revolution
John Lennon e Paul McCartney

Você diz que quer a revolução
Pois sabe como é
Queremos todos mudar o mundo
Você me conta que é a evolução
Pois sabe como é
Queremos todos mudar o mundo
Mas quando você me fala de destruição
Fique sabendo que eu estou fora (*dentro*)
Fique sabendo que vai dar tudo certo
Tudo certo

Você diz que tem uma boa solução
Pois sabe como é
Adoraríamos ver o seu plano
Você me pede uma contribuição
Pois sabe como é
Está todo mundo fazendo o que pode
Se você quer grana para gente com ódio na mente
Só posso dizer, meu irmão, que tem de esperar
Fique sabendo que vai dar tudo certo
Tudo certo

Você diz que vai mudar a Constituição
Pois sabe como é
Adoraríamos mudar a sua cabeça
Você conta que é a instituição
Pois sabe como é
Devia preferir libertar a sua mente
Mas se quer sair com um retrato do presidente Mao
Não vai se dar bem com ninguém – nem a pau
Fique sabendo que vai dar tudo certo
Tudo certo / Tudo certo

Tradução de Sergio Flaksman

---

* A versão original da letra de "Revolution" diz "... *when you talk about destruction ... you can count me out*". Na gravação registrada no *Álbum branco*, com o título de "Revolution 1", John Lennon acrescentou um "*in*" ao final do verso, dizendo depois em entrevistas que, como não tinha conseguido se decidir quanto a essa questão, preferira deixar as duas opções na letra.

A constante presença de Yoko Ono e os primeiros problemas com a Apple fizeram deste um disco tenso. Ringo chegou a abandonar o grupo, mas retornou uma semana depois. Ali a banda se despedia da sua fase psicodélica, que chegou ao auge com *Sgt. Pepper's Lonely Hearts Club Band*. O *Álbum branco*, com a capa totalmente branca, era justamente o contrário e era o prenúncio do que seria a música pop dos anos 70.

Uma curiosidade: a visita dos Beatles à Índia também serviu para que alguns cientistas mais ousados mergulhassem no estudo da meditação transcendental e abrissem uma porta para a sua influência na neurociência.

Os excedentes

A filosofia pacifista indiana conquistava milhares de jovens, mas, em vários lugares do mundo, boa parte da juventude se dedicava à luta estudantil. Enquanto na Argélia, em 2 de fevereiro, 8 mil estudantes faziam paralisação contra a interferência do governo em seu diretório (quatro dias depois, a polícia invadiria a universidade de Argel para expulsar os grevistas), estudantes espanhóis, que haviam entrado em greve em janeiro, agitavam a Universidade de Madri. No Brasil, aumentava a insatisfação com os rumos que a universidade tomava.

A crise do aparelho universitário brasileiro se apresentava sem cerimônia e se traduzia na carência de vagas na escola pública, no arcaísmo dos currículos (pouco adaptados às novas necessidades do desenvolvimento econômico no país), na falta de equipamentos e instalações e na existência da cátedra vitalícia de professores. Em 1968, o movimento estudantil brasileiro ainda atuava isoladamente, com apoio esporádico das classes populares e da classe média.

Antes de 1964, a maior procura por vagas nas universidades públicas resultara numa ampliação do número de universitários, o que atendia ao sonho da classe média urbana. Mas, com o golpe, isso mudaria. Como o governo militar resolvera adotar uma política de contenção de despesas em áreas não produtivas, o número de vagas diminuíra e aumentara o total de alunos excedentes. Não interessava à ditadura investir nas universidades. Afinal, um povo instruído é sempre mais perigoso para os donos do poder.

Em *Movimento estudantil no Brasil*, Antonio Mendes Junior, um dos grandes historiadores desse movimento, afirma que a "participação política dos estudantes num contexto em que a sociedade civil estava reprimida, oprimida e amordaçada serviu como desencadeador de movimentos sociais mais amplos". Assim, a carência de vagas universitárias, que inviabilizava o projeto de ascensão social da classe média pela via da educação, acabou levando-a a aderir ao movimento estudantil, como forma de dar vazão à sua insatisfação.

Outro motivo para a radicalização das demandas estudantis, segundo a pesquisadora Heloísa Souza Martins em seu texto "O movimento estudantil e a ditadura militar 1964-68", foi a política educacional adotada pelo governo, que respondeu à crescente pressão do movimento estudantil com uma proposta de reforma universitária de cima para baixo. A chamada "reforma consentida" propunha a reorganização do aparelho universitário em unidades de ensino, como meio de pôr fim à cátedra, e o vestibular unificado e classificatório, para resolver o problema dos excedentes, além de medidas que levariam a uma progressiva privatização do ensino superior. Desse modo, a orientação da reforma tratava a educação como um pré-requisito para que se atingissem as metas do desenvolvimento econômico, devendo a estrutura educacional subordinar-se aos objetivos estabelecidos para o crescimento do país.

A influência da ideologia americana traduzia-se nesse projeto privatista de educação, que envolvia acordos entre o Ministério da Educação e Cultura (MEC) e a United States Agency for International Development (Usaid) e motivava revoltas estudantis. Os acordos MEC-Usaid refletiam a reforma universitária proposta em 1967 pelo MEC, na qual se adotava o modelo americano de educação, ou seja, o direcionamento da formação educacional dos jovens para o atendimento das necessidades econômicas das empresas capitalistas (mão de obra especializada).

Isso correspondia à forte influência de técnicos americanos da Usaid, que atuavam junto ao MEC por solicitação do governo brasileiro, gerando uma série de acordos para orientar a política educacional. As manifestações

Na ruas de São Paulo, jovens protestam contra o acordo MEC-Usaid

estudantis eram os mais expressivos meios de denúncia e reação contra a subordinação aos objetivos e diretrizes dos Estados Unidos. Em seu artigo, Heloísa afirma:

> A reforma universitária consentida atacava, portanto, fortemente, os objetivos centrais e históricos do movimento universitário de classe média no Brasil que almejava financiamento pelo Estado da expansão da matrícula e que queria ascender socialmente, via aquisição de uma profissão de grau superior. Atacava também o desejo que ela possuía de participação (cogestão) nas decisões universitárias.

A insatisfação geral levou às ruas do Rio de Janeiro, em 15 de fevereiro, estudantes aprovados no vestibular, mas sem vagas nas universidades. No dia 23, foi a vez de os alunos excedentes de São Paulo fazerem passeata. O movimento estudantil defendia uma reforma que privilegiasse o ensino gratuito e a autonomia universitária nos planos administrativo, didático e financeiro, além de lutar pela admissão no campus de todos os que conseguissem média suficiente no vestibular. Apresentava um ideal de educação como forma de produzir indivíduos críticos, questionadores e preocupados com a realidade nacional, e não como meio de formar técnicos, mão de obra qualificada e passiva para responder ao projeto desenvolvimentista da ditadura militar.

Portanto, em 68, além da luta contra a "reforma consentida" e em prol da democratização na universidade, o movimento estudantil se tornou também antiditadura, representando uma resistência à política repressiva do Estado. Em 68, os estudantes conseguiram adiar a implantação da reforma universitária, mas, no ano seguinte, ela finalmente foi adotada. Em relação à luta contra a ditadura, a resistência foi mais difícil.

Os movimentos revolucionários no Brasil

Os movimentos revolucionários que vinham se formando para combater a ditadura militar se organizavam, se desfaziam, tornavam-se dissidências uns dos outros, mas continuavam na luta contra o regime militar. Um assalto a banco em São Paulo, em 8 de fevereiro, marcou uma das primeiras ações de guerrilha urbana atribuídas aos movimentos de esquerda.

Uma das mais antigas organizações revolucionárias criadas no Brasil foi o Partido Comunista Brasileiro (PCB). Antes existiam, principalmente entre imigrantes em São Paulo, apenas pequenos grupos anarquistas. No começo da década de 1960, o PCB sofreu sua primeira grande cisão, com a saída do grupo que formou o Partido Comunista do Brasil (PCdoB). Várias outras deserções, ainda nos anos 60, viriam a debilitar o velho "partidão", como a do Agrupamento Comunista de São Paulo e a do grupo liderado por Apolônio de Carvalho e Mário Alves, que deu origem ao Partido Comunista Brasileiro Revolucionário (PCBR).

Em 1962, foi formada a Ação Popular (AP), que teve sua origem na Juventude Universitária Católica (JUC). Em 1967, a AP adotou o marxismo e, no ano seguinte, o maoísmo. Com o nome de AP-ML, fundiu-se ao PCdoB em 1972. Em 1968, o Agrupamento Comunista de São Paulo, liderado por Carlos Marighella, transformou-se na Ação Libertadora Nacional (ALN).

Até o final da década, outras dissidências dariam origem a inúmeras organizações político-militares, como o Partido Operário Comunista (POC) –

resultado da fusão, em 1968, entre a Política Operária (Polop) e a Dissidência Leninista do PCB do Rio Grande do Sul –, o Comando de Libertação Nacional (Colina), a Vanguarda Popular Revolucionária (VPR), a VAR-Palmares, MR-8 – que teve sua origem na Dissidência Comunista da Guanabara –, o Movimento de Ação Revolucionária (MAR), formado basicamente por ex-militares, o Movimento Nacionalista Revolucionário (MNR), ligado ao ex-governador do Rio Grande do Sul Leonel Brizola, o Movimento de Libertação Popular (Molipo), dissidência da ALN, e o Partido Revolucionário Comunista (PRC), ligado aos atuais petistas José Genoino e Tarso Genro.

Um empurrão nefasto no autor de "Ponteio"

Edu Lobo, um dos músicos mais talentosos de sua geração, tinha 25 anos em 1968 e tinha acabado de compor, em 1967, dois de seus maiores sucessos, "Pra dizer adeus" e "Ponteio". Em 1968, compôs, entre muitas outras canções, "Memórias de Marta Saré", com Gianfrancesco Guarnieri. Edu morava no Rio e fazia sucesso com músicas que traziam sons de um Brasil plural que se orgulhava de ser Brasil. Criou-se nas rodas das casas de portas abertas de grandes compositores como Tom Jobim, Luiz Eça, Vinicius de Moraes, Carlos Lyra. Foi à Passeata dos Cem Mil, emocionou-se com os discursos do psicanalista Helio Pellegrino e de Vladimir Palmeira. Já naquela época, pensava em sair do Brasil para estudar música. A fama como cantor não era o que perseguia. Preferia ser compositor, entender mais a linguagem musical para se comunicar melhor com os parceiros e arranjadores. Mesmo com as minas explosivas da censura pós-golpe militar, até 1968 o trabalho prosseguia com dignidade. Mas um acontecimento nefasto o afastou dos amigos: com a decretação do AI-5, ele foi embora para os Estados Unidos.

"O AI-5, imposto em dezembro de 1968, foi definitivamente o que acabou me empurrando para fora do Brasil no ano seguinte. Eu já estava pensando em sair para estudar, por isso, sem dúvida, foi um belo pretexto. Sempre tive ligações fortes com o Brasil e morar fora era complicado para mim. Então, em 1969, saí daqui para me apresentar no Midem, na França, com a Elis [Regina], e na volta passei pelos Estados Unidos. Preferi Los Angeles a Nova York, talvez por causa do sol, por ser um pouco menos diferente da minha terra.

Antes do AI-5, a gente tinha uma certa liberdade, apesar da ditadura. Tanto que compus as músicas do *Arena conta Zumbi*,

Agitação

O mundo continuava agitado e recrudesciam os atentados nos territórios palestinos ocupados no Oriente Médio. Em 26 de fevereiro, o Estado de Israel aceitava negociar uma solução para o conflito entre judeus e palestinos através da mediação das Nações Unidas. Já em Adis Abeba, na Etiópia, os países africanos ameaçavam boicotar os Jogos Olímpicos se a África do Sul participasse, ensaiando a ofensiva contra o regime branco do apartheid que tomaria conta da política externa africana e de quase todos os países na década de 1970.

com o [Gianfrancesco] Guarnieri, e o conteúdo de cunho social das letras era bem explícito, sem disfarce. Uma vez fui intimado a depor e me perguntaram muito sobre o *Arena*.

Depois do AI-5, perdeu-se muita coisa na área da cultura por causa das proibições. Músicas, filmes, peças eram cortados ou proibidos. Lembro-me de um episódio engraçado. Duas músicas minhas foram mandadas para os censores, como tínhamos que fazer, e voltaram censuradas. Eram 'Casa forte' e 'Zanzibar'. Nenhuma das duas tem letra."

Edu voltou de Los Angeles dois anos depois. Decidiu que retornaria para o Brasil quando passou por aqui vindo de uma turnê no Japão. Reviu os amigos na casa do pai, Fernando Lobo, e naquela noite se decidiu.

"Minha música depende muito dessas conversas, desses encontros com os amigos, os outros músicos. Na volta já não era a mesma coisa, mas ainda assim preferia estar aqui. Naqueles tempos, a gente queria mudar o mundo. Não sei se sobrou alguma coisa daquele espírito. A chamada música de protesto se perdeu. Mas acho que foi assim no mundo inteiro. Não vejo herança daquilo. Hoje em dia se aposta na banalidade."

Edu Lobo, entre o sucesso e o AI-5

A radicalização da luta interna dos negros sul-africanos contra o apartheid começara, de fato, em 1960, quando cerca de 10 mil negros queimaram seus passaportes no gueto de Sharpeville e foram violentamente reprimidos. Greves e manifestações eclodiram em todo o país a partir daí e foram combatidas com o Exército nas ruas. Em 1963, Nelson Mandela, líder do Conselho Nacional Africano, um dos principais grupos sul-africanos envolvidos na luta, fora preso e condenado à prisão perpétua.

A consciência pacifista e antinuclear ensaiava suas primeiras ações em várias partes do planeta. Em Tóquio, também em 26 de fevereiro, razões ecológicas levaram manifestantes às ruas num grande protesto contra a construção de um aeroporto em Narita.

No teatro, a resistência entra em cena

No Brasil, uma greve geral contra a censura, promovida pelos artistas de teatro entre os dias 11, 12 e 13 de fevereiro, provocou a suspensão de todos os espetáculos em cartaz no Rio de Janeiro e em São Paulo. O estopim para a paralisação fora a proibição, em Brasília, da encenação de *Um bonde chamado Desejo*, de Tennessee Williams, e a suspensão das atividades profissionais, por 30 dias, dos atores Maria Fernanda e Oscar Araripe. A alegação da Censura, que na época era presidida por Manuel Felipe de Souza Leão, tinha sido o uso de algumas palavras consideradas ofensivas, como "gorila", utilizada depreciativamente na época como sinônimo de "militar".

O teatro conhecera, na década de 1960, um esplendor que não resistiria à asfixia causada pela censura e pela repressão. Dois grupos haviam se empenhado na transformação da dramaturgia brasileira e na criação de uma vanguarda teatral: o Teatro de Arena, fundado em 1953 e estruturado em torno de Augusto Boal; e o Teatro Oficina, criado em 1958 por José Celso Martinez Corrêa, Renato Borghi, Carlos Queiroz Telles, Amir Haddad,

Caetano Zamma, Fauzi Arap e Ronald Daniel. O inquieto e irreverente diretor, autor e ator Zé Celso Martinez Corrêa se tornaria o líder do Oficina, que, em 1970, passaria a se chamar Grupo Oficina.

Os dois grupos se dedicariam a criar uma dramaturgia brasileira e um novo tipo de formação do ator, muito diferente daquilo a que chamavam de "aburguesamento" do Teatro Brasileiro de Comédia (TBC), a primeira companhia paulistana profissional de teatro, fundada em 1949 por Franco Zampari, que se inspirava no modelo europeu de representação e impor-

A *opinião do teatro*

O nascimento de uma nova dramaturgia brasileira nos anos 50 e 60 muito se deveu a dramaturgos e diretores como Augusto Boal, que, junto com outros autores, entre eles Oduvaldo Vianna Filho e Gianfrancesco Guarnieri, preparou o terreno para que o teatro influenciasse os jovens estudantes de 1968 e resistisse à censura e à ditadura. Um dos criadores do Teatro de Arena (em 1953) e dos Seminários de Dramaturgia, que ficaram célebres porque ocupavam as horas ociosas do teatro com debates políticos e artísticos, Boal ajudou a fincar as bases do Teatro Opinião (em 1961) e a aproximar a cultura da política. Foi preso, torturado e exilado. Correu o mundo com seu Teatro do Oprimido. Nos seguintes trechos da autobiografia *Hamlet e o filho do padeiro*, as observações de Boal ajudam a compreender o pensamento de uma época:

"O Brasil não podia continuar colônia dos EUA. Não éramos República das Bananas, bordel! O teatro tinha que ajudar nas transformações. Como? 'Conscientizando' plateias populares! Quem faria a revolução? O povo! Quem o conscientizaria? Nós! Muito simples, meu caro Watson. ...

Nesse período, a palavra 'conscientizar' era a nova Revelação Divina. Não nos conscientizávamos nós mesmos: conscientizávamos os outros."

"A ditadura pintava de legalidade a truculência. Chamava de Revolução um sórdido golpe de Estado."

"No nosso teatro jogaram bombas de gás sulfuroso provocando correrias: porta estreita, multidão compacta."

"Em cena, atores trabalhavam com o dedo no gatilho – literalmente!!!"

"Foi assim, sonhando, que muitos líderes foram mortos. O desejo de liberdade era tão grande, sincero, que não podiam ver os perigos dos rios, a inclemência da natureza, o poder de fogo do inimigo fardado."

"*Opinião* foi o primeiro protesto teatral coerente, coletivo, contra a desumana ditadura que tanta gente assassinou, torturou, tanto o povo empobreceu, tanto destruiu o que antes chamávamos 'Pátria'."

tava diretores e técnicos da Itália. O teatro mais artístico refugiara-se em pequenas companhias. Com orçamentos reduzidos e sem muito apelo de público, ocupava espaços alternativos, não mais experimentais. Houve também experiências idealistas, como o Centro Popular de Cultura (CPC), através do qual a União Nacional dos Estudantes (UNE) procurava levar arte ao povo. Os CPCs foram criados em 1962 por artistas e intelectuais, como Oduvaldo Vianna Filho (Vianinha), Leon Hirszman e Carlos Estevam Martins, junto com a UNE, com o objetivo de produzir e divulgar uma "arte popular revolucionária". Os CPCs promoviam espetáculos em praça pública, sobre caminhões, para discutir os problemas da população: miséria, salário, pobreza, doença. Mas, nos primeiros dias de abril, logo depois do golpe militar, a sede da UNE foi incendiada e os CPCs ficaram proibidos em todo o território nacional.

No primeiro ano do governo militar, sob o comando do presidente Castelo Branco, assíduo frequentador das casas de espetáculos, a classe teatral não se sentia intimidada com a ditadura. Castelo Branco nomeara a pesquisadora e crítica teatral Bárbara Heliodora para a direção do Serviço Nacional de Teatro e este contava ainda com a colaboração de um conselho consultivo de alto gabarito que incluía Carlos Drummond de Andrade, Décio de Almeida Prado, Adonias Filho, Gustavo Doria e Agostinho Olavo. Mas nada disso evitou o que viria depois.

A atriz Ítala Nandi conta que, em 1966, quando estreou *Os inimigos*, de Máximo Gorki, foi cumprimentada no final do espetáculo por Castelo Branco. Ítala fazia o papel de Helena, simpatizante do movimento social de esquerda e inquilina de Bessêmenov, reacionário e contrário às organizações proletárias que ascendiam na Rússia. Deu-se, então, o seguinte diálogo:

— O senhor, presidente, identificou-se com algum personagem da peça? – perguntou a atriz.

— Sim, mas não com aquele que a senhorita está pensando. Tenha cuidado para não se identificar com o seu personagem – disse o presidente.

No fim de 1964, nascia a primeira semente daquilo que viria a ser uma das mais fortes trincheiras teatrais contra o regime militar: o show *Opinião*, dirigido por Augusto Boal e interpretado por Nara Leão (depois substituída por Maria Bethânia). Seria o núcleo carioca do Arena de São Paulo, reunindo gente como Milton Gonçalves, Nelson Xavier, Oduvaldo Vianna Filho, Chico de Assis, Flavio Migliaccio, Vera Gertel e Isabel Ribeiro. Já nessa época, vários textos foram proibidos. Uns, como *Os inimigos* e *Morte e vida*

Zé Kéti, Nara Leão e João do Vale, o trio que fez história em Opinião

severina, de João Cabral de Melo Neto, sofreram interdições e foram depois liberados; outros, como *Liberdade, liberdade*, de Millôr Fernandes e Flávio Rangel, estrearam mutilados.

A classe teatral começou então a se mobilizar contra o arbítrio. Em agosto de 1965, encaminhou a Castelo Branco uma carta aberta com 1.500 assinaturas, em que protestava contra os abusos dos censores. Mais tarde, em outubro, em um telegrama enviado à Comissão de Direitos Humanos da ONU, denunciou os atentados contra a liberdade de expressão no Brasil. Mas essas ações de nada adiantariam.

A censura dos textos era realizada de modo descentralizado, nos estados. Mas, depois de 1967, passou a se concentrar em Brasília, obrigando autores e produtores a se reportarem ao poder central. O jornalista Elio Gaspari afirma, em seu livro A *ditadura envergonhada*:

Talvez o ano mais trágico de toda a história do teatro brasileiro foi 1968. A censura assume um papel de protagonista na cena nacional, declara guerra contra a criação teatral, torna-se incomodamente presente no cotidiano dos artistas. Em janeiro, o general Juvêncio Façanha, que no ano anterior mandou o ameaçador recado para os artistas "Ou vocês mudam, ou acabam", dá uma estarrecedora declaração, que define com clareza a atitude do regime com a atividade cênica: "A classe teatral só tem intelectuais, pés-sujos, desvairados e vagabundos, que entendem de tudo, menos de teatro."

A censura a *Um bonde chamado Desejo* e a suspensão de Maria Fernanda e Oscar Araripe desencadearam o clima que atingiria o auge na primeira quinzena, quando os teatros do Rio e de São Paulo declararam-se em greve, sob a liderança de personalidades como Cacilda Becker, Glauce Rocha, Tônia Carrero, Ruth Escobar e Walmor Chagas. Os artistas realizaram vigílias cívicas nas escadarias dos teatros das duas cidades e ocorreram vários conflitos com a polícia. Uma comissão composta, entre outros, por Bárbara Heliodora, Oduvaldo Vianna Filho, Tônia Carrero e o poeta Ferreira Gullar mantinha permanente contato com o ministro Luis Antonio da Gama e Silva, da Justiça. No dia 13, ele recebeu o grupo, que exigia, entre outras coisas, a liberação das peças e dos filmes interditados, a suspensão da penalidade imposta aos atores Maria Fernanda e Oscar Araripe, a descentralização da Censura federal e a eliminação da censura estética feita pelo Instituto Nacional de Cinema.

Em virtude do protesto, o ministro Gama e Silva instalou no governo uma comissão, integrada por representantes das entidades de classe e por técnicos do ministério, que elaborou o projeto de uma nova lei sobre censura. Tentou amenizar a situação: "O teatro é livre", teria dito, "a Censura não os incomodará mais." Não era verdade. As proibições não pararam e seria o próprio Gama e Silva quem, em 13 de dezembro de 1968, imporia à nação o Ato Institucional n.5. A tensão chegaria ao auge em julho, em São Paulo, com o ataque do Comando de Caça aos Comunistas ao teatro onde estava em cartaz a peça *Roda viva*, de Chico Buarque.

O teatro, porém, não se rendia. Buscava frestas, inventava linguagens cifradas, se acomodava em locais que dificultavam a censura prévia. E resistia. Fez o que pôde para defender suas ideias políticas e vanguardistas. Com o aumento da tensão provocada pela repressão aos movimentos estudantis, tornou-se também mais virulento e a arte radical do chamado teatro de agressão começou a assustar o público tradicional. Então as salas de teatro foram se esvaziando e o medo tomou conta dos espectadores. Porém, segundo o

> **DESABOTOE SEU CÉREBRO TANTAS VEZES QUANTO SUA BRAGUILHA**

crítico teatral Yan Michalski no livro *O teatro sob pressão*, "o impulso de experimentação não se perde de todo, pelo contrário, as poucas realizações que se opõem à prudência reinante e escapam às malhas da censura revelam múltiplas formas de talento e mantêm vivo um sadio clima de polêmica".

O teatro sobreviveu, no sentido emocional, e novas e grandiosas peças foram lançadas sem o teor da violência nos palcos, como em *Na selva das cidades*, de Brecht, que trouxe de volta o espectador às cadeiras dos teatros. Oficina e Arena, entretanto, seriam dizimados pelo AI-5, que deflagrou o terror de Estado e exterminou aquilo que se considerava o mais importante ensaio de socialização da cultura jamais havido no país.

Agitação em Nanterre

Na França, os universitários acreditavam que De Gaulle e seu governo não entendiam nada de jovens. Estes, já irritados e entediados com a superlotação nas universidades e as propostas inaceitáveis de reforma, passaram a fazer uma exigência que as autoridades menosprezaram: a livre circulação de homens e mulheres nas residências estudantis. Os estudantes de Nanterre reivindicavam maior liberdade nos dormitórios, nos quais não podiam mudar móveis de lugar, cozinhar ou discutir política e onde só era permitida a entrada de estudantes. As mulheres só podiam entrar nos quartos dos homens com consentimento dos pais ou se tivessem mais de 21 anos. Os homens, em hipótese alguma, podiam ir até os quartos das mulheres.

Um incidente em Nanterre daria visibilidade nacional a um jovem estudante ruivo e baixinho chamado Daniel Cohn-Bendit, que logo se transformaria em um dos principais atores do maio de 68 na França. Durante sua visita ao *campus* de Nanterre, o ministro para a Juventude, François

Missoffe, foi abordado pelo estudante, que o interpelou afirmando que tinha lido as 300 páginas de seu relatório sobre a juventude e não encontrara uma só menção às questões sexuais dos jovens. Missoffe respondeu que não era de admirar que um garoto com o rosto como o seu tivesse problemas do gênero e sugeriu que o jovem fosse "dar um mergulho no lago". "Esta é uma resposta digna do ministro da Juventude de Hitler", devolveu Cohn-Bendit, que em breve seria conhecido em todo o mundo como Dany le Rouge (Dany o Vermelho).

O sofrimento silencioso dos vietnamitas

Os vietnamitas têm hoje um certo pudor de falar dos males da "guerra americana" que destroçou o país e matou quase 2 milhões de pessoas. A guerra, entretanto, está presente na lembrança dos velhos e na imaginação dos jovens no Vietnã. Ela está na novela da televisão, nas peças frequentemente apresentadas pelo grupo de teatro do Exército, nas comemorações das datas das batalhas importantes, nas condecorações dos heróis e das "mães heroicas". Mas ela deve ser lembrada como um episódio heroico da história do país, nunca como sofrimento que dê margem a arrependimento ou condenação. A guerra em si, o horror, os massacres, o napalm, o agente laranja já seriam razões suficientes para se apagar da memória tamanho sofrimento, mas há um entendimento no país de que a guerra é motivo de orgulho e que o Vietnã moderno foi construído com essa vitória. Por isso, não foi tarefa fácil para a brasileira Márcia Fiani, que foi viver no Vietnã, conseguir para este livro um depoimento sobre esse tema de um cidadão vietnamita que tivesse vivido a guerra. Somente Châu Diên, pseudônimo do professor Pham Toàn, pesquisador de psicologia da educação, teve a coragem de escrever. No Vietnã há uma regra silenciosa, estimulada pelas autoridades, que impede que se fale dos sofrimentos da guerra.

Um magnífico romance do autor vietnamita Bao Ninh, Le chagrin de la guerre (O sofrimento da guerra) é ainda hoje proibido no país, embora muita gente guarde fotocópias em casa. Por falar do sofrimento, o livro é considerado derrotista, como se quem falasse do sofrimento estivesse dizendo que a guerra foi um erro. O horror da guerra só é mencionado no país para se falar das crianças que até hoje sofrem as consequências da contaminação pelo agente laranja, o herbicida desfolhante lançado criminosamente pelos americanos sobre o território vietnamita. Os efeitos dessa substância química alcançam os filhos e os netos da geração que sofreu os bombardeios. As crianças atingidas podem ter filhos deformados e condenados a morrer antes de chegar à adolescência. O agente laranja foi jogado sobre os lugares onde os americanos acreditavam que passava a rota Ho Chi Minh – no Vietnã, no Laos e no Camboja. Muitas das crianças que apresentam problemas atualmente são acolhidas e tratadas de graça nos hospitais cubanos.

Diên, que nasceu em 1931, já publicou três livros de contos, um romance e várias traduções literárias. Também escreveu ensaios sobre as bases psicológicas do ensino e sobre a reforma da educação no Vietnã. Neste artigo, em que fala na terceira pessoa, Diên relembra, poeticamente, um tempo árduo que é preciso ainda rememorar.

Para que remoer...

CHÂU DIÊN

Se perguntarmos a esse homem de 76 anos ("seja honesto, vovô", ousariam dizer seus netos, "você logo fará 77 em 2008"), sim, se lhe perguntarmos qual a diferença entre suas experiências de guerra por ocasião das duas Resistências (antifrancesa e antiamericana), o que ele responderá?

Como homem honesto, certamente vai tentar explicar que, para ele, as experiências durante os dois períodos em que se desenrolavam as hostilidades foram iguais: um bom passeio longe das explosões... Mas não é absolutamente isso... Não, não um passeio de verdade. Longe das explosões, talvez, mas não longe dos sofrimentos humanos. De toda forma, para ele, era um passeio. Mas para que remoer tudo isso, para que remoer? Ora, diriam, é preciso, é preciso efetivamente remoer tudo e fazer isso com toda a sinceridade, ainda que a sinceridade lhe custe caro – pois, decerto, os leitores verão nele uma pessoa que merece ser chamada por qualificativos difíceis de digerir...

Sim, quando surgiu a primeira Resistência, no fim de dezembro de 1946, em Hanói, ele se juntou a seus amigos milicianos de primeira hora. Eram oito da noite quando houve a pane elétrica. A cidade soçobrou na escuridão e as longínquas explosões pareciam próximas... Não havia luz e os dois artesãos gravadores de madeira da lojinha de sua tia não conseguiam terminar os cerca de 200 carimbos com os nomes das comunas da província de Vinh Yen com a inscrição Comitê de Administração Comunal. Os dois gravadores escolheram seu caminho: chispar para casa o mais rápido possível. Quanto a ele, aos 15 anos, franzino e sonhador, preferiu permanecer numa Hanói cercada pelas forças expedicionárias francesas. E, enfim, o que poderia ter feito naquela época?

*Châu Diên
é professor de
psicologia
da educação*

Seu chefe miliciano, o senhor Cung – oficial do Exército regular da Revolução –, perguntou-lhe se era capaz de gravar em madeira e ele respondeu que sim, porque observara os operários de sua tia trabalhando e julgara que também ele poderia ser um gravador. Então o senhor Cung lhe pediu para confeccionar imediatamente uma gravura com o título do jornal do distrito: "Morrer pela pátria – Jornal do distrito de Hoan Kiem." Trabalhou a noite inteira para terminar a gravura. De madrugada, manteve discussões com os jornalistas: "Não, não vamos morrer, vamos lutar, isso sim, mas é para viver, não para morrer." Então o artesão gravador foi obrigado a refazer sua obra... Era um combatente? Sim e não. Para ele, a guerra continua sendo a guerra. Talvez por sua vida inteira, é sempre a guerra.

Trinta anos mais tarde, chegado o tempo das reminiscências, os sobreviventes do seu primeiro destacamento de combatentes reuniram-se na noite de um 19 de dezembro e fizeram um balanço do haver e do dever, como nos livros de contabilidade: um camarada morto em 1968 no Vietnã do Sul (o mesmo que em 1946 hasteara a bandeira vermelha com a estrela amarela na torre do para-raios, no meio do lago Hoan Kiem); um camarada considerado desaparecido (conhecido como monge Nguyen van Bi antes da Revolução); uma bela dama que voltara para morar em Hanói, então ocupada pelos franceses, e que passou por diversas vicissitudes naquela vida mais que agitada; em seguida, dois ou três coronéis; dois ou três graduados do Partido Comunista e da burocracia; uma professora, diretora de um Instituto de Pesquisas em Ciências Sociais... E, finalmente, ele, o franzino sonhador d'antanho. Sonhador, mas dono de uma boa memória. Perguntaram-lhe suas impressões sobre aquela noite em que ele hasteara a bandeira nacional na torre do para-raios, no meio do pequeno lago. Ele respondeu:

— Não, não fui eu que fiz isso.
— Ora, a gente se lembra, foi você mesmo.
— Não, foi o senhor Tinh, o soldado morto no Sul.
— Sério?
— Claro, naquela época eu não conseguia nadar.
— Ah, é verdade, a gente se lembra, você era tão magrinho naquela época...
— E ausente...

Fora mobilizado como oficial reservista para os preparativos do grande combate contra os americanos, em 1960. E cometeu uma imprudência justamente nesse momento. Às oito da manhã, o dito oficial reservista recebeu ordens para se apresentar pontualmente às duas da tarde para uma concentração militar. Para depois... para depois, ninguém sabia. Segredo de Estado. Segredo militar. Talvez fosse uma simples manobra. Talvez uma grande marcha para o Sul, a fim de libertar os sobreviventes ainda sob o jugo dos americanos.

Seu colega, um pesquisador como ele e secretário da célula local do Partido Comunista, convidou-o para tomarem juntos alguma coisa "reconfortante", sim, por que não?, e nesses tempos lá podíamos saber quando seria a próxima reunião de amigos? Ele não tinha tempo para estar perto da mulher e dos dois filhos, mas encontrou tempo para beber com um amigo. Resultado: depois de alguns copos, não resistiu a um sono que diríamos de chumbo. Acordou sobressaltado e se dirigiu ao local da concentração. Porém, ao chegar lá, não havia mais ninguém. Simplesmente haviam contado os reservistas presentes e haviam dito: "Debandar!" Era um alerta para o treino dos reservistas. Entretanto, no que se referia a ele, era uma negligência. Não teve mais direito de participar, nem como soldado nem como oficial, da luta pela libertação da parte visceral do país, no Vietnã do Sul.

Ficou na retaguarda da guerra, longe das explosões, longe dos sacrifícios concretos das pessoas. E, no entanto, psicologicamente falando, teria preferido sacrificar-se pela pátria e partilhar o sofrimento das pessoas que ele amava do fundo do coração, com seu coração de artista, seu coração de sonhador.

Eis o método que então utilizou para inverter a situação: apresentou-se como voluntário para as missões de pesquisa educacional nas regiões afetadas pela guerra, que incluíam a população do Vietnã Central (até Vinh Linh) e a juventude das brigadas de choque dos canteiros de obras das estradas ditas estratégicas, que iam do Norte ao Sul. Esses eram os trechos mais atingidos pelas bombas e por tantas outras dificuldades, tanto materiais quanto espirituais.

Em sua bicicleta, percorreu grandes distâncias e conheceu muitas pessoas que vão permanecer para sempre em sua memória.

Em Hai Xuan, pequena comuna ao sul da província de Thanh Hoa, a escola primária ganhara reputação nacional por ter alunos com excelente caligrafia. Uma campanha "por uma boa caligrafia e cadernos caprichados" fora lançada em todo o país. Sim, em plena guerra contra os americanos, uma campanha daquelas no Vietnã! Aquilo comoveu sua frágil alma. Depois das visitas às classes instaladas nas grandes trincheiras escavadas no solo, ele percorreu a região para tentar conhecer as pessoas.

Durante suas andanças, fez amizade com a vice-presidente do comitê popular da comuna. Essa jovem mulher perdera seis membros da família durante ataques de canhão efetuados por navios americanos ao largo da costa do país. Como vice-presidente, ela era responsável pelos assuntos culturais da comuna. Aguentou seus lutos com calma. Eis por que essa jovem mulher lhe ofereceu a mão para guiá-lo, através das diversas trincheiras, a fim de que ele pudesse assistir às aulas. Os navios americanos continuavam alinhados para o combate. Ali, nas trincheiras, a mulher, com seus fumos de luto no coração, explicou-lhe como devia ensinar as crianças a observar as linhas para fazerem uma letra boa – para elas, não passavam de pacíficas linhas em seus cadernos. E conseguir um bom desempenho em caligrafia é uma promessa de observância das regras da civilização.

O mesmo acontecia em Ha Tinh, numa outra escola primária comunal, cujas classes também haviam sido dispersadas pelas trincheiras. Era um daqueles dias de trégua, provisória, claro, pois estávamos perto do Natal. Ele fora visitar as pessoas da brigada de choque. Os recrutados eram moradores de Hanói. Aqueles garotos e garotas haviam deixado para trás seus bancos escolares e seus familiares para virem trabalhar naqueles "canteiros de obra". Canteiros de obra, aquilo? Por toda parte, a cor vermelha no solo das crateras escavadas pelas bombas. Por toda parte, a lama provocada pela chuva. Aproveitando-se do armistício, homens e mulheres brigadistas trabalharam durante o dia. Transportaram para os armários coisas vermelhas, como melaço, para consertar a "estrada". "Estradas", aquilo? Sim, aquilo. "A" estrada. E estrada estratégica ainda por cima! Quando anoitecesse, pessoas seriam postadas ali com seus sinais, que formariam uma "estrada", e os caminhões serpenteariam por entre esses sinais. É um dia de trégua. Ao meio-dia, ele se juntou aos brigadistas, aqui para um concurso de canto, ali para uma peça teatral improvisada. Ali também moças entregaram-lhe cartas recentemente escritas a fim de que ele pudesse enviá-las ao destinatário certo, em Hanói. No dia seguinte, depois da trégua, a guerra prosseguiria...

Em Vinh Linh, visitou uma creche situada no fundo de um porão escavado no solo, nessa matéria basáltica tão rica para o café e a pimenta-do-reino. Era o refúgio dos recém-nascidos. Mas ele também encontrou filas de crianças partindo à noite para o Norte, em direção a seu próprio refúgio. Era uma grande marcha, bem organizada, feita para proteger das bombas americanas a população infantil, entre oito e 15 anos. Fizeram com que tomassem a direção das províncias do Norte, um pouco mais distantes das linhas do Vietnã do Centro, para despachá-las em seguida para diferentes instituições educativas. Isso o comoveu: a vitória estará nas mãos daqueles que saberão educar corretamente seus filhos. Compôs então um poema sobre esses filhos de uma nação em guerra, encontrados por acaso:

> Crianças de Vinh Linh
> Cachos de olhos na noite
> Suspiros em sua cama
> E palavras proferidas em sonho
> Chamando por mães e tias
>
> Oh, minhas crianças de Vinh Linh
> Continuem crianças
> Não tentem crescer
> Nunca deixem de chamar
> Por tias e mamães
> Mesmo em sonho
> Estou aqui, de sentinela,
> Para proteger seus sonhos.

De acordo com seu caderno de anotações de viagem, o poema fora escrito em 1967. Nunca foi publicado. Nessa época, ninguém gostava das coisas tratadas com pessimismo; coisas como esse tipo de poesia.

Há muitas outras histórias, otimistas e igualmente pessimistas. Ou vice-versa. Pois é impossível – sempre – obrigar as pessoas a gostar da guerra. Ainda que fosse uma guerra patriótica, aquilo era uma necessidade, ou melhor, um fardo necessário para as pessoas. Quem ousaria falar da alegria de uma marcha em combate?

E, no entanto, para que remoer isso tudo? Para que remoer essas coisas íntimas? Coisas que, talvez, não digam respeito a ninguém.

Ninguém sabe ao certo. Às vezes, porém, é preciso, de qualquer jeito.

Hanói, 31 de dezembro de 2007

Tradução de André Telles

Março

Morte no Calabouço

Terceiro mês do ano. As chuvas de março anunciavam o fim do verão no Hemisfério Sul e a chegada da primavera no Norte. Em todo o planeta os estudantes continuavam agitados, manifestando, com coragem, ousadia, humor e criatividade cada vez maiores, sua insatisfação com os problemas que os afligiam, como as universidades lotadas e sem condições de atender ao crescente fluxo de alunos. Outro motivo de inquietação para os jovens era o arcaico autoritarismo que perpassava todas as relações, não apenas nos centros de ensino, mas no interior dos lares, entre pais e filhos, e nas relações profissionais, entre patrões e empregados.

    Na Itália, logo no primeiro dia de março, violentos conflitos entre estudantes e policiais deixaram 200 feridos e acabaram determinando a ocupação e o fechamento da Universidade de Roma por quase duas semanas. Protestando contra a desmedida violência da polícia, professores e funcionários entraram imediatamente em greve, exigindo a demissão do reitor, que permitira o ingresso dos policiais no campus. Em Varsóvia, na Polônia, e em Praga, na então Tchecoslováquia, a Cortina de Ferro chacoalhava com manifestações estudantis, um fato raro e, para muitos comunistas, "escandaloso e inconcebível" de ocorrer no interior dos países do chamado bloco socialista, controlado com mãos e pés de ferro pela polícia política e a atenta vigilância da União Soviética.

    Em lugares tão diferentes como Alemanha, Brasil, Espanha, Japão, França, Etiópia e Inglaterra também explodiam manifestações estudantis. Além das reivindicações específicas de cada país, os protestos tinham em comum a revolta contra a injusta guerra no Vietnã. No Japão, particularmente mobilizados com o conflito em virtude da forte presença militar americana em seu país e da utilização deste como base de revitalização das tropas estacionadas no Vietnã, os estudantes japoneses, reunidos em uma poderosa organização chamada Zengakuren, realizaram manifestações por todo o país contra a guerra e a permanência dos militares americanos no Japão, reunindo milhares de pessoas. Os choques violentos com a polícia eram frequentes e, por vezes, como aconteceu no dia 28 de março, chegavam a durar dez horas. Muito bem organizados, os jovens japoneses de 68 tinham em comum um forte sentimento antimilitarista. Nascidos depois da Segunda Guerra Mundial, eles abominavam o militarismo da geração de seus pais, responsável pela ruína do país, e acusavam os americanos pelos desnecessários ataques nucleares às cidades japonesas de Nagasaki e Hiroshima.

No Brasil, uma tensa tranquilidade reinava nas universidades e colégios enquanto o mês de março encaminhava-se para o seu final. No dia 21, estudantes invadiram e ocuparam a reitoria da Universidade de São Paulo (USP) e, no dia seguinte, saíram em passeata pelas ruas da cidade sem maiores incidentes. No dia 28, por volta das seis e meia da tarde, tudo estava calmo no Calabouço, no Rio de Janeiro, uma modesta e provisória instalação próxima ao Museu de Arte Moderna (MAM), no Aterro do Flamengo, onde funcionava um restaurante que atendia secundaristas carentes e no qual se

No Japão, os choques entre estudantes e polícia podiam durar muitas horas

alojavam algumas entidades estudantis. Enquanto seus colegas jantavam, alguns estudantes debatiam a organização de uma passeata, que deveria se realizar no dia seguinte, em protesto contra as precárias condições de higiene e o mau funcionamento do restaurante. De repente, viaturas policiais cercaram o local e soldados do Batalhão Motorizado da Polícia Militar invadiram o lugar, distribuindo indiscriminadamente cacetadas e tiros. Alguns estudantes ensaiaram uma improvisada e inútil reação se defendendo com pedras. Várias rajadas de metralhadoras foram disparadas.

Segundo o relato de dezenas de testemunhas, o comandante da tropa de choque, tenente Alcindo Costa, sacou sua pistola 45 e fez diversos disparos. Um deles atingiu o peito do estudante Edson Luís de Lima Souto. Percebendo a gravidade do ferimento, alguns de seus companheiros, em desespero, levaram Edson para a Santa Casa, na rua Santa Luzia. Mas nada pôde ser feito para salvar a vida do estudante de apenas 16 anos e origem modesta. O médico Luís Carlos Sá Fortes Pinheiro atestou que Edson Luís chegara morto ao hospital.

Carregado por seus colegas, o corpo de Edson Luís foi então levado para o saguão da Assembleia Legislativa, na praça Tiradentes, onde seria velado até o dia seguinte em meio a um clima extremamente tenso e gritos de revolta, protesto e vingança. Todas as organizações estudantis decretaram uma greve geral para

---

A geração 68 na Europa, segundo o historiador Tony Judt

"Toda geração vê o mundo como algo novo. A geração dos anos 60 via o mundo como novo e *jovem*. Ao longo dos tempos, a maioria dos jovens sempre se viu em meio a um mundo cheio de pessoas mais velhas, no qual os seniores ocupavam as posições de influência e eram os exemplos a serem seguidos. Para a geração de meados da década de 1960, porém, as coisas foram diferentes. O ecossistema cultural evoluía muito mais rapidamente do que no passado. O abismo que separava essa nova geração (numerosa, próspera, mimada, autoconfiante e culturalmente autônoma) da geração de seus pais (reduzida, insegura, traumatizada pela depressão econômica e devastada pela guerra) era muito maior do que a distância convencional entre grupos de gerações diferentes. Essa distância dava a muitos jovens a impressão de que eles tinham nascido numa sociedade que se transformava, embora relutantemente – mudava seus valores, seu estilo, suas normas –, diante de seus próprios olhos e sob seu comando."

Trecho do livro *Postwar – A History of Europe since 1945*

o dia seguinte e convocaram os alunos a participar do enterro. Os teatros suspenderam seus espetáculos e os artistas leram um comunicado explicando os motivos e manifestando solidariedade aos estudantes. Na maioria das salas de espetáculos o público aplaudiu de pé.

Governador do então estado da Guanabara, Negrão de Lima (MDB) reuniu-se com seu secretariado, sob a vigilância do Serviço Nacional de Informações (SNI), determinou a abertura de um inquérito, mandou soltar 14 estudantes que haviam sido presos durante o incidente, decretou luto oficial e suspendeu as aulas em todos os estabelecimentos do estado. O comandante do I Exército, general José Horácio da Cunha Garcia, colocou de prontidão todas as guarnições sob seu comando. O enterro foi marcado para as quatro horas da tarde do dia 29 de março, no Cemitério São João Batista. Por conta do estado. Oferecimento rejeitado.

Aproximadamente 60 mil pessoas participaram do sepultamento de Edson Luís. Seus companheiros se revezavam conduzindo o caixão coberto por uma bandeira nacional. Sua camisa ensanguentada era levada como um estandarte. Apesar de toda a tensão, o cortejo percorreu algumas das principais ruas da cidade sem maiores incidentes. Apenas alguns jovens secundaristas mais exaltados quebraram umas poucas lâmpadas da iluminação pública. Eram quase oito horas da noite quando o corpo de Edson Luís foi sepultado na gaveta 602, quadra 14, do São João Batista. As chamas de uma bandeira americana queimada pelos jovens no fim da cerimônia iluminavam o caminho da multidão que saía silenciosa do cemitério.

Em seu editorial, o *Correio da Manhã*, à época um dos principais jornais do país, afirmava indignado:

> Atirando contra jovens desarmados, ensandecida pelo desejo de oferecer à cidade apenas mais um festival de sangue e morte, a Polícia Militar conseguiu coroar, com este assassinato coletivo, a sua ação, inspirada na violência e só na violência. Barbárie e covardia foram a tônica bestial de sua ação. O ato de depredação do restaurante pelos policiais, após a fuzilaria e a chacina, é o atestado que a Polícia Militar passou a si própria, de que sua intervenção não obedeceu a outro propósito senão o de implantar o terror na Guanabara. Diante de tudo isto, depois de tudo isto, é possível ainda discutir alguma coisa? Não e não.

NOSSA LUTA COMEÇA NESSE LUTO

A morte do secundarista Edson Luís, no Calabouço, indignou todo o país

No dia seguinte, os jornais cariocas estampavam em suas manchetes: "Assassinato" (*Correio da Manhã*); "Edson morreu nos braços dos companheiros" (*Última Hora*); "Polícia mata estudante" (*Diário de Notícias*); "Assassinato leva estudantes a greve nacional" (*Jornal do Brasil*); "PM fuzila estudante no Calabouço" (*O Jornal*).

O assassinato de Edson Luís indignou o país e marcou o início de um período de enorme agitação e crescente violência que iria se estender por todo o ano. No dia seguinte ao enterro, explodiram manifestações de protestos em diversas capitais. Algumas delas fugiram ao controle de seus organizadores e terminaram em enfrentamentos com dezenas de feridos. Em Goiânia, um outro estudante, Ivo Vieira, foi morto pela polícia.

My Lai, o massacre dos inocentes

Março marcou uma rápida degradação na situação política nos Estados Unidos. A guerra no Vietnã e a luta pelos direitos civis mobilizaram e divi-

O Vietnã de Antonio Callado

Em 1968, o jornalista e escritor Antonio Callado viajou para Hanói, capital do Vietnã do Norte, onde até então nenhum jornalista brasileiro conseguira chegar, para escrever sobre a guerra que mobilizava o mundo. Ele dizia que queria cobrir o conflito do ponto de vista de Hanói porque a versão dos Estados Unidos e do Vietnã do Sul já era mais do que difundida. Partiu sem intenção de ser imparcial e escreveu para o *Jornal do Brasil* um dos mais belos documentos sobre um país pequeno e um povo humilde que derrotou uma grande potência. Em 1977, publicou um livro com essas reportagens, que culminam com um artigo escrito para o jornal *Opinião*, em 1975, quando terminou a guerra. Alguns trechos de *Vietnã do Norte: advertência aos agressores* são reveladores do sentimento de Callado diante daquele país em guerra e mostram também o que sentiam aqueles que, em 1968, condenavam a agressão americana.

"No dia seguinte ao da Independência, Ho fez o discurso propondo a cada vietnamita que se desdobrasse em três: um guerreiro, um aluno ou professor e um produtor de alimentos. Devido ao fato de que seu apelo constituía ao mesmo tempo a única esperança do país, de cofres e celeiros vazios, naquele dia no Vietnã começou o maior esforço que já fez uma comunidade humana para sair de dentro do atoleiro puxando-se pelos próprios cabelos."

"É fácil gostar dos americanos pessoalmente. Mas eles estão se transformando numa nação abominável."

"Os humildes da terra, no Vietnã, começaram a ganhar o seu combate milenar. Se outros povos humildes souberem seguir o luminoso exemplo vietnamita, o mundo ainda poderá ser o lugar de paz e justiça com que têm sonhado os fundadores de religiões e os profetas, de Zaratustra e Jeremias a Karl Marx e Ho Chi Minh."

"Ho não só desmoralizou diretamente os Estados Unidos, como também, indiretamente, a União Soviética e a China. Não aceitando, em sua luta gigantesca, um soldado sequer de outra nação. Ho Chi Minh não agiu por orgulho e sim para dar um luminoso exemplo às nações da África e da América Latina. Ainda que quisesse, o Vietnã não poderia jamais se transformar numa grande potência. O que ele conseguiu foi transformar os Estados Unidos numa potência pequena, já que incapaz de conquistar um minúsculo e pobre país como o Vietnã."

(Reportagens para o *Jornal do Brasil*, 1968)

"Saigon deixou de existir para transformar-se em monumento vivo à figura histórica mais fascinante do século, Ho Chi Minh. Enquanto vivo, em Hanói, Ho não deixava que se tapassem os muros da cidade com retratos seus. Morto, não aprovaria que o transformassem em múmia de desfile, como Stálin em Moscou, ou que o esmagassem debaixo de um mausoléu, como Napoleão nos Inválidos. Sutil e santo, com 'seu rosto de chá e sua barbicha cor de arroz' [Jean Lacouture], Ho nunca foi líder que exercesse uma política de sangue correndo atrás de uma glória de pedra. Dedicou-se a homens vivos. Seu nome assenta bem numa cidade, pairando sobre ruas cheias de bicicletas e casas cheias de crianças. Aos poucos a cidade de Ho fará esquecer a história indecente da velha Saigon."

(Artigo para o *Opinião*, 1975)

diram a sociedade americana de uma maneira pouco vista em sua história. Muitos historiadores e cientistas políticos alertavam que, desde a Guerra Civil, o país nunca estivera tão dividido. E, para agravar o quadro de instabilidade, 1968 seria um ano eleitoral em que os americanos teriam de reeleger Lyndon Johnson ou escolher um novo presidente.

Nos pântanos do Vietnã estavam atolados 550 mil militares americanos. Sem nenhuma esperança de vitória. Quase 10 mil haviam morrido no ano anterior (exatamente 9.353). O total de americanos mortos desde 1963 subira para 15.997 (até a guerra acabar, em 1975, mais de 55 mil jovens dos Estados Unidos morreriam no Sudeste Asiático) e 99.742 seriam feridos.

Soldados americanos mataram velhos, mulheres e crianças no massacre de My Lai, no Vietnã

O Departamento de Defesa revelou que desde 1963 haviam sido lançadas sobre o Vietnã mais de 100 mil toneladas de napalm. Os investimentos oficiais para financiar o esforço de guerra já estavam asfixiando a economia e muitos programas sociais tiveram suas verbas cortadas, aumentando o descontentamento e causando protestos. Assim, o conflito se transformara numa custosa e incontrolável tragédia.

Em março, guerrilheiros vietcongues que haviam participado da ofensiva do Têt, deflagrada no final de janeiro, ainda travavam combates dentro de Saigon, mostrando a fragilidade da ocupação no Vietnã do Sul. A degradação moral dos soldados americanos era cada vez mais evidente. Eles não sabiam muito bem o que estavam fazendo ali. Indagavam-se sobre que perigo um país atrasado e distante como o Vietnã poderia significar para a segurança americana, observavam a corrupção que grassava no governo do Vietnã do Sul, sustentado com bilhões de dólares pelos Estados Unidos, e conviviam com a desordem e a falta de vontade de combater do Exército vietnamita. Além disso, sabiam que a própria população de seu país, em sua maioria, estava contra a guerra.

A canção subversiva dos Stones

Primeira composição de teor político dos Rolling Stones, "Street fighting man" ("Brigando nas ruas"), do álbum *Beggars Banquet*, foi lançada em agosto de 1968, mês em que os Beatles gravavam "Revolution". A canção, que respirava e transpirava junto com toda uma geração de jovens rebeldes, fora inspirada nos protestos estudantis na França, na luta pelos direitos civis nos Estados Unidos e nas manifestações contra a Guerra do Vietnã em todo o mundo. Dizem que Mick Jagger, líder da banda inglesa, imaginara a letra ao participar de uma manifestação contra a guerra em frente à embaixada americana, em Londres. Lançada também em agosto nos Estados Unidos, pouco antes da Convenção Nacional do Partido Democrata, "Street fighting man" foi praticamente banida das rádios de Chicago, por temor de que incitasse a violência entre os manifestantes. Alegava-se que a música era subversiva. "Claro que era", diria Mick Jagger numa entrevista para a revista *Rolling Stones*, em 1995. "É uma estupidez achar que se pode começar uma revolução com um disco. Quem dera!"

Vários países, entre eles Canadá, França, Alemanha, Dinamarca e Suécia, haviam criado estruturas legais para facilitar a acolhida de soldados americanos que não queriam mais combater, desertavam e solicitavam asilo. Especialmente entre os negros, que representavam 11% do total da população dos Estados Unidos, mas compunham 23% do efetivo

Street fighting man
Mick Jagger e Keith Richards

Everywhere I hear the sound of marching, charging feet, boy
Cause summers here and the time is right for fighting in the street, boy
But what can a poor boy do
Except to sing for a rock 'n' roll band
Cause in sleepy London town
There's just no place for a street fighting man
No

Hey! think the time is right for a palace revolution
But where I live the game to play is compromise solution
Well, then what can a poor boy do
Except to sing for a rock 'n' roll band
Cause in sleepy London town
There's no place for a street fighting man
No

Hey! said my name is called disturbance
I'll shout and scream, I'll kill the king, I'll rail at all his servants
Well, what can a poor boy do
Except to sing for a rock 'n' roll band
Cause in sleepy London town
There's no place for a street fighting man
No

Brigando nas ruas
Mick Jagger e Keith Richards

Por toda parte escuto o som de marchas e ataques, rapaz
Chegou o verão, a hora certa de brigar nas ruas, rapaz
Mas o que dá para um rapaz pobre fazer
Além de cantar num conjunto de rock
Pois na Londres sonolenta
Não há lugar para quem briga nas ruas
Não

Ei! Acho que está na hora de uma revolução no palácio
Mas onde eu moro o jogo é solução de compromisso
Mas o que dá para um rapaz pobre fazer
Além de cantar num conjunto de rock
Pois na Londres sonolenta
Não há lugar para quem briga nas ruas
Não

Ei! Disse que o meu nome se chama distúrbio
Grito e berro, mato o rei e ataco os seus lacaios
Ora, o que dá para um rapaz pobre fazer
Além de cantar num conjunto de rock
Pois na Londres sonolenta
Não há lugar para quem briga nas ruas
Não

Tradução de Sergio Flaksman

militar em ação no Vietnã, a guerra era cada vez mais odiada. Eles protestavam por estar servindo como "bucha de canhão".

Os casos de indisciplina e desobediência se multiplicavam na tropa americana. No dia 16, fuzileiros da 23ª Divisão de Infantaria, operando em torno da cidade de Son My, na região central do Vietnã, exterminaram cruelmente cerca de 500 civis vietnamitas desarmados. A maioria das vítimas, formada por velhos, mulheres e crianças, estava no vilarejo de My Lai. Soldados ensandecidos abateram bebês que engatinhavam procurando suas mães e mulheres foram estupradas e sodomizadas. Os que buscaram refúgio nos abrigos construídos em todas as aldeias contra os bombardeios eram obrigados a sair, em virtude das bombas incendiárias, e abatidos a tiros. Todas as casas foram incendiadas. My Lai entrou para a história como um dos episódios mais negros da guerra e uma mancha na tradição militar americana.

Jogando gasolina na impopular fogueira da guerra, o serviço de recrutamento das Forças Armadas americanas anunciou que, em 1968, seriam convocados para o serviço militar 302 mil jovens. Esse total significava um aumento de 72 mil em relação ao ano anterior. A notícia se espalhou rapidamente pelos campi já em ebulição. A reação foi imediata. De março até o final de abril ocorreram manifestações em 17 cidades e estudantes ocuparam as principais universidades do país, entre elas, Trinity College, Boston, Colúmbia e Ohio.

A guerra estava custando anualmente para os americanos, em valores dos anos 60, cerca de US$30 bilhões. Para pagar essa conta impressionante, o governo foi obrigado a cortar programas importantes e Lyndon Johnson fez um apelo para que os americanos economizassem e não viajassem para o exterior. As reservas de ouro do país estavam no seu nível mais baixo desde o fim da Segunda Guerra Mundial.

Velhos problemas, novo presidente

Se a Guerra do Vietnã já era uma enorme dor de cabeça para Lyndon Johnson, mais dois outros grandes problemas atormentavam seu dia a dia na Presidência: as eleições presidenciais e a luta dos negros pelos direitos civis.

O poderio militar dos Estados Unidos não foi suficiente para derrotar os guerrilheiros vietnamitas

Todos os olhares estavam voltados para a Casa Branca, esperando uma decisão de Johnson sobre as eleições. Cabia a ele fazer o primeiro movimento que mudaria a posição de todas as outras peças envolvidas no xadrez eleitoral. A declaração de Johnson se iria ou não concorrer a um novo mandato era ansiosamente aguardada por todo o país.

Entre os democratas o clima era de otimismo. A maioria dos membros do partido achava que Johnson estava com a reeleição garantida. Mesmo com todo o estrago causado pela guerra. O liberal Eugene McCarthy, um ferrenho opositor da guerra, havia apresentado sua candidatura para concorrer à indicação do partido. McCarthy era admirado pelos estudantes e pela burguesia liberal por suas posições progressistas, apesar da falta de charme, do discurso monótono e do ar professoral. No dia 16 de março, o senador por Nova York Robert (Bob) Kennedy, irmão do ex-presidente assassinado John

Kennedy, de quem tinha sido secretário de Justiça, anunciou sua decisão de também lutar pela indicação democrata. O Partido Democrata passou então a ter dois candidatos com perfis bastante parecidos.

Lyndon Johnson permanecia calado. A Casa Branca seguia muda, causando uma enorme expectativa em todos os círculos políticos não apenas dos Estados Unidos, mas do mundo inteiro. Todo o realinhamento mundial dependia de Johnson. Finalmente, no dia 28 de março, ele convocou uma rede nacional de rádio e televisão para comunicar sua decisão: "Não vou buscar e não aceitarei a indicação do meu partido para ser presidente por um novo período."

A inesperada retirada de Johnson teve o efeito devastador de um furacão. Até hoje historiadores debatem qual ou quais seriam os reais motivos que o teriam levado a desistir de uma altamente provável reeleição. Alguns especulam que a vaidade de Johnson ficara irremediavelmente ferida no dia 12 de março, por ocasião das primeiras primárias do Partido Democrata, realizadas em New Hampshire. Johnson venceu seu único concorrente, Eugene McCarthy, por uma diferença de apenas 230 votos, contrariando todas as previsões que indicavam uma diferença esmagadora. Uma derrota dessa dimensão foi uma vitória para McCarthy. Uma vitória tão apertada significou uma derrota para Johnson.

Outros dizem que a cúpula do Partido Democrata, especialmente os ministros conservadores e seus mais próximos amigos e conselheiros, haviam convencido Johnson de que enviar mais tropas para o Vietnã ou usar armas nucleares era politicamente impossível e, por outro lado, derrotar militarmente o inimigo estava fora de cogitação. Tem gente, porém, que garante que Johnson não concorreu por decisão de sua mulher, Lady Bird.

No campo republicano, um nome concorria praticamente sozinho à indicação: Richard Nixon. O governador de Nova York, Nelson Rockefeller, resolvera fazer uma discreta campanha exploratória como "candidato não inscrito" e, apesar de uma boa receptividade popular, encontrou uma

MENOS MONUMENTOS E MAIS PENSAMENTO

Na manchete do jornal, a desistência de Lyndon B. Johnson de concorrer à reeleição

forte resistência dentro do partido, o que o levou a desistir de uma possível candidatura para disputar seriamente a indicação. Nixon se preparava para enfrentar Johnson e tinha como estratégia atacar os democratas em seu ponto mais fraco: a impopularidade crescente da guerra.

Mas aquele frenético mês de março trouxe duas notícias para Nixon. Ambas péssimas. A entrada na disputa de Bob Kennedy e a desistência de Johnson. Nixon viu-se de volta a um de seus piores pesadelos: a possibilidade de ter que voltar a enfrentar um outro Kennedy em um debate televisivo. Em 1960, um Nixon inseguro, suarento e claramente titubeante fora derrotado por um seguro, charmoso e articulado John Kennedy. Todas as pesquisas mostraram que o debate fora decisivo para a apertada vitória de Kennedy. Nixon jamais se esqueceu desse fracasso que o assombrou até o fim da vida. Se ele tivesse sido eleito em 1960, a história de sua carreira política e os acontecimentos de 68 teriam sido totalmente diferentes.

Contracultura, a voz do caos americano

A contracultura, uma das manifestações mais ricas e interessantes dos anos 60, foi impulsionada sobretudo, mas não exclusivamente, pela postura pacifista – que se espalhou pelo mundo – contra a intervenção militar dos Estados Unidos no Vietnã. As críticas à política militarista do governo no Sudeste da Ásia terminaram por evoluir para um questionamento mais amplo dos valores globais que regiam a sociedade americana. Os americanos estavam divididos como poucas vezes estiveram. Pais e filhos, governo e cidadãos, patrões e empregados, brancos e negros, ninguém se entendia. Parecia que falavam línguas diferentes. O fosso que separava duas gerações de americanos jamais havia sido tão profundo.

A luta contra o autoritarismo e as instituições em que ele mais se fazia sentir – família, empresas, escolas e universidades, Forças Armadas – foi outra das bandeiras empunhadas pelos estudantes de todos os países em 68. Para os jovens, a família autoritária era aquela que reproduzia os papéis já definidos tradicionalmente, não abria espaço para questionamentos e estigmatizava todo comportamento considerado desviante. Já a escola autoritária era a que impunha o sistema de disciplina social vigente e a educação adequada para a sua manutenção e reprodução, sem permitir debates. As propostas antiautoritárias geradas pela contracultura – como autogestão e assembleias-gerais – muitas vezes caíram em impasses que reproduziam os males que queriam combater, mas formaram, certamente, um dos temas mais emblemáticos dos acontecimentos de 68.

Na realidade, o movimento da contracultura teve seu início em meados da década de 1950, com os beatniks, grupo de jovens escritores e poetas que manifestava seu inconformismo com os valores tradicionais cultuados pela classe média americana. As figuras mais notáveis entre os beatniks foram William Burroughs, Jack Kerouac e Allen Ginsberg, e eles serviram de inspiração para os jovens que agitariam o panorama cultural dos Estados Unidos na década seguinte.

A geração de americanos que tinha orgulhosamente participado da Segunda Guerra Mundial (1939-45) e da Guerra da Coreia (1950-53) – e se considerava exemplar, heroica e patriótica – não conseguia entender os filhos, que pregavam a desobediência civil, participavam de grandes manifestações públicas contra o governo, defendiam o pacifismo e queimavam as convocações para o serviço militar. Basicamente conservadora, essa geração acreditava que no Vietnã travava-se uma guerra justa e, como ocorrera na Coreia, os soldados americanos estavam na Ásia para defender um país amigo, o Vietnã do Sul, de uma agressão do Norte comunista.

Os jovens não concordavam com isso. Aos 18 anos eles podiam morrer nos pântanos do Vietnã, mas não tinham o direito de votar e eleger seus representantes. Para votar, teriam primeiro que completar 21 anos. Intelectuais, artistas, escritores, universitários e grande parte da opinião pública se juntavam, em número cada vez maior, aos protestos contra a guerra. Para os militaristas, o conflito se incluía na lógica da Guerra Fria: perder o Vietnã para os comunistas poderia colocar em risco todo o Sudeste Asiático. Era a chamada "teoria do dominó". Para os pacifistas, os Estados Unidos exerciam uma política de força, impondo-se através da superioridade militar a um pequeno país e encobrindo todas as atrocidades de uma guerra injusta com uma argumentação falsamente humanitária e patriótica.

Várias "tribos" participaram dos protestos pacifistas. Apesar de diferentes, eram iguais em muitas coisas, principalmente na postura de rejeição radical à sociedade de consumo, outra característica essencial da contracultura. Os jovens não lutavam para serem incorporados ao sistema de consumo de massa. A grande maioria, como classe média e pequena burguesia, já pertencia a esse sistema. Tratava-se de uma rejeição às formas dominantes de consumismo desenfreado (como o que ocorre no Natal), elitista e exibicionista. Eles se inspiravam nos trabalhos de Herbert Marcuse, Max Horkheimer e Theodor W. Adorno, os dois últimos mestres da famosa Escola de Frankfurt, autores da primeira crítica de "esquerda" à opulência da sociedade capitalista. Os livros de Adorno e Horkheimer tiveram uma forte influência sobre a geração 68.

Paz e amor, **brother!**

Entre os muitos grupos que coloriam as manifestações pacifistas nos Estados Unidos, um se destacava e atraía as atenções. Era formado por jovens cabeludos, barbas crescidas, vestindo roupas extravagantes, usando brincos, colares, pulseiras e anéis, produtos diferentes dos modelos estabelecidos (mais tarde, muito de seu estilo seria incorporado pelo sistema que rejeitavam). Eles se diziam hippies. A origem do termo hippie é controversa. A teoria mais aceita é que vem da expressão *hipster*, que designava, nos Estados Unidos, os estudiosos e pesquisadores que se envolviam com a cultura negra. O termo foi usado pela primeira vez em meados de 1965 pela imprensa de São Francisco.

Os hippies se tornaram parte importante da contracultura. Nunca estiveram organizados em partidos, mas entre os valores que cultuavam estavam o cuidado e o respeito pela natureza, o pacifismo, o vegetarianismo e a alimentação natural e saudável, a defesa dos direitos de todas as minorias raciais, sexuais e culturais, a prática do amor livre, a defesa da família ampliada, a assimilação de religiões e filosofias orientais, como hinduísmo, budismo, meditação e ioga, uma postura crítica em relação à sociedade de consumo, ao sistema de comunicação de massas e à economia de mercado, o uso de drogas (especialmente psicodélicas). Alguns deles propunham viver em comunidades urbanas ou rurais, sobrevivendo da venda de artesanato e de produtos das hortas.

Muitas lendas corriam em torno dos hippies, entre elas a de que eram promíscuos, sujos, não gostavam de tomar banho e seus cabelos compridos eram um foco de piolhos. Ronald Reagan, futuro presidente dos Estados Unidos e, em 68, governador da Califórnia, costumava definir o hippie como um jovem que "se veste como Tarzan, tem o cabelo igual ao da Jane e cheira mal como a Chita". Os cabelos compridos acabaram por se transformar, em 68, numa obsessão americana. Enquanto o musical *Hair* (*Cabelo*) fazia um estrondoso sucesso na Broadway, uma campanha publicitária conservadora espalhou milhares de cartazes por todo o país, apresentando um jovem cabeludo com a seguinte mensagem: "Embeleze a América, corte o cabelo."

Por nunca ter sido um movimento organizado, o hippismo era visto com certo desprezo pelos militantes políticos tradicionais e as organizações de esquerda, que consideravam os hippies "desbundados". Mas muitos dos valores defendidos e praticados por eles sobreviveram e se transformaram em algumas das lutas mais populares do século XXI, ao contrário do que aconteceu com a maioria das bandeiras empunhadas pela esquerda tradicional. Várias personalidades ajudaram a moldar o hippismo, exercendo algum tipo de influência. Entre elas estiveram Abbie Hoffman, Norman Brown, Alan Watts, Timothy Leary, Ken Kasey.

"*Peace and Love*" ("Paz e Amor") era o seu lema. "*Flower Power*" ("Poder das Flores"), uma utopia que alimentava um sonho. Os hippies almejavam uma sociedade alternativa. Mas o sonho acabou sucumbindo, entre outros fatores, na devastação das drogas pesadas.

A prosa que marcou uma geração

"Se você odeia alguém é porque odeia alguma coisa nele que faz parte de você. O que não faz parte de nós não nos perturba." HERMANN HESSE

"A paz não é um estado primitivo paradisíaco, nem uma forma de convivência regulada pelo acordo. A paz é algo que não conhecemos, que apenas buscamos e imaginamos. A paz é um ideal." H.H.

Na literatura, um dos grandes inspiradores da contracultura foi o escritor alemão, naturalizado suíço, Hermann Hesse, cuja literatura baseava-se em histórias orientais de iniciação e entrega à introspecção e à meditação. Hesse era filho de missionários cristãos que foram pregar na Índia e construiu uma visão de mundo particular a partir de sua interpretação das correntes filosóficas do Oriente. Sua obra é uma sofisticada crítica ao militarismo e ao revanchismo. Ele ganhou o prêmio Nobel de 1946 e entre seus livros mais populares em meio aos jovens de 68 estavam *Sidarta, O lobo da estepe, Demian, O jogo das contas de vidro* e *Narciso e Goldmund*.

Muitos outros escritores participaram diretamente dos acontecimentos de 68 ou influenciaram fortemente os jovens. Norman Mailer, cujo livro *Os exércitos da noite (Nos degraus do Pentágono)*, sobre os movimentos de oposição contra a guerra no Vietnã, se tornou um dos mais lidos e elogiados do ano, foi um dos escritores que tiveram maior influência na contracultura americana. Considerado um dos maiores autores de seu país, Mailer se tornou mundialmente famoso com *Os nus e os mortos* (1948). Ele participou da Segunda Guerra Mundial lutando no Pacífico Sul. A experiência no serviço militar e a violência da guerra foram fundamentais em sua obra como escritor, teatrólogo, roteirista e jornalista. Junto com Tom Wolfe, Joan Didion, Truman Capote e Gay Talese, é considerado um dos criadores da não ficção criativa ou New Journalism, outra invenção dos anos 60.

Crítico radical da sociedade americana, Mailer foi premiado duas vezes com o Pulitzer: em 68, com *Os exércitos da noite*, e em 80, com *O canto do carrasco*. Ele recebeu também, entre outros prêmios, o National Book Award. As obras de Mailer incluem: *Praias da Barbária*, *O parque dos veados*, *Um sonho americano*, *O prisioneiro do sexo*, *Marilyn*, *Noites antigas*, *O fantasma de Harlot*, *O grande vazio* (junto com o filho John Buffalo Mailer) e *O castelo na floresta*.

A contracultura em 68 foi ainda estimulada pelo fascínio que outros intelectuais e escritores exerceram sobre os jovens e as ideias da época. Entre eles destacam-se Albert Camus, James Baldwin e Frantz Fanon.

"Poesia é aquilo que me faz rir, chorar ou uivar, aquilo que me arrepia as unhas do pé, o que me leva a desejar fazer isto, aquilo ou nada"

Na poesia, a geração 68 tinha como um de seus gurus Dylan Thomas, autor da afirmação acima. Nascido em Swansea, no País de Gales, Dylan é considerado um dos maiores poetas em língua inglesa do século XX, junto com T.S. Eliot, B. Yeats, W. Carlos Williams e Wallace Stevens. Teve uma vida bem curta, morreu aos 39 anos. Mas viveu intensamente abusando de todos os excessos, o que criou uma aura romântica em torno de sua existência. Entre suas obras mais conhecidas estão *O mapa do amor*, *Mortes e entradas*, *In Country Sleep* e *18 Poems*.

Robert Lowell foi provavelmente o mais conhecido e admirado poeta americano dos anos 60 e é considerado um dos maiores poetas em língua inglesa do século XX. Em 68, tinha 51 anos e era um incansável militante pacifista. Foi preso e condenado por ter-se negado a combater na Segunda Guerra Mundial. Cumpriu pena na penitenciária de Danbury, em Connecticut. Participou ativamente da luta contra a guerra no Vietnã e da campanha de Eugene McCarthy à Presidência. Foi premiado com o Pulitzer de 1947. Entre seus livros destacam-se *Lord Weary's Castle*, *The Mills of the Kavanaughs*, *For the Union Dead* e *Collected Poems*.

Allen Ginsberg foi um dos ícones da contracultura. Seu poema "Uivo" ("Howl") é um marco na poesia americana. Fez parte da geração beat e foi um dos precursores do movimento dos homossexuais. Em "Kaddish", outro de seus famosos poemas, Ginsberg exorciza a loucura e a morte de sua mãe, com quem manteve uma complicada relação. Adepto do budismo, ficou muito conhecido pelo mantra "OM", que utilizava seguidamente para apaziguar os ânimos em manifestações, como aconteceu na convenção democrata de Chicago. Participou ativamente das manifestações pacifistas e do movimento dos hippies. Defendeu, junto com Timothy Leary, o uso do alucinógeno LSD. Até o fim de sua vida manteve-se ativo, participando de movimentos culturais. Criou com a poeta Anne Waldman uma escola de poesia.

Outros poetas motivaram em maior ou menor medida a geração de 68, entre eles, Ezra Pound, fascista e antissemita, já octogenário, que vivia refugiado na Itália. Pound inspirou profundamente os beats e foi um ídolo para Ginsberg. O russo Eugene Evtuchenko, o inglês Wilfred Owen (autor de *War Requiem*) e o francês Guillaume Apollinaire foram outros que influenciaram os beats e, indiretamente, a geração de 68.

Contra a agressividade, revolução sexual

"O grande homem é, pois, aquele que reconhece quando e em que é pequeno. O homem pequeno é aquele que não reconhece sua pequenez e teme reconhecê-la; que procura mascarar sua tacanhez e estreiteza de vistas com ilusões de força e grandeza alheias. Que se orgulha dos seus grandes generais, mas não de si próprio. Que admira as ideias que não teve, mas nunca as que teve. Que acredita mais arraigadamente nas coisas que menos entende, e que não acredita, no que quer que lhe pareça fácil de assimilar." WILHELM REICH

Certamente uma das personalidades que mais inspiraram a contracultura foi o psiquiatra Wilhelm Reich. Ele defendia uma "revolução sexual" (título de seu livro mais conhecido), paralela à revolução política, e associava a agressividade humana à repressão sexual exercida contra os jovens e adolescentes. Reich formou-se em medicina em 1922, pela Faculdade de Viena. Tornou-se um discípulo dissidente de Freud, que conheceu em 1919 durante um seminário sobre sexologia.

Em 1933 fugiu de Viena para Oslo, na Noruega, escapando da perseguição nazista. Foi professor no Instituto de Psicologia da Universidade da Noruega até 1939, quando, novamente, teve que escapar dos nazistas, dessa vez se refugiando em Nova York. A divulgação de sua obra nos Estados Unidos teve enorme repercussão e causou muita polêmica. Reich explicava a gênese da neurose como consequência direta da luta de poder que se estabelece nas relações sociais, com suas implicações emocionais e psicológicas.

Para Reich, era fundamental a livre expressão dos sentimentos sexuais e emocionais dentro do relacionamento amoroso. Ele enfatizava a característica essencialmente sexual da energia humana e defendia – baseado em pesquisas com seus pacientes – que essa energia ficava bloqueada principalmente na área pélvica. Reich chegou a propor que a meta da terapia deveria ser a libertação dos bloqueios do corpo e o estímulo à obtenção da plena capacidade para o orgasmo sexual, que, em sua opinião, estava bloqueado na maioria dos seres humanos. Mesmo sendo um dissidente, Reich não se afastou de Freud no entendimento de que toda a psique humana deriva da compreensão das funções sexuais.

Criou um instituto para estudar o que chamava de "orgone universal", que pretendia utilizar no tratamento de várias doenças, entre elas o câncer. Por suas ideias radicais sobre a sexualidade Reich foi tachado de louco, mistificador e alvo de uma implacável perseguição por parte de grupos freudianos. Em 1954, passou a ser investigado pela Federal Food and Drug Administration (FDA). Terminou sendo processado e, em meio a um grande escândalo, foi preso em março de 1957. Morreu na prisão em 3 de novembro, vítima de um ataque cardíaco.

Nova York e São Francisco foram as cidades americanas que se tornaram centro da contracultura. Os beatniks tinham transformado Greenwich Village, em Nova York, em um reduto de intelectuais e artistas (Bob Dylan morava lá). O mesmo tinha acontecido em São Francisco com North Beach. Os dois bairros entraram na moda, os preços dos aluguéis dispararam e os hippies tiveram de buscar pousos menos caros. Em Nova York, o lugar escolhido foi o East Village, então uma parte quase miserável do Lower East Side, enquanto em São Francisco a migração foi para dois bairros mais distantes e modestos: Fillmore e Hight Ashbury. Brevemente, o East Village entraria na moda e atrairia hordas de turistas, a pé ou em ônibus, interessados em observar o estilo de vida daquela gente estranha chamada hippie.

Além dos confrontos com a polícia e da agitação política, os campi de todo o mundo tinham vivenciado uma outra invasão, a do rock 'n' roll. Estudantes e roqueiros se tornaram aliados importantes. Os estudantes como consumidores de discos e shows e os roqueiros fazendo muitos concertos em solidariedade às lutas estudantis. Mas nem só de rock se alimentou a geração 68. Muito pelo contrário. O som que predominou durante algum tempo foi o das baladas. O folk voltou às paradas e nada mais simbólico do que Bob Dylan encostando sua guitarra elétrica – que tanto escândalo causou em 66 – e empunhando a acústica em *John Wesley Harding*, álbum que lançou em 68.

Abril

Cavalos e espadas contra padres

O dia 1º de abril marcou o quarto aniversário do golpe militar de 1964 e, num clima tenso e radicalizado, ocorreram protestos em todo o país. No Rio de Janeiro, o Exército ocupou locais estratégicos da cidade. A mobilização das Forças Armadas e das polícias Militar e Civil não impediu manifestações em vários pontos do país.

Na missa por Edson Luís, a ditadura chamou a cavalaria para atacar padres e estudantes

Passeatas, ocupação de prédios e greves passaram a movimentar as principais capitais brasileiras quase diariamente e a agitação estudantil se ampliou consideravelmente. No dia 4, data em que foi celebrada a missa de sétimo dia por Edson Luís, na Igreja da Candelária, no Centro do Rio, um novo incidente violento jogou mais lenha na fogueira do conflito social. Na saída da missa, a cavalaria da Polícia Militar investiu contra as pessoas que deixavam a igreja. Os padres que participaram do ato tentaram proteger os populares usando seus próprios corpos como escudos, mas também foram agredidos. O episódio revoltou a população e atraiu a solidariedade de camadas médias até então indiferentes à luta dos estudantes.

Estreitando ainda mais o seu espaço político, a ditadura decidiu proibir, em 5 de abril, o funcionamento da chamada Frente Ampla, um movimento contra a ditadura, em defesa da democracia e das eleições diretas, que

··Eles mo amavam tanto a revolução··

Carlos Marighella
militante, político e guerrilheiro

Dirigente comunista que aderiu à luta armada, Carlos Marighella tornou-se um ícone da guerrilha urbana nos anos 60 no Brasil. Foi o fundador, em 1968, da Ação Libertadora Nacional (ALN), uma das organizações responsáveis pelo sequestro, em 1969, do embaixador americano no Brasil, Charles Elbrick. Nesse mesmo ano, Marighella acabou morto pela polícia numa emboscada.

Carlos Marighella nasceu em Salvador, na Bahia, no dia 5 de dezembro de 1911. Seu pai, Augusto Marighella, era operário e imigrante italiano, e sua mãe, Maria Rita do Nascimento, negra e filha de escravos. O casal teve sete filhos. Carlos terminou o ensino fundamental e entrou para a Escola Politécnica da Bahia, onde divertia seus colegas e professores fazendo as provas em verso. Em 1934, ingressou no Partido Comunista Brasileiro, deixou a Politécnica e foi enviado pelo PCB ao Rio de Janeiro para ajudar na reorganização do partido.

Preso em maio de 1936, ficou detido até julho do ano seguinte, quando foi libertado e teve que entrar para a clandestinidade. Novamente preso em 1939, permaneceu na cadeia até 1945, sendo então beneficiado com a anistia política resultante do processo de redemocratização do país ao fim da Segunda Guerra Mundial. Em 1946 foi eleito, pelo PCB, deputado federal constituinte pela Bahia, mas perdeu o mandato em 1948, ao ser decretada a ilegalidade do Partido Comunista. Voltou então para a clandesti-

Carlos Lacerda, ex-governador da então Guanabara, tentava articular com os ex-presidentes Juscelino Kubitschek e João Goulart. Lacerda havia participado e apoiado abertamente o golpe militar e sonhava se beneficiar dele para chegar à Presidência da República.

Mas não eram apenas os estudantes que protestavam. Em Contagem, Minas Gerais, 15 mil operários entraram em greve no dia 26 de abril reivindicando reajustes salariais. A greve duraria nove dias.

Três tiros na cabeça de Rudi, o pacifista

Na Alemanha, no dia 11 de abril, Rudi Dutschke, dirigente da Liga de Estudantes Socialistas, que representava mais de 300 mil alunos de 103 univer-

---

nidade, tendo ocupado vários cargos na direção do partido.

Em maio de 1964, logo após o golpe militar, foi baleado e preso por agentes do Dops no interior de um cinema no Rio de Janeiro. Foi solto no ano seguinte e, em 1966, optou pela luta armada, entrando em choque com o PCB. Foi expulso em 1967 e, em fevereiro de 1968, fundou sua própria organização político-militar, a Ação Libertadora Nacional. Em setembro de 1969, a ALN, juntamente com o Movimento Revolucionário 8 de Outubro (MR-8), sequestrou, no Rio de Janeiro, o embaixador dos Estados Unidos no Brasil, Charles Elbrick. Em troca do diplomata, a ditadura militar foi forçada a libertar 15 presos políticos.

Marighella tornou-se então, para a ditadura militar, o inimigo público número um. Em 4 de novembro de 1969, foi morto a tiros, no Centro de São Paulo, em uma ação coordenada pelo delegado Sérgio Paranhos Fleury.

Carlos Marighella deixou vários escritos políticos, entre eles um livro de poesias, *Rondó da liberdade*, e o célebre *Minimanual do guerrilheiro urbano*. Este foi escrito em 1969 para servir de orientação aos movimentos armados e circulou em versões mimeografadas e fotocopiadas, algumas diferentes entre si, sem que se possa apontar qual é a original. Nos anos 80, a CIA verteu o texto para o inglês e o espanhol para distribuir entre os serviços de inteligência do mundo inteiro e servir como material didático na Escola das Américas, mantida pelos americanos no Panamá.

Em 1999, o Ministério da Justiça reconheceu a responsabilidade do Estado no assassinato de Marighella. Seu túmulo, em São Paulo, tem uma escultura de Oscar Niemeyer e uma frase de Jorge Amado: "Ele não teve tempo de sentir medo."

··Eles que amavam tanto a revolução··

Honestino Guimarães
líder estudantil

Honestino Monteiro Guimarães foi um dos mais importantes líderes estudantis de 1968. Sua história de militância está diretamente ligada à invasão da Universidade de Brasília (UnB), onde era estudante. Nascido em 1947, na pequena cidade de Itaberaí, Goiás, mudou-se com a família para a Capital Federal quando a cidade surgia, em 1960. Em 1962, era um secundarista que cursava o primeiro ano científico no Centro de Ensino Médio Elefante Branco, escola pública de Brasília conhecida também como Elefante Vermelho, por causa da agitação política entre alunos e professores. Nessa época, os estudantes se mobilizavam em defesa da escola pública, contra o aumento das passagens do transporte público etc.

Desde cedo, Honestino enfronhou-se no movimento estudantil e, em 1964, ingressou na Ação Popular (AP). Como a maioria dos jovens que se ligaram ao movimento, desejava um mundo melhor e mais justo. Entrou para a UnB em 1965 e desafiava o governo participando de pichações que denunciavam a ditadura militar. Foi preso duas vezes em 1967 e, na segunda vez, acusado de participar da guerrilha em Itauçu, Goiás. Mesmo na prisão foi eleito presidente da Federação dos Estudantes Universitários de Brasília (Feub) e passou a conduzir o movimento estudantil em Brasília no ano de 1968. Mais tarde, seria eleito duas vezes presidente da UNE, uma delas quando já estava na clandestinidade.

Logo depois do assassinato do secundarista Edson Luís, no Rio de Janeiro, Honestino organizou uma campanha de pichações que produziu dezenas e dezenas de inscrições nos muros de Brasília durante toda a noite e culminou com uma grande mobilização no dia seguinte.

No dia 15 de agosto de 68, os militares decretaram a prisão preventiva de sete estudantes, entre eles Honestino, então presidente da Feub. Logo depois, sob a alegação de cumprir o mandado de prisão dos alunos, uma operação conjunta entre a Polícia do Exército, Polícia Militar, Polícia Civil e o Departamento de Ordem Política e Social (Dops) invadiu a Universidade de Brasília.

Os estudantes, sob a liderança de Honestino, resistiram, apedrejando e incendiando os carros dos militares, que revidaram com tiros. Centenas de alunos foram presos e várias instalações e laboratórios, destruídos. Um dos disparos atingiu o estudante de engenharia Valdemar Alves Silva, que perdeu um olho e ficou por vários dias entre a vida e a morte com uma bala na cabeça. Durante a invasão, Honestino foi preso e permaneceu dois meses em poder do Exército, sendo expulso da universidade. Com o AI-5, passou à clandestinidade definitivamente, mas continuou coordenando encontros políticos e lutando contra o regime militar até ser preso no Rio de Janeiro, em 10 de outubro de 1973. Desde então nunca mais foi visto. Na época, tinha 26 anos. Depois da prisão, a família continuou a procurá-lo, em vão, em várias prisões pelo Brasil. Em 1996, sua morte foi oficialmente reconhecida e, no ano seguinte, ele foi laureado pela UnB com o Mérito Universitário.

sidades, foi gravemente ferido com três tiros na cabeça em um atentado cometido por um militante de extrema direita chamado Josef Bachman. A rede de jornais *Springer* foi acusada de estimular o atentado e sofreu imediatas represálias. No dia seguinte, manifestações de protesto e de solidariedade a Rudi explodiram nas principais cidades alemãs deixando dois mortos, 200 feridos e milhares de presos. Rudi, que nascera em 1940, na Alemanha Oriental, era um pacifista, defensor do socialismo democrático e do feminismo e feroz opositor da Guerra do Vietnã. Liderou uma criativa campanha que estimulava os soldados americanos estacionados na Alemanha a desertarem. Foi o representante alemão mais popular do movimento estudantil de 68.

Na França, fora preso um jovem líder estudantil desconhecido da maioria da população. Um tal de Daniel Cohn-Bendit. Brevemente ele estaria no centro de um dos acontecimentos mais eletrizantes de 1968.

Panteras afiam suas garras

A luta pelos direitos civis nos Estados Unidos continha um potencial tão explosivo que não apenas apavorava a conservadora classe média americana, mas também a ala progressista. Uma nova geração de jovens militantes negros tinha entrado em cena, colocando em xeque as propostas e valores defendidos por organizações tradicionais, como a veterana Southern Christian Leadership Conference (SCLC), fundada e dirigida pelo pastor Martin Luther King, prêmio Nobel da Paz, o mais respeitado e famoso militante negro dos Estados Unidos. Luther King e toda a geração que iniciou o movimento pelos direitos civis cultuavam a não violência como inspiração e método de luta. Mahatma Gandhi e sua campanha contra o colonialismo inglês na Índia eram os exemplos a serem obrigatoriamente seguidos.

Os jovens negros nascidos após a Segunda Guerra estavam impacientes. Nos guetos, nas marchas, nos comícios e nas igrejas eram ouvidos, cada vez com maior frequência, os gritos de "Black Power" ("Poder Negro"). Muitos atribuem a criação dessa expressão e de "Panteras Negras" a um devotado militante negro chamado Stokely Carmichael, um dos fundadores do Student Nonviolent Coordinating Committee (SNCC). Entre as importantes mudanças que o ano de 1968 trouxe para a luta pelos direitos civis estava o deslocamento das ações, das regiões rurais, sonolentas e atrasadas do sul, para as trepidantes e industrializadas cidades do norte.

Como aconteceu no Brasil com o debate sobre o uso de palavras de ordem mais ou menos contundentes em atos públicos – como, por exemplo, "só o povo armado derruba a ditadura" contra "só o povo organizado derruba a ditadura" –, Luther King, cujo pessoal gritava "Liberty Now" ("Liberdade Já"), tentou inutilmente convencer Carmichael a trocar "Poder Negro" por "Igualdade Racial". Ao ser substituído na direção da organização por Hubert Rap Brown, Carmichael tinha conseguido fazer do SNCC uma organização nacional onde a não violência apenas enfeitava a sua sigla.

Alguns grupos negros tinham propostas mirabolantes contra a discriminação na sociedade americana. Responder ao racismo branco com o racismo negro era uma delas. Segregação com segregação. Um congresso de nacionalistas negros chegou a publicar uma declaração de independência e exigir a criação de um Estado negro soberano englobando os estados do Mississippi, Alabama, Geórgia, Carolina do Sul e Louisiana. Esse Estado se chamaria República de Songhay.

As organizações que pregavam a não violência estavam claramente perdendo a sua influência. Se elas já atormentavam os segregacionistas com seus protestos pacíficos, a crescente tendência de "pagar na mesma moeda" inquietava também os setores progressistas e liberais da chamada Nova Esquerda. Já envolvidos numa guerra no exterior, os americanos temiam e se preparavam agora para enfrentar uma outra guerra, dessa vez nos bairros e nas ruas de suas próprias cidades. Americanos combatendo americanos. O que os separava era a cor da pele.

O ano anterior tinha sido palco de violentos combates inter-raciais em várias cidades, que deixaram dezenas de mortos e milhões de dólares de prejuízo. Na Califórnia, os tumultos no distrito de Watts, em Los Angeles, em 1965, deixaram 38 mortos e ajudaram a eleger governador da Califórnia um medíocre ator de Hollywood chamado Ronald Reagan, que tomou posse em janeiro de 1967. Ele ficou conhecido por seu conservadorismo, suas posições de extrema direita e seu papel verdadeiro de delator de companheiros na indústria do entretenimento durante o surto anticomunista do macarthismo, nos anos 50. Em meio a um ambiente radicalizado e carregado de ameaças, Los Angeles decidiu se preparar para uma guerra, aumentando o número de policiais, treinando suas tropas em táticas de combate à guerrilha urbana, infiltrando agentes nos bairros negros e comprando arma-

Panteras Negras tomam as ruas de Nova York para protestar contra o segregacionismo

mento pesado, especialmente metralhadoras e veículos blindados. A mesma estratégia era usada em outras cidades, entre elas Detroit, Chicago, Atlanta, Washington e São Francisco.

Os Panteras Negras foram uma das organizações que mais mexeram com o imaginário americano. Foi fundada em 1966, em Oakland, na Califórnia, por Bobby Seale e Huey Newton. Originalmente se chamava Partido dos Panteras Negras para Autodefesa, e seu objetivo era patrulhar os guetos negros e proteger seus moradores de atos de violência por parte de segregacionistas brancos e da brutalidade policial. Os Panteras acabaram por se transformar num grupo revolucionário marxista que propunha, entre outras medidas, o uso de armas por todos os negros, a isenção do pagamento de todos os impostos, o cancelamento de todas as sanções da chamada América Branca, a libertação de todos os negros que estavam nas prisões e o pagamento de indenizações aos negros por séculos de exploração branca, principalmente a escravidão. Apesar de não estar oficialmente em seu programa, a maioria dos militantes defendia a luta armada para conseguir seus objetivos. No momento de maior popularidade, o número de Panteras jamais ultrapassou os 5 mil militantes, mas a organização estava presente nas principais cidades e a repercussão de seus atos superava em muito a sua real força política. Entre seus integrantes mais conhecidos estava Angela Davis, uma das precursoras do feminismo.

Os Panteras tinham uma origem de classe totalmente diferente da dos negros veteranos que militavam pelos direitos civis e da esquerda branca. Estes vinham, em sua grande maioria, da classe média e tiveram acesso a uma educação privilegiada. Os Panteras tinham saído dos guetos e das camadas mais pobres da população, que sobrevivia miseravelmente nos subúrbios das grandes cidades americanas. Muitos tinham registro na polícia e eram viciados em drogas. Costumavam se vestir totalmente de preto e as boinas negras eram sua marca registrada. Não se escondiam e se deixavam fotografar carregando armas pesadas.

As radicais propostas dos Panteras fizeram da organização um dos principais alvos do aparelho repressivo dos Estados Unidos. Conflitos em cidades como Califórnia, Nova York e Chicago acabaram descambando para tiroteios. Huey Newton foi preso, acusado pela morte de um policial. A perseguição implacável, a prisão indiscriminada de líderes e militantes e o isolamento político em virtude de suas propostas extremadas acabaram debilitando a organização. Nos anos 70, os Panteras se voltaram para a prática de serviços sociais nas comunidades negras e, em meados dos anos 80, o partido deixou de existir.

Um dos principais nomes da organização foi o militante dos direitos civis e escritor Eldridge Cleaver, nascido em 1935. Ainda bem jovem, Cleaver fora preso por roubo de bicicleta e posse de drogas, e nos 30 meses de prisão leu Karl Marx, Tom Paine, William Du Bois e Lênin. Ao ser preso novamente, em 1958, por tentativa de homicídio, leu publicações do líder negro Malcolm X e livros sobre direitos civis. Cleaver saiu da prisão em 1966, juntou-se aos Panteras e logo tornou-se porta-voz da organização. Perseguido pelo FBI, que declarou o movimento dos Panteras Negras "a maior ameaça à segurança interna do país", fugiu em 1968 para o México, de onde foi para Cuba e depois Argélia. No exílio, teve sérias desavenças com os Panteras, foi expulso da organização e fundou o Revolutionary People's Communication Network. Ao retornar aos Estados Unidos, em 1975, converteu-se ao cristianismo, renegou suas crenças ideológicas e, depois, voltou às drogas. Tornou-se adepto de Sun Myung Moon, foi mórmon, defendeu Ronald Reagan e foi pego novamente com cocaína, em 1998. Acabou morrendo no mesmo ano de causas não reveladas pela família, anos depois de ter sido um ícone do movimento negro americano. Em 1968 lançou o livro de memórias *Soul on Ice*, escrito numa das vezes em que esteve preso e cumpria pena por assalto a mão armada. No livro, relata que decidiu se tornar um estuprador de mulheres brancas porque considerava o domínio sexual por estupro um "ato político": "O estupro era um ato insurrecional. Eu me deleitava por estar desafiando e tripudiando a lei do homem branco, seu sistema de valores e por estar sujando suas mulheres. ... Me sentia vingado."

"Olhei ao redor e vi a terra prometida. Talvez não chegue lá"

Na noite de 4 de abril, o pastor Martin Luther King, de 39 anos, ícone do movimento negro nos Estados Unidos, havia terminado de escrever um sermão para um ato religioso, marcado para o dia seguinte, e conversava descontraidamente com o pastor Jesse Jackson na sacada de seu quarto, no hotel Loraine, em Memphis, Tennessee. No sermão, ele diria: "Só desejo fazer a vontade de Deus. E ele me permitiu chegar ao topo da montanha, e eu olhei ao redor e vi a terra prometida. Talvez não chegue lá com vocês. Mas quero que vocês saibam, esta noite, que nós, como um povo, chegaremos à terra prometida." De repente ouviu-se o estampido de um tiro de fuzil. Luther King caiu, mortalmente ferido no lado direito do rosto. O tiro fora disparado por um fanático segregacionista e fugitivo da prisão chamado James Earl Ray.

O assassinato de Luther King causou uma comoção nacional. Assim que sua morte foi anunciada, protestos violentos explodiram em mais de 100 cidades americanas, com prédios incendiados e comércio saqueado, causando um prejuízo de milhões de dólares. Os motins se multiplicaram de forma incontrolável e o governo convocou 72.800 soldados do Exército e da Guarda Nacional na tentativa de restabelecer a ordem. O balanço final dos protestos, que prosseguiram ininterruptamente até o enterro de

Luther King, nove dias depois, indicou 43 mortos, 23.987 prisões, cerca de 3 mil feridos, 5.117 incêndios e 1.928 casas e estabelecimentos comerciais destruídos ou saqueados.

Luther King foi enterrado em sua cidade natal, Atlanta, na Geórgia, em uma emocionante cerimônia. Acompanharam o cortejo fúnebre 150 mil pessoas, entre elas o vice-presidente dos Estados Unidos, Hubert Humphrey, o governador de Nova York, Nelson Rockefeller, e a ex-primeira-dama Jacqueline Kennedy. O hotel Loraine tornou-se depois sede do Museu Nacional dos Direitos Civis e Luther King é o único cidadão americano em todo o século XX a ser homenageado com um feriado no dia do seu aniversário, 15 de janeiro.

Ele estava em Memphis apoiando a luta dos lixeiros da cidade sulista por melhores salários. Desde 1955, quando, aos 26 anos, liderou um boicote contra os ônibus públicos em Montgomery, Alabama, depois da prisão da

---

Um sonho de liberdade

No dia 23 de agosto de 1963, Martin Luther King liderou a Marcha sobre Washington por Empregos e Liberdade. No Lincoln Memorial, perante 250 mil pessoas, pronunciou o emocionante discurso "Eu tenho um sonho" ("I Have a Dream"), que se transformaria num dos mais difundidos de toda a história da humanidade. "Eu tenho um sonho" se tornou tema de estudo obrigatório nas escolas americanas e teve grande impacto na luta dos negros pelos direitos civis. A seguir, um trecho do discurso:

"E digo-lhes hoje, meus amigos, mesmo diante das dificuldades de hoje e de amanhã, ainda tenho um sonho, um sonho profundamente enraizado no sonho americano.

Eu tenho um sonho de que um dia esta nação se erguerá e experimentará o verdadeiro significado de sua crença: 'Acreditamos que essas verdades são evidentes, que todos os homens são criados iguais' (*Sim*).

Eu tenho um sonho de que um dia, nas encostas vermelhas da Geórgia, os filhos dos antigos escravos sentarão ao lado dos filhos dos antigos senhores, à mesa da fraternidade.

Eu tenho um sonho de que um dia até mesmo o estado do Mississippi, um estado sufocado pelo calor da injustiça, sufocado pelo calor da opressão, será um oásis de liberdade e justiça.

Eu tenho um sonho de que os meus quatro filhos pequenos viverão um dia numa nação onde não serão julgados pela cor de sua pele, mas pelo conteúdo de seu caráter (*Sim, Senhor*). Hoje, eu tenho um *sonho*!

legendária Rosa Parks, uma humilde mulher negra que se negou a cumprir a lei que a obrigava a ceder seu lugar para um homem branco, Luther King dirigira as principais campanhas realizadas em seu país contra a segregação.

Em 1963, Luther King liderara a Marcha sobre Washington, manifestação pacífica que reuniu cerca de 250 mil pessoas na capital dos Estados Unidos. Nesse protesto, ele pronunciou um dos mais famosos discursos políticos da história da humanidade: "Eu tenho um sonho" ("I have a dream"). O discurso se tornou tema de estudo obrigatório em todas as escolas do país. A Marcha sobre Washington fez com que a emenda constitucional dos direitos civis, que permitia ao governo federal intervir nos estados que promovessem segregação racial, fosse enviada ao Congresso pelo então presidente John Kennedy. Um ano depois, após muita polêmica e inflamadas discussões, a emenda seria aprovada e sancionada pelo presidente Lyndon Johnson.

Eu tenho um sonho de que um dia, lá no Alabama, com o seu racismo vicioso, com o seu governador de cujos lábios gotejam as palavras 'intervenção' e 'anulação', um dia, bem no meio do Alabama, meninas e meninos negros darão as mãos a meninas e meninos brancos, como irmãs e irmãos. Hoje, eu tenho um sonho. ...

E quando acontecer, quando ressoar a liberdade, quando a liberdade ressoar em cada vila e em cada lugarejo, em cada estado e cada cidade, anteciparemos o dia em que todos os filhos de Deus, negros e brancos, judeus e gentios, protestantes e católicos, juntarão as mãos e cantarão as palavras da velha canção dos negros:

Livres afinal! Livres afinal!
Graças ao Deus Todo-Poderoso,
Estamos livres, afinal!"

Luhter King: o sonho interrompido

No enterro de Martin Luther King, a dor dos que defendiam o pacifismo como forma de luta

Nos últimos meses de sua curta vida, Luther King estava claramente deprimido. Em seus discursos, a presença da morte aparecia com mais e mais frequência. Lutava com crescentes dificuldades para controlar os militantes negros cansados de apanhar de extremistas brancos e de policiais racistas. Sua mensagem pacifista estava em baixa e era cada vez mais questionada por jovens militantes provenientes dos guetos negros das periferias das grandes cidades.

Era também alvo de uma implacável perseguição por parte do FBI. A agência federal, dirigida por John Edgar Hoover, mantinha Luther King sob um paranoico cerco 24 horas por dia: ele era espionado, fotografado, suas conversas eram gravadas e policiais se infiltravam em seu círculo mais íntimo. Hoover fazia chegar aos jornais fotos das muitas aventuras sexuais de Luther King, um assumido mulherengo. Além de buscar destruir sua imagem, Hoover procurava provar que ele mantinha laços com os comunistas. Para irritação de Hoover, o FBI fracassou nas duas tentativas.

O tiro que matou Luther King feriu gravemente todos os negros que acreditavam ser possível construir pacificamente, nos Estados Unidos, uma sociedade igualitária, onde ninguém seria discriminado em virtude da cor da pele. Após sua morte, parecia que a guerra havia sido declarada entre brancos e negros. O sonho de uma transformação pacífica havia terminado.

Charme, a nova arma política

Até mesmo o Canadá, um dos países mais bem-comportados e arrumadinhos do mundo, não conseguiu se manter imune aos ventos que agitaram o planeta em 1968. Em abril, os canadenses decidiram fazer uma plástica radical na fisionomia de seu governo e trocaram o primeiro-ministro, o septuagenário Lester Pearson, pelo jovem e charmoso Pierre Trudeau, de 48 anos, um liberal de uma família milionária. Amante dos esportes, dos carros esportivos e das mulheres, Trudeau, abertamente progressista nas questões sociais, o que contrastava com uma cautela julgada por muitos excessiva nas questões políticas, deixou sua marca na história do Canadá com uma série de medidas liberalizantes, entre elas a aprovação do divórcio, de leis mais brandas em relação ao aborto e de proteção aos homossexuais. Originário de Quebec e de origem francesa, Trudeau se exprimia perfeitamente nos dois idiomas falados em seu país. Muitos achavam que, se existia alguém que podia resolver a centenária disputa entre anglófonos e francófonos que dividia o país, esse alguém seria Trudeau.

Ele permaneceu no governo durante 16 anos (com exceção de um curto período de nove meses, em 1979). Detestava formalismos e o cerimonial pesado que são a marca registrada de um país pertencente à Commonwealth. Tinha um estilo bastante ousado e pessoal de se vestir e escandalizou os

ELES PODEM CORTAR TODAS AS FLORES MAS NÃO IMPEDIRÃO A CHEGADA DA PRIMAVERA

tradicionalistas ao se apresentar em solenidades oficiais usando ternos, mas calçando tênis. Os moderninhos adoravam.

Trudeau é apontado como um dos exemplos clássicos da chegada dos novos tempos trazidos por 68, em que as personalidades, entre elas os políticos, são mais conhecidas por seu estilo do que por sua substância.

A ARTE ESTÁ MORTA
NÃO CONSUMA SEU CADÁVER

Estruturas abertas

GLÓRIA FERREIRA

"O artista primitivo cria um objeto 'que participa'. O artista de hoje, com algo de um desespero dentro dele, chama os outros a que deem participação ao seu objeto", escrevia Mário Pedrosa, comparando a arte dos caduceus, a arte negra e os artistas contemporâneos, em sua coluna no *Correio da Manhã*, no mês de janeiro de 1968. A participação do espectador ou, no sentido mais amplo, como característica do período, as transformações na relação com o espectacdor são indissociáveis da crise da obra de arte como objeto autorreferencial e autônomo. Expandindo-se para novos territórios de atuação que não museus e galerias, e em profunda contaminação com as outras artes e com as situações em que se inscreve, o objeto de arte tende a eclipsar-se, não sendo mais a forma seu elemento gerador interno nem a história da arte, como tradição, sua referência. Agenciando, na prática experimental, múltiplas significações e materializações, o trabalho de arte traz consigo o questionamento sobre o conceito de arte como enunciação poética e a incorporação dos dados sociais e políticos minando as fronteiras entre arte, teoria, ética, política, público e privado.

Partindo de um solo próprio de reflexões e experimentações, no qual o legado do projeto construtivo é um dado determinante, a produção artística brasileira da época compartilha a negação de uma natureza *a priori* da arte e, assim, a instabilidade dos conceitos de arte, artista e obra que nortearam hegemonicamente, em termos internacionais, a práxis artística desses anos. Suas interrogações e postulações estéticas valorizam, contudo, o questionamento sobre os fins da arte e sua capacidade de ação crítica, como enfatiza o "grito de alerta" lançado

*Glória Ferreira
é crítica de arte
e professora
colaboradora da
Escola de Belas-
Artes/UFRJ*

por Hélio Oiticica por ocasião da exposição "Nova Objetividade Brasileira", no Museu de Arte Moderna do Rio de Janeiro, em abril de 1967: "Da adversidade vivemos."

Adversidade não restrita ao subdesenvolvimento, à ditadura militar em crescente endurecimento ou ao rarefeito sistema de arte, mas extensiva também às articulações com os fluxos hegemônicos de informação. Erigindo como princípio o experimentalismo comprometido com as questões políticas e éticas, Hélio Oiticica afirma em "Esquema geral da nova objetividade", texto publicado naquela ocasião: "No estado típico da arte brasileira de vanguarda atual ... para se ter uma posição cultural atuante, que conte, tem que ser contra, visceralmente contra tudo que seria em suma o conformismo cultural, político, ético, social." Organizada por um grupo de artistas e críticos, a "Nova Objetividade" expressa a mobilização do meio de arte, na qual se conjugam questões relativas às intervenções de "antiarte", a crítica às instituições e a resistência à ditadura. Mobilização que agrega artistas com linguagens distintas, como, por exemplo, na difusão da "Declaração de princípios básicos da vanguarda", também de 1967 e assinada por artistas – entre os quais Antonio Dias, Lygia Pape, Carlos Zilio, Pedro Escoteguy, Raimundo Colares, Lygia Clark, Carlos Vergara, Rubens Gerchman e os críticos Frederico Morais e Mário Barata. Declaram, então, que "na vanguarda não existe cópia de modelos de sucesso, pois copiar é permanecer" e postulam a utilização de todos os métodos de comunicação com o público – "do jornal ao debate, da rua ao parque, do salão à fábrica, do panfleto ao cinema, do transistor à televisão". Atuação radical que Frederico Morais chamará de "Arte Guerrilha".

O final dos anos 60 é, assim, marcado por amplo campo de atuação experimental, de cunho transgressivo, em que várias poéticas confluem, sem vocabulário formal ou temático unificador, como nas exposições "Opinião 1965", "Propostas" (acontecidas em São Paulo, em 1965 e 1966), e a já referida mostra "Nova Objetividade Brasileira", em intervenções/happenings do Grupo Rex (atuante de junho de 1966 a maio de 1967), na Bienal da Bahia, em 1968, nos salões – da Bússola, de Verão, do Distrito Federal, entre outros –, em "Do Corpo à Terra", em Belo Horizonte, em 1970.

Como assinala Roberto Schwarz, a repressão inicialmente centrada sobretudo nos sindicatos, na zona rural, com a dissolução das organiza-

Ferreira Gullar, Lygia Pape, Theon Spanudis, Lygia Clark e Reinaldo Jardim, em 1959

ções estudantis, invasão das igrejas, inquéritos militares nas universidades, censura etc. etc., permite ainda "uma relativa hegemonia cultural da esquerda no país". Contudo, a censura e a repressão se abatem também no campo das artes, retirando obras de exposições, como na "Proposta 66", em São Paulo, fechando a Bienal da Bahia, em 1968, entre outras arbitrariedades. O acirrado debate envolvendo o caráter da relação entre arte e política que permeia a produção artística distancia-se das postulações dos CPCs (Centros Populares de Cultura), que opõem os considerados elitismo e esteticismo das vanguardas artísticas à participação social do artista, comprometido com a transformação política, social e econômica da realidade brasileira. Sem subordinação às políticas partidárias, a práxis artística se apoiará no deslocamento do debate artístico do terreno ideológico, de exigência de afirmação de uma identidade brasileira, para o campo estético/ético. Associa a primazia do experimental introduzida, sobretudo, pelos neoconcretos e a reatualização da deglutição metafórica da outra cultura, proposta por Oswald de Andrade no "Manifesto antropofágico", de 1928. Hélio Oiticica, ainda no texto acima citado, introduz o conceito de "superantropofagia", como estratégia de "um povo à procura de uma caracterização" – condição que, sem dúvida, permanece atual, com as trocas assimétricas da globalização.

O modelo antropofágico, como horizonte poético e ético de relação com o outro, é traço comum da grande efervescência cultural e de estreitas inter-relações dos diversos campos artísticos: o teatro de José Celso Martinez; os filmes de Glauber Rocha e dos jovens realizadores do cinema "udigrudi", como Rogério Sganzerla e Julio Bressane; e em particular com a música, na explosão do movimento tropicalista, com Caetano Veloso e Gilberto Gil. Baseando-se também na digestão das influências externas, da *mass media* e de sua fusão com a cultura brasileira, o Tropicalismo introduz profundas inovações na música popular com reflexos em toda a cena cultural.

Nesse contexto, a afirmação do poder de intervenção crítica manifesta-se na escolha de mecanismos operatórios próprios, privilegiando a expansão dos territórios de atuação, simbólicos e geográficos, e o investimento em novas redes de circulação dos trabalhos e de relação com o público – dimensão pública como tomada de posição em relação a problemas políticos, sociais e éticos que marca diferentes ações artísticas ao longo de 68, com desdobramentos posteriores. Flávio Mota e Nelson Leiner, impedidos pelos fiscais da Prefeitura de São Paulo, sob a alegação de serem camelôs sem alvará, de exibir bandeiras especialmente projetadas para exposição em plena rua, convidaram vários artistas para um grande happening, em fevereiro, na praça General Osório, no Rio. Animado pela Banda de Ipanema e passistas da Mangueira (amigos de Oiticica), o evento contou com a participação de, entre outros, Carlos Vergara, Carlos Scliar, Glauco Rodrigues, Claudio Tozzi, com a bandeira *Guevara, vivo ou morto* e Oiticica com sua célebre *Seja herói, seja marginal*, em homenagem ao bandido carioca Cara de Cavalo – utilizada, como cenário, por Caetano e Os Mutantes na boate carioca Sucata, foi um dos motivos da censura a esse show.

Pouco depois da Passeata dos Cem Mil, ao longo do mês de julho, "Arte no Aterro", organizado por Frederico Morais e realizado próximo ao Museu de Arte Moderna do Rio de Janeiro – um dos centros, no Rio, nucleadores da atividade artística do período –, tem grande repercussão na mídia e participação do público. Outro evento emblemático do período, também realizado em julho e em frente ao MAM-RJ, é "Apocalipopótese", concebido como espaço público de vivências coletivas para práticas descondicionadas. Visava, segundo Hélio Oiticica, um de seus organizadores, oferecer estruturas abertas ao comportamento "coletivo-casual-momentâneo". Além de Oiticica com uma série de *Parangolé*, o evento contou com a participação, entre artistas, músicos e cineastas, de John Cage; de Rogério Duarte (que formulou a "hipótese do apocalipse") com seus cães policiais; de Antonio Manuel, participante ativo da contestação política, com suas *Urnas quentes*: 20 pequenas caixas de madeira vedadas, a serem abertas pelo público, contendo informações "quentes" e não censuradas em clara evocação às urnas eleitorais, espécie de urnas funerárias em plena perda das liberdades civis e democráticas; de Lygia Pape e seus penetráveis *Os ovos* – estruturas de madeira e plástico opaco vermelho, azul e branco, através das quais irrompiam os participantes.

As experiências e formulações da arte construtiva no Brasil permanecem, todavia, como horizonte ético-estético, embora questionadas em sua utopia. Waldemar Cordeiro, um dos precursores e teóricos do movimento concreto em São Paulo, que apresentara, por ocasião da exposição "Opinião 65", os seus *Pop-cretos* – considerados por ele como superação da arte concreta sintática pela arte concreta semântica –, inicia, também de modo pioneiro, as pesquisas de arte por computador. Participa, como representante brasileiro, das primeiras exposições relativas a esse tema, entre elas a "Cybernetic Serendipity", realizada em 1968, em Londres. Ao lado das obras de, por exemplo, Amilcar de Castro e Franz Weissmann, o desenvolvimento das poéticas de artistas como Hélio Oiticica, Lygia Clark e Lygia Pape aponta para a radicalização das postulações neoconcretas, em particular do conceito de "não objeto", formulado por Ferreira Gullar em 1960, como "objeto especial em que se pretende realizada a síntese de experiências sensoriais e mentais". Nessa ampliação singular das "possibilidades expressivas" do ideário construtivo, a questão da participação do espectador é central, tornando-se um dado constitutivo da própria obra, por exemplo, em Lygia Clark. Sobretudo a partir de "Bicho", o engajamento do corpo do espectador é solicitado a entrar em uma relação participativa na criação do objeto em suas possibilidades de configurações. "Esta participação transforma totalmente o sentido da arte, como a entendemos até aqui", enfatiza a artista. Essa questão está presente na série de experiências sensoriais com os objetos relacionais, na criação, em 1968, do espaço vivencial "A casa é o corpo" e em sua posterior formulação da construção do *self*.

O chamado a que outros "deem participação ao seu objeto", nas palavras de Pedrosa, revela-se um traço comum do contexto sociopolítico de questionamento de valores e tentativas radicais de transformação da sociedade e do comportamento individual. O embate com todo o circuito de arte, e não apenas o comercial, indica a valoração da dimensão pública e intervenção crítica da arte, como nas situações criadas por Artur Barrio, nos trabalhos de Cildo Meireles, Carlos Zilio, Marcelo Nitsche, Carmela Gross, e toda uma geração de artistas que afirma a interpelação sistemática de valores estéticos, éticos e políticos que funda, então, a práxis artística.

Maio

Primeiro de maio

O 1º de Maio, Dia Internacional do Trabalho, foi comemorado com protestos em todo o Brasil. Em São Paulo, uma multidão estimada em 10 mil pessoas, entre estudantes, operários, artistas e intelectuais, partiu para a praça da Sé em manifestação, inicialmente pacífica, que começou abrindo espaço para as reivindicações dos operários, representados por José Ibrahin, então presidente do Sindicato dos Metalúrgicos e uma das principais lideranças operárias do país, antes de Luiz Inácio Lula da Silva.

Mas logo os estudantes tomaram conta da marcha, radicalizando o teor das exigências. Os ânimos foram se acirrando. O governador de São Paulo, Abreu Sodré, identificado com a chamada "linha dura" do regime militar,

No 1º de Maio em São Paulo, os operários expulsaram do palanque os políticos da ditadura

falava aos trabalhadores de cima de um palanque quando foi hostilizado por estudantes e operários, que passaram a atirar pedras e outros objetos. Em meio à multidão enfurecida estava o dramaturgo Plínio Marcos, que fez um inflamado discurso, afirmando ser um "operário do Teatro de Arena".

A ameaça de greve dos operários de Osasco e a possibilidade de aliança com o movimento estudantil haviam desencadeado pressões da linha dura para que o governo se fechasse ainda mais. As entidades nacionais dos trabalhadores pediam eleições gerais e alertavam para a grave crise social que estava por vir, em função da marginalização imposta à classe trabalhadora desde 64. Foi publicado um manifesto, assinado pelas confederações nacionais dos Estabelecimentos de Educação e Cultura e dos Estabelecimentos de Crédito, e também pela Confederação Brasileira dos Trabalhadores Cristãos. Cinco confederações nacionais recusaram-se a participar. Estudantes e operários, porém, carregavam cartazes com dizeres que coincidiam: "Abaixo a ditadura", "Fora o imperialismo", "Fora os pelegos", "Queremos greve". Uma agência do Citibank, no Centro da capital, foi depredada pelos estudantes.

No Rio, a manifestação foi em São Cristóvão, com líderes sindicais, religiosos e parlamentares, estudantes e operários. Apesar de duas prisões, foi tranquila. Nos discursos, palavras de ordem contra a ditadura, o imperialismo, a exploração do Brasil pelos trustes internacionais. As entidades dos operários pediam o fim do atestado de ideologia, a liberdade e a autonomia dos sindicatos. Embora os estudantes estivessem mobilizados para o confronto com a polícia, foram contidos por Vladimir Palmeira, que declarou não estar o movimento estudantil pronto para o embate.

Pouco depois, em 3 de maio, na Bahia, a Polícia Militar e agentes do Departamento de Ordem Política e Social (Dops) reprimiriam, a golpes de cassetete e bombas, uma passeata organizada por trabalhadores e estudantes. As reivindicações incluíam a revogação do aperto salarial, a revisão das cassações e da Lei de Greve, a participação nos lucros e o fim da ditadura militar. Maio tampouco seria um mês de calmaria na vizinha Argentina, que assistiria mais tarde, no dia 27, a violentos choques em Buenos Aires entre estudantes e polícia.

Tintas, pincéis e estilingues

No Distrito Federal, o clima era de tensão. No dia 22 de maio, cerca de 200 estudantes da Universidade de Brasília foram surpreendidos em seus alojamentos pela polícia e conduzidos presos para a quadra de basquete do campus. A invasão fora motivada pela denúncia do reitor Caio Benjamim Dias à Secretaria de Segurança de que um grupo de alunos havia ocupado e pichado a reitoria durante a madrugada.

Quatro batalhões de choque da Polícia Militar com 105 homens, além de guarnições do Corpo de Bombeiros e da Radiopatrulha, invadiram a universidade por volta das seis e meia da manhã, quando muitos estudantes ainda dormiam e outros chegavam para as aulas. O *Jornal do Brasil* descreveria a ação, em sua edição de 23 de maio:

> Os estudantes foram acordados com pancadas e conduzidos com as mãos nas cabeças até a quadra de basquete. Vários alunos se queixaram do desaparecimento de objetos pessoais durante a ação da polícia nos alojamentos. Às dez horas a maioria dos detidos foi solta, com exceção de cinco estudantes. Um dos estudantes foi mantido preso por conta de ter nas mãos uma das obras de Karl Marx, já outro por ter em seu poder uma obra de Lênin.

Na UnB foram encontrados, segundo o jornal, um coquetel molotov, numerosas garrafas e substâncias químicas para a fabricação de explosivos, junto com as latas de tintas e os pincéis utilizados na pichação. Foram encontrados também mais de 100 estilingues. Entre as frases pichadas, liam-se: "Fora o capitalismo", "Fora o acordo MEC-Usaid", "Fora a comissão policial", "Aliança entre os operários e os estudantes", "Povo no poder", "Abaixo a burguesia", "Fora o reitor". A ação policial mais grave, entretanto, estava ainda por acontecer, em agosto.

Mas no Brasil o mês de maio chegava ao fim com pelo menos uma boa notícia: o médico Euryclides de Jesus Zerbini realizava em João Ferreira da Cunha, conhecido como João Boiadeiro, o primeiro transplante de coração no Brasil. Enquanto um coração emocionava os brasileiros, os olhares do mundo inteiro se voltavam para a França, onde se preparava o cenário para um dos acontecimentos-chave de 1968.

O maio que marcou a França

Em artigo irônico e profético escrito em março de 1968, o jornalista francês Pierre Viansson-Ponté afirmara que os franceses morriam de tédio por estarem de fora dos grandes e excitantes acontecimentos que ocorriam no mundo naquele momento. O jornalista, entretanto, não teve que esperar mais do que dois meses para ver a reação francesa. Em maio, o tédio se transformou em furor e virou a França de cabeça para baixo.

Há estudiosos que consideram a greve de mineiros de 1963 a primeira semente do maio francês. Os operários das minas francesas haviam cruzado os braços naquele ano para protestar contra as medidas adotadas pelo governo De Gaulle após um referendo realizado em 1962, que afetava a garantia de emprego, o direito de paralisação, a previdência social, as universidades e os salários. Começaram aí pequenas lutas de resistência operária, que se destacavam pela radicalização e ação direta das massas. É bom lembrar que o movimento estudantil de maio de 68 se desenvolveu, a partir de determinado momento, vinculado ao movimento operário.

Fermentava na França um período de greves que se arrastava há um ano. A Rhodiaceta, uma fábrica de Lyon, ficara paralisada durante março de 1967 e, no mesmo ano, os operários de Saint-Nazaire também cruzaram os braços. O movimento não contava com o apoio das lideranças sindicais, comandadas pelo Partido Comunista Francês (PCF). Os protestos, que começavam a se espalhar, não tinham um caráter nacional porque as direções sindicais, encabeçadas por militantes do PCF, conseguiam isolá-los, não permitindo a unificação do movimento. As lideranças da CGT (Confédération Générale du Travail, a principal organização sindical francesa) trataram de minar a greve. As manifestações operárias tinham grande apoio popular e eram violentamente reprimidas. Lá atrás, em 1962, com o fortalecimento do general De Gaulle após o plebiscito que estabeleceu o regime presidencialista, o governo adotara medidas que colocavam estudantes e operários contra o governo.

Simultaneamente às lutas operárias e no embalo do descontentamento juvenil, desenvolvia-se na França uma campanha nas cidades universitárias contra o Plano Fouchet, do governo, uma tentativa de reforma do ensino superior. O objetivo era adequar o número de estudantes às necessidades da economia, que já não conseguia empregar toda a mão de obra formada. Era preciso, portanto, controlar, selecionar e limitar a saída de profissionais das faculdades, uma vez que o mercado não poderia absorvê-los. Em janeiro de 1968, o ministro francês Alain Peyrefitte sintetizara o Plano Fouchet na seguinte frase: "Tem estudante demais nas universidades."

O crescimento no pós-Segunda Guerra havia feito surgir um exército de estudantes que ingressava nos cursos superiores para preencher a demanda do

Operários parisienses tomam as ruas sob o comando da CGT

mercado de trabalho. Mas, com o esgotamento dessa fase, a juventude começou a protestar contra o ajuste social criado para enfrentar o fim do chamado "boom do pós-guerra". Curiosamente, no mesmo ano de 1968, o governo brasileiro propunha a contestada "reforma consentida", que pretendia subordinar a estrutura educacional às metas do crescimento econômico.

Das salas de aula às barricadas

A escalada do movimento estudantil de maio começou logo no início do mês. Os acontecimentos em Paris não eram protestos isolados. Faziam parte de um movimento maior de contestação que ocorria em vários países do Ocidente, como Alemanha, Itália, Bélgica, Holanda, Suíça, Dinamarca, Espanha, Reino Unido, Polônia, México, Argentina, Chile e Brasil. Jovens e trabalhadores protestavam contra a situação do pós-guerra, os conflitos e as ocupações imperialistas. Se a origem do maio de 68 na França foi, como dizem alguns analistas, a greve mineira de 1963, o estopim foi aceso em 22 de março de 68, em Nanterre, subúrbio industrial onde funcionavam extensões da Universidade de Paris. Nesse dia, estudantes liderados por Daniel Cohn-Bendit, em protesto contra a prisão de membros do Comitê contra a Guerra do Vietnã, ocuparam a universidade, dando origem ao Movimento 22 de Março. Os protestos dos estudantes de Paris, no dia seguinte, em solidariedade aos colegas do subúrbio, levaram à ocupação, poucos dias depois, da Universidade de Nanterre.

Considerada uma das mais progressistas do país, a Universidade de Paris-Nanterre fora criada em 1965, na periferia da capital francesa, para acolher estudantes que não ingressavam no circuito superior tradicional (Sorbonne, Escola Normal, Escola Politécnica). Em pouco tempo tornou-se um centro de contestação. Na verdade, Nanterre mantinha o mesmo sistema autocrático das outras instituições, onde a experimentação era apenas um sonho que não se realizava e o clima de expectativa acabava por deixar um gosto amargo de frustração entre os estudantes. Dessa frustração nasceu o movimento dos *enragés*, organizado no início de 68 por cerca de 25 ativistas, que tinha força política para parar as aulas e organizar confrontos. Eles acreditavam que não bastava mudar o sistema universitário, embora estivessem descontentes com a disciplina rígida, os currículos escolares e a estrutura acadêmica conservadora. Mais que isso, era preciso transformar a sociedade.

No dia 2 de maio, simultaneamente em Paris e Nanterre, começava o recrudescimento dos protestos estudantis. Numa manifestação contra o status quo, estudantes montaram as primeiras barricadas nas ruas da capital, onde ocorreriam os choques iniciais com a polícia e seriam lançados os primeiros coquetéis molotov. Em Nanterre, prosseguia a insatisfação em relação às reformas reivindicadas e à ocupação. No mesmo dia das primeiras barricadas, os *enragés* de Nanterre organizaram uma manifestação "antiimperialista" que terminou com o fechamento da universidade pela reitoria. A decisão de fechar Nanterre levou a Sorbonne a abrir as portas para os alunos daquela faculdade, que seguiram, então, para Paris. No dia seguinte eles

É PROIBIDO PROIBIR

ocuparam a Sorbonne. Mais tarde, membros do governo reconheceriam que fechar Nanterre fora um erro tático, pois acabou levando as manifestações para o coração da França.

No mesmo dia 3, a polícia invadiu a Sorbonne. A ocupação estudantil provocara uma violenta repressão por parte da polícia, surpreendida pela resistência dos estudantes. Era uma ação sem precedentes. Enfurecida com a ação policial, a diretoria da Sorbonne fechou as portas da universidade pela primeira vez em sua história de 700 anos. Novas barricadas e incidentes no Quartier Latin, bairro dos intelectuais e dos estudantes em Paris, deixaram 600 estudantes presos e mais de 100 feridos. Entre os presos, estavam Cohn-Bendit e Jacques Sauvageot, este líder da União Nacional dos Estudantes (Union Nationale des Étudiants de France – Unef). Os dois, aliados a Alain Geismar, formavam o trio que comandava as manifestações. Geismar chegou a convocar uma greve nacional de professores, que botaria mais lenha na fogueira dos protestos, reprimidos com violência cada vez maior pela CRS, a polícia do presidente De Gaulle.

Não havia como acalmar os ânimos. Os estudantes erguiam obstáculos nas ruas centrais de Paris que davam acesso ao Quartier Latin, antigo centro universitário da cidade. Em 6 de maio ocorria o confronto entre 13 mil jovens e a polícia, que lançava bombas de gás lacrimogêneo contra as pedras atiradas pelos jovens.

Cohn-Bendit, um jovem troncudo, de cabelos vermelhos, que lhe renderam o apelido de Dany le Rouge (Dany o Vermelho), saía pelas ruas da capital francesa empunhando um megafone que viraria sua marca registrada. As manifestações continuaram nos dias seguintes e cerca de 150 carros foram danificados ou incendiados. A princípio, o governo francês ficou paralisado. Reagiria logo depois. Uma das maiores batalhas ocorreria na chamada Noite das Barricadas, em 10 de maio. A essa altura, outros setores da sociedade, como sindicalistas, professores, funcionários, jornaleiros, comerciários e bancários, aderiram à causa estudantil.

Operários entram na luta. Governo treme

Influenciados pelos estudantes, operários de Paris passaram a realizar protestos, ocupando fábricas e organizando passeatas e greves. E de protesto estudantil contra o autoritarismo e o anacronismo das universida-

··Eles que amavam tanto a revolução··

Daniel Cohn-Bendit
militante, principal líder do maio francês, escritor, ex-deputado europeu

O alemão Daniel Cohn-Bendit – o polêmico Dany le Rouge – foi certamente o ícone maior e protagonista mais visível do lendário maio francês. Para alguns era brilhante, sagaz, genial e, para outros, um exibicionista provocador e narcisista ("As câmeras me amam e eu também", brincava). Em toda ocasião em que se lembra maio de 68, Cohn-Bendit costuma conceder entrevistas e reclamar: "Respeito 68 quando posso dizer que foi uma armadilha; se digo que já basta de me entrevistarem sobre o que fizemos, dizem que renego meus atos; e se explico o que aconteceu, me acusam de nostálgico."

Cohn-Bendit foi expulso da França no dia 23 de maio de 68. Em 1993 foi eleito deputado europeu pelo Partido Verde alemão. Nasceu em 1944. Esteve envolvido na busca de soluções para a crise na Bósnia e é um defensor da descriminalização do consumo de maconha. É um apaixonado batalhador pela União Europeia, que considera uma das últimas utopias.

Não se entusiasma ao ser chamado de monumento ou memória viva de 68. Ele admite que aquela foi uma época realmente extraordinária, onde era possível pensar tudo e o seu contrário: "Éramos prometéicos", reconhece, admirado. Mas antes que seu público se entusiasme, dispara o "torpedo": "Fazer amor pela primeira vez será sempre uma experiência formidável, mas não há por que ficar nessa única experiência e não repeti-la nunca mais."

Em 1983, fez uma viagem de seis meses incógnito pelo Brasil. Encontrou-se com pouca gente do mundo político, como Fernando Gabeira, Fernando Henrique Cardoso, que foi seu professor em Nanterre, e o jogador Sócrates. Conta que chorou quando foi ver uma partida, em que Sócrates jogava, e a torcida abriu um enorme cartaz onde se lia: "Ganhar ou perder não importa. O que conta é garantir a democracia."

Cohn-Bendit, líder estudantil na França

des, o movimento rapidamente transformou-se, com a adesão dos trabalhadores, numa grande contestação política ao regime gaullista. As manifestações preocupavam o presidente. Era necessário que a lei e a ordem voltassem às ruas de Paris no momento em que a capital francesa se preparava para acolher, no dia 10 de maio, as negociações de paz entre os Estados Unidos e a República Democrática do Vietnã, que buscavam uma solução para a guerra no Sudeste Asiático. O presidente declarou que as revoltas eram provocadas por 1% de *enragés*, que influenciavam 99% dos estudantes.

Os protestos incluíam jornalistas de rádio e televisão, que cobriam as manifestações e denunciavam a brutalidade excessiva da repressão policial. De Gaulle se surpreendeu com a dimensão da cobertura e os jornalistas passaram a ser também alvo da polícia. As greves se estendiam por fábricas de aviões em Toulouse, companhias de energia elétrica, indústrias petroquímicas e chegavam até as montadoras da Renault, na periferia de Paris. Não se tratava mais apenas da rebeldia de estudantes *enragés*. As paralisações e passeatas se transformaram no maior movimento de protesto social da França moderna.

Os motivos dos estudantes já não eram tão claros. A liberdade? Os grafites estampavam dizeres muitas vezes nebulosos, com um sabor muito mais surrealista do que marxista: "Quanto mais faço amor, mais quero fazer revolução. Quanto mais faço revolução, mais quero fazer amor." "Mesmo em perspectiva, ainda é difícil precisar o que realmente havia por trás do movimento", afirma o historiador britânico Tony Judt, em seu livro *Postwar*. Segundo ele, a França vivia um momento de prosperidade e estabilidade e alguns analistas conservadores concluíram que a onda de protestos não era fruto de descontentamento, mas de tédio.

Em 7 de maio, 60 mil manifestantes marcharam 30 quilômetros sobre Paris, obtendo a solidariedade e o apoio da população, com o objetivo de libertar a Sorbonne ocupada pela polícia.

No início do movimento, a CGT foi derrotada quando tentou dominar a greve na Renault e foi impedida pelos próprios trabalhadores grevistas, que rejeitaram um acordo que contemplava aumento salarial e redução de jornada de trabalho. A agitação nas fábricas se dava à revelia de suas direções sindicais.

No Quartier Latin, em Paris, estudantes lançam paralelepípedos contra a polícia

Para a liderança do Partido Comunista Francês, que tentava convencer os sindicalistas a trocarem as paralisações pela garantia de emprego, os estudantes eram *"fils à papa"* – "filhinhos de papai", como os rotulou Georges Marchais, presidente do PCF – e o movimento estudantil era uma festa, não uma revolução. Através de seu jornal *L'Humanité* e de sua juventude, representada pela União dos Estudantes Comunistas (UEC), o PCF condenou as manifestações em Nanterre e na Sorbonne e atacou Daniel Cohn-Bendit, chamando-o de "judeu alemão". Em defesa de seu líder, 50 mil estudantes saíram em protesto pelas ruas de Paris, bradando "somos todos judeus alemães". Marchais chegou a dizer que os estudantes eram falsos revolucionários que deveriam ser desmascarados. Mas o comportamento dos operários e seu apoio ao movimento estudantil levaram o PCF a mudar sua tática, antes hostil às manifestações estudantis, passando no dia 8 de maio a apoiá-las. Temporariamente.

O mais famoso socialista francês, porém, ficara do lado dos estudantes: Jean-Paul Sartre. Reza a lenda que quando setores do governo pediram a De Gaulle que o prendessem, o velho general teria respondido: "Não se prende Voltaire." O rebelde Sartre, que rejeitara, em 1964, o Nobel de Literatura, argumentando que esse tipo de prêmio comprometeria sua integridade como escritor, ofereceu apoio moral aos estudantes em seu confronto aberto com as autoridades. Também ele se debatia contra o autoritarismo, embora não compreendesse bem o que se passava. Presente nos acontecimentos de maio

··Eles que amavam tanto a revolução··

Alain Krivine
militante trotskista, um dos líderes do maio francês, jornalista

Embora se possa discordar das propostas e da visão de mundo de Alain Krivine, é difícil achar quem não respeite esse obstinado e veterano militante trotskista, crítico implacável da sociedade francesa. Um dos líderes do maio francês, Krivine é hoje um crítico severo e amargo dos acontecimentos de 68. "Concretamente, não sobrou quase nada. Queríamos mudar a vida, mas não queríamos tomar o poder. Do ponto de vista político, nada sobrou. A prova é a volta da direita ao poder. Agora a extrema direita é fascista. Na universidade houve uma democratização. Em 68 existiam 600 mil universitários. Hoje são mais de 3 milhões."

Como a maioria de seus companheiros de geração, ele admite que, do ponto de vista dos costumes, do comportamento e da cultura, 68 deixou uma herança. Foi um ano que ajudou a sacudir o lado conservador das sociedades, especialmente da francesa. As escolas deixaram de ser exclusivamente de homens ou de mulheres e, hoje, as universitárias tomam pílula. Foi também em 68 que surgiram movimentos sociais como a ecologia. Para Krivine, "maio de 68 foi inspirado na velha tradição das lutas operárias, mas tinha também o lado de luta contra a opressão do cotidiano. Nós retomamos todos os velhos mitos das lutas operárias, como as barricadas e as bandeiras vermelhas".

Krivine vê também em 68 o início da decadência da esquerda tradicional, uma vez que, nessa época, ela foi questionada seriamente pela primeira vez. Aconteceu então uma profunda alteração na correlação de forças dentro da esquerda. Na França, o Partido Comunista perdeu popularidade e, ao longo dos anos, foi perdendo espaço. Ele acha que a juventude teria muito mais razão para se revoltar hoje porque as condições de vida são mais duras, com o desemprego crescendo, especialmente entre os jovens, os problemas ambientais sérios, o racismo e a segurança social ameaçada.

São poucas, para Krivine, as semelhanças entre os jovens de hoje e os de 68. Os de hoje acham direita e esquerda a mesma coisa, se mobilizam mais por ideais humanitários do que políticos, defendem uma revalorização da família. A falta de empregos e a barbárie do mundo lhes dão medo de sair de casa.

de 1968 em Paris, ele confessaria, dois anos depois: "Ainda estava pensando no que havia acontecido e que não tinha compreendido muito bem: não pude entender o que aqueles jovens queriam. ... Então acompanhei como pude. ... Fui conversar com eles na Sorbonne, mas isso não queria dizer nada."

Mas não eram as pirraças dos estudantes que realmente preocupavam o governo francês, e sim o estímulo dos confrontos às greves e paralisações em fábricas, que passaram a engessar a França em fins de maio. O primeiro-ministro Georges Pompidou, a princípio, temia que algo mais grave atingisse fundo o governo, como uma revolta operária. E isso estava prestes a acontecer: 9 milhões de trabalhadores se declarariam em greve geral de 18 de maio a 7 de junho. Em muitas fábricas ocupadas foram eleitos comitês de greve de caráter revogável que faziam a autodefesa dos manifestantes, controlavam a produção e o acesso às barricadas e organizavam o abastecimento de alimentos para as fábricas.

Na Noite das Barricadas, em 10 de maio, uma marcha de 50 mil manifestantes, entre professores, estudantes e trabalhadores, saiu em direção à Sorbonne, tomando o Quartier Latin. Os manifestantes ergueram mais de 20 barricadas nas saídas da universidade. Os muros foram todos pichados com palavras de ordem que contestavam os valores e a moral ditos burgueses. O governo reagiu com uma forte repressão às barricadas que durou a madrugada inteira e só acabou às cinco e meia da manhã. A guerra campal comoveu toda a França. De manhã contavam-se 367 feridos graves (dos quais 251 eram policiais), 720 feridos leves e 80 carros incendiados. Milagrosamente não houve mortos.

Paris se transformara numa cidade rebelada. As pedras e os paralelepípedos viraram o símbolo da revolta estudantil. Com as calçadas destruídas, vidraças quebradas, carros incendiados, restos de barricadas pela cidade, lixo espalhado pelas ruas, a Cidade Luz assistia, horrorizada, aos protestos dos estudantes, que se preparavam para mais confrontos.

UMA BARRICADA FECHA A RUA MAS ABRE UM CAMINHO

Para quem observava de fora, a violência dos estudantes e da repressão policial era a imagem que mais saltava aos olhos. Para os parisienses, porém, os acontecimentos deixariam lembranças agradáveis. A cidade brilhava com o vigor da juventude, os debates políticos e culturais e as conversas, que contagiavam todos os cidadãos. As pessoas conversavam nas ruas, no metrô, nas ocupações de prédios: "... quando ocuparam o Teatro Odeon, ele se tornou o local de uma orgia, em tempo integral, de verbosidade francesa. Alguém se levantava e começava a discutir a verdadeira natureza do bakunismo, e como o anarquismo se aplicava a Che Guevara" (*1968, o ano que abalou o mundo*, de Mark Kurlansky). O diretor do Odeon, Jean-Louis Barrault, se juntou ao movimento.

Comuna e bandeiras vermelhas, sabor de revolução

O PCF, a CGT e a Unef, dirigidos pelo Partido Comunista Unificado, começaram a preparar uma manifestação conjunta para o dia 14. No dia 12, a bandeira vermelha já tremulava na Faculdade de Letras de Strasbourg. Sorbonne foi declarada pelos estudantes comuna e Nanterre, faculdade autônoma livre. As barricadas do dia 10 haviam aprofundado a crise e a planejada greve geral de 24 horas foi antecipada para o dia 13. Nesse dia, um milhão e 200 mil marcharam pelas ruas em protesto contra o governo. No alto das casas e prédios, tremulavam as bandeiras negras dos anarquistas. Os estudantes cantavam a "Internacional", que se tornara o hino do socialismo internacional revolucionário. Uma multidão de trabalhadores e estudantes percorreu as ruas de Paris, gritando "Abaixo De Gaulle".

Para tentar amenizar a situação, o governo anunciou: libertaria presos e reabriria as universidades. Mas as greves e ocupações só fizeram aumentar. No dia 14, 2.800 metalúrgicos da Sud-Aviation, de Nantes, ocuparam a empresa. No dia seguinte foi a vez da Renault-Cleon, e em seguida da Renault-Flins. No dia 17, no Centro de Paris, 60 mil trabalhadores da Renault exigiam salário mínimo de mil francos, 40 horas semanais, aposentadoria aos 60 anos, liberdades sindicais e seguro-desemprego. Nord-Audation, Dessault, Citroën, Peugeot aderiram à greve. No dia 20, Paris amanheceu sem metrô, ônibus, telefonia e outros serviços públicos.

O movimento ganhara uma dimensão nunca imaginada pelo governo. A França estava parada. Apesar disso, operários e estudantes nunca estiveram

> **Depoimento**
>
> ## Cortina fecha em Cannes
>
> Maio de 68 irrompeu também no Festival de Cannes. Três meses antes, em Paris, a agitação política já havia mobilizado a geração de cinéfilos, críticos e cineastas da Nouvelle Vague para impedir a destituição de Henri Langlois da Cinemateca Francesa. Afastado por questões políticas, Langlois havia sido o grande responsável pela formação audiovisual de toda aquela geração. Depois dos protestos, voltou para o cargo. O Festival de Cannes, que, naquela época, já havia se estabelecido como o mais importante evento cinematográfico de caráter multinacional, começou normalmente, mas, em função dos protestos de Paris, foi interrompido pelo presidente do evento, Robert Favre Lebret, que tentou retomar a competição pela Palma de Ouro no dia 18. Nesse dia, estavam programadas projeções de *Peppermint Frappé*, de Carlos Saura, e *Trilogy*, de Frank Perry.
>
> Por sugestão de Jean-Luc Godard, vários cineastas ocuparam a sala principal do Palais do Festival para impedir a projeção... O público, que esperava a exibição do filme de Saura, se dividia entre os "reformistas" (que queriam a continuidade do festival) e os "radicais" (defensores da interrupção). Robert Favre Lebret mandou prosseguir a exibição, mas várias personalidades, entre elas Godard, o próprio Carlos Saura e a atriz do filme, Geraldine Chaplin, se penduraram na cortina, impedindo o início da sessão. O filme foi suspenso e o debate prosseguiu o dia inteiro. Na manhã seguinte, Favre Lebret decidiu cancelar o festival daquele ano.
>
> PEDRO BUTCHER
> *jornalista e crítico de cinema*

unidos, de fato, no país, como o próprio Cohn-Bendit reconhecia. Ele dizia que eram dois movimentos autônomos. Enquanto os operários queriam mudar as fábricas e exigiam maiores salários, os estudantes queriam "uma transformação radical em suas vidas". E o governo entendeu isso rapidamente.

No auge da crise, De Gaulle não aceitou cancelar uma viagem que estava marcada para a Romênia. Queria minimizar a rebelião estudantil. Enquanto estava fora, Pompidou tentou acalmar os ânimos estudantis: soltou presos, reabriu a Sorbonne, retirou a polícia. Mas a universidade voltou a ser ocupada pelos estudantes. O problema mais sério, entretanto, eram os operários. Com a volta de De Gaulle, o governo decidiu oferecer aos grevistas aumento salarial de 10%, aumento de benefícios, aumento do salário mínimo e redução da carga de trabalho.

Oferta rejeitada. O general anunciou, em 24 de maio, um referendo para que os franceses escolhessem entre o governo e a "anarquia revolucionária". As manifestações se espalhavam por outras cidades e, em Paris, os estudantes cruzavam o Sena para tentar incendiar a Bourse, o prédio da Bolsa de Valores. Em 29 de maio, surpreendentemente, o

A velha ordem volta a ocupar as ruas de Paris depois dos dias de rebelião e reivindicação

presidente, temendo talvez uma desestabilização de seu governo, viajou de helicóptero para as bases francesas em Baden-Baden, na Alemanha, provavelmente para obter apoio do general Massu para uma possível intervenção militar na França. Mas retornou no dia seguinte, no momento em que os Champs-Élysées eram tomados por uma multidão de um milhão de gaullistas, que gritava slogans de apoio ao governo e frases como "Mandem Cohn-Bendit para Dachau". Com o discurso de que era preciso salvar a França do comunismo, De Gaulle dissolveu a Assembleia, desistiu do referendo e convocou eleições.

Enquanto isso, iniciava negociações com a CGT, que se declarava pronta para conversar com o governo e os patrões. As negociações resultariam nos acordos de Grenelle (Pompidou reuniu patrões e centrais operárias na rue de Grenelle), que estabeleciam aumentos salariais, promessa de redução da jornada de trabalho e de garantia no emprego, legalização da representação sindical, pagamento de 50% sobre os dias parados. A princípio, o acordo foi rejeitado, mas acabou absorvido com a ajuda dos dirigentes sindicais do PCF.

A manifestação de apoio fortaleceu o governo, que mandou que a polícia retomasse a Sorbonne e as fábricas. Uma a uma foram sendo desocupadas, sem que a CGT reagisse. As eleições legislativas foram convocadas para 23 e 30 de junho. No dia 16 de junho, a Sorbonne acabaria definitivamente desocupada. Os estudantes sairiam de férias e os operários voltariam ao trabalho.

Em um ponto, as insatisfações dos estudantes e dos trabalhadores coincidiam: os dois grupos, que viviam numa França próspera e estável, buscavam um sentido para a existência e a transformação de seu modo de vida. O poder da Quinta República havia se concentrado em poucas instituições e o autoritarismo da elite parisiense, que dirigia o país, era excludente, extremamente hierárquico e opressor. Assim, a autoridade estava sendo questionada e o autoritarismo, combatido.

Entre todas as palavras de ordem do movimento estudantil – "É proibido proibir", "O poder está nas ruas", "A imaginação no poder", "Seja realista, peça o impossível", entre muitas outras – talvez fosse a palavra "liberdade" a que melhor expressasse os anseios de toda aquela geração de estudantes e trabalhadores.

Negros e pobres marcham sobre Washington

A agitação prosseguia em toda parte. Nos Estados Unidos, o movimento pelos direitos civis ganhava mais um aliado e as organizações que pregavam a não violência sofriam mais uma baixa: em 1º de maio, o Congresso Americano pela Igualdade Racial anunciava oficialmente, perante estudantes brancos e negros, que apoiava totalmente as propostas radicais do Black Power, liderado por Stokely Carmichael e Rap Brown. O assassinato de Martin Luther King, em abril, havia desarticulado temporariamente mais uma Marcha dos Pobres sobre Washington, que dava prosseguimento às marchas iniciadas em 1963 com Luther King, e que se realizavam em várias partes do país. A Marcha foi retomada em Memphis, em 2 de maio, e, finalmente, chegou em 11 de maio à capital americana, acolhendo também os protestos contra a discriminação sofrida por índios, chicanos e porto-riquenhos.

**WE SHALL FIGHT
WE WILL WIN
PARIS, LONDON, ROME, BERLIN**

O movimento se espalha pela Europa

Na Alemanha, as organizações estudantis e os sindicatos se manifestavam contra o projeto de lei que decretava estado de emergência. A conflagração estudantil em território alemão havia se dado a partir do atentado sofrido pelo seu líder, Rudi Dutschke, em abril. Em 15 de maio, violentas manifestações de estudantes em Munique deixavam dois mortos. No mesmo dia, estudantes ocupavam a Universidade de Milão e, logo depois, foi a vez da Universidade de Roma. Em 31 de maio, a rebelião estudantil já contagiara toda a Europa.

Os tchecos, no entanto, viviam o movimento contrário de seus vizinhos. Respiravam os ares da liberdade e da alegria, causando espanto à esquerda Europeia, que não dava ouvidos aos clamores de Varsóvia e Praga. O movimento estudantil na Alemanha, na França e na Itália e outros países europeus estava tão voltado para o próprio umbigo, que quase não percebia a revolução que acontecia ao lado, na então Tchecoslováquia. Rudi Dutschke, quando fez uma visita a Praga na primavera de 1968, deixou os estudantes locais perplexos ao afirmar que o inimigo em seu país era a democracia pluralista. Para os tchecos, que queriam um socialista de rosto humano, esta era uma aspiração. Mas, no início de maio, movimentos das tropas do Pacto de Varsóvia já podiam ser observados na fronteira tcheca. No dia 19, estudantes saíam novamente às ruas de Praga, dessa vez para protestar contra a presença no país do dirigente soviético Andrei Kosygin.

Em Berlim, Frankfurt e outras cidades universitárias, as marchas de protesto acabaram em grandes batalhas campais contra a polícia. O fracasso do movimento, tanto na Alemanha quanto na Itália, resultou na criação de organizações político-militares radicais que deixaram marcas violentas em seus países. Na Alemanha, muitos militantes ingressaram na Fração do Exército Vermelho (Rote Armee Fraktion – RAF), também conhecida como Grupo Baader-Meinhof por causa do nome de seus dirigentes. Nos anos 70, a organização tentou manter um clima revolucionário na Alemanha Ocidental através de atentados terroristas e assassinatos seletivos.

Na Itália, os estudantes romperam com o Partido Comunista Italiano, que acusavam de conciliar com a burguesia, e fundaram as Brigadas Vermelhas, que chegaram a sequestrar e matar o primeiro-ministro Aldo Moro em 1978. Alguns analistas afirmam que as ações perpetradas em boa parte dos anos 70 pelos grupos Brigadas Vermelhas, Baader-Meinhof, Panteras Negras, ERP e Montoneros (Argentina), Tupamaros (Uruguai), VAR-Palmares, ALN, VPR, MR-8 (Brasil) e Exército Vermelho (Japão) foram consequência da grande frustração que se seguiu a um período de esperança e energia revolucionárias. Na América Latina o resultado foi mais trágico porque o movimento estudantil não se deparou com regimes democráticos, mas sim com regimes ditatoriais militares.

O mais violento acontecimento no continente latino-americano foi o massacre dos estudantes na praça de Tlatelolco, na Cidade do México, em outubro de 1968, que deixou um número até hoje impreciso de mortos, feridos e desaparecidos. Enquanto isso, em Paris apenas um estudante morrera nos distúrbios e a ação oficial mais violenta foi a expulsão do país de Daniel Cohn-Bendit, que tinha nacionalidade alemã.

Pichação nos muros de Paris: "Camaradas! A humanidade só será feliz no dia em que o último capitalista for enforcado nas tripas do último burocrata."

    Maio de 68 foi lembrado com especial fervor em 2006, quando manifestações estudantis sacudiram a França contra a Lei Contrato do Primeiro Emprego (CPE), que previa a flexibilização na contratação como uma das medidas para diminuir o índice de desemprego dos jovens no país. A lei CPE foi retirada pelo governo por força da pressão das ruas, e não faltaram comparações entre os dois movimentos, mesmo que os mais recentes tenham sido bem diferentes na forma, no conteúdo e nas intenções. Em 2006, a principal reivindicação dos jovens era outra: a segurança no emprego. Em 1968, os estudantes viveram dias de sonhos revolucionários e elegeram o paralelepípedo como arma e símbolo na busca da utopia sonhada.

O que os franceses queriam era poetizar a vida

Para o escritor, dramaturgo e filósofo Alcione Araújo, o pensamento disseminado pelos pensadores alemães em 1968 acabou estimulando uma rebeldia contra tudo e a favor do desejo. Esse pensamento abriu espaço para a mulher, o homossexual, o negro, o direito de pensar diferente, as ideias de uma democracia não central, a alternativa ao hegemônico, a diversidade. A seguir, uma conversa com o escritor.

Que pensadores inspiraram o pensamento de 1968?
Os acontecimentos de 1968 já foram chamados de rebelião sem causa. Na França, houve um sentido em chamá-los de "sem causa", porque o impulso rebelde não se anunciou e a causa não se enunciou. A rebelião foi imprevista e inesperada até para os rebeldes. Na verdade, havia uma causa oculta que não se revelava em palavras, daí a surpresa. Além disso, ela se deu de uma maneira nos Estados Unidos, de outra no Brasil, de outra na França, de outra na ex-Tchecoslováquia e de outra na Alemanha. Interessante é o que havia por trás daqueles movimentos, que foram entendidos como um movimento único que tinha ultrapassado fronteiras, mas eram, na realidade, movimentos isolados, embora tivessem pontos de contato, interfaces. Mas, objetivamente, cada um brotou das próprias causas, no contexto respectivo. Curiosamente, os pensadores que repousam por trás desses movimentos são todos alemães. Na ordem cronológica, vem primeiro Wilhelm Reich. Depois vem a dupla Max Horkheimer e Theodor W. Adorno. O outro é Herbert Marcuse, ex-assistente de Heidegger.

*A trajetória de vida de cada um ajuda a entender a "globalização"
do pensamento deles?*
De uma certa maneira, sim. Durante a guerra, Adorno, Horkheimer, Reich e Marcuse se exilam nos Estados Unidos. E lá produzem os textos que, segundo penso, estão, de alguma forma não explícita, por trás da ebulição jovem de 1968. São eles *A função do orgasmo*, de Reich, que reverberou nos Estados Unidos e na França, *Dialética do esclarecimento*, de Adorno e Horkheimer, e dois textos de Marcuse, *Eros e civilização*, de 1955, 13 anos antes de 68, e *One-Dimensional Man*, traduzido para o português como *Ideologia da civilização industrial*.

Como esses textos repercutiram no pensamento da época?
Primeiro foi na França. Daniel Cohn-Bendit, um judeu alemão, certamente teve acesso aos textos de Marcuse, Adorno e Horkheimer. Assim como muitos franceses. O que aconteceu na França foi uma ebulição que ferveu, tornou-se vapor e desapareceu. Naquele momento, os desejos individuais pesavam mais. Um dos grafites mais interessantes da época é "Basta de ações, queremos palavras", justamente o oposto do que lideranças políticas e sindicais usavam como palavras de ordem. A ideologização e a politização excessivas levavam os militantes a partirem para a ação mal ouviam as palavras de ordem. O Partido Comunista Francês, por exemplo, tinha uma hierarquia organizada e verticalizada, assim como os maoístas e, de outro lado, o PC soviético entrara em crise desde as denúncias contra Stálin. E nenhum deles tinha abertura para discussão. Era preciso engolir em seco inclusive o stalinismo. Com aquele grafite, podia-se entender: queremos conversar, não obedecer. Queremos discutir. O movimento na França não tem condução, a cada dia se inventa. Escapa do dirigismo da direita e da esquerda. O movimento se conduz na improvisação. Agia em coletivo, mas com decisões individuais. Sem partidos e sem lideranças, de forma anárquica e orgânica.

Era então um paradoxo...
Olhando do lugar da arte, pode-se compreender melhor. A arte não tem mais o papel nem a função que as ideologias – nazista, comunista, fascista, liberal – lhe quiseram impor. A ambição da arte hoje é alcançar a subjetividade. Esta desperta suas emoções, o que permite que você se

descubra a si próprio e sinta-se seguro de afirmar-se publicamente como é, e o que pensa. O consenso virá de estarmos integralmente colocados no que somos e não, *a priori*, de assumirmos uma percepção instituída, ou de submetermo-nos a uma palavra de ordem, obedecendo cegamente a ela. O militante tende a ser cego, obedece sem discutir e, se discute, não é para clarear o entendimento cogitando do que pensa o opositor, mas para defender intransigentemente as decisões do seu comando ou justificar suas posições. A atitude dos estudantes franceses desconcertava a direita, e a esquerda, especialmente o PCF, ficou paralisada. Em plena ebulição das barricadas, Sartre diz: "Ainda não entendi, mas tendo a apoiar os jovens." Só que ele se tornara maoísta e, naquele momento, os estudantes não queriam mais saber dos maoístas: a Revolução Cultural na China estava nos seus estertores. A ideia era assim: não nos interessam as palavras de ordem que vêm da Primavera de Praga, reprimindo o movimento tcheco, não nos interessam as palavras do PCF e não interessam as da direita francesa. O que interessava era o exercício do eu, da liberdade. Mas não a liberdade no conceito clássico, e sim a liberdade para o indivíduo.

A destruição do Estado traz essa liberdade?
O grafite "É proibido proibir" traz em si a proposição anárquica que destrói o Estado, que pode não ser desejável, mas é imprescindível. A sociedade não pode viver sem Estado que a organize, sistematize as condutas para que o desejo de cada um, que será necessariamente reprimido pelo Estado, possa ter um mínimo de espaço para se realizar. A civilização não pode prescindir do Estado. Naquele momento, os jovens queriam agir impulsionados pelo desejo, e o processo civilizatório é, como disse Freud, repressor do desejo e nos condenou à frustração, uma vez que não posso ser livre totalmente.

E os pensadores?
Então, o que havia por trás desses pensadores? Reich, de trajetória mais conturbada, estabeleceu uma relação que até então não se colocara: que as repressões que introjetamos também se expressam fisicamente. A subjetividade, intangível e abstrata, não apenas influencia como pode ser determinante da esfera física, corporal. Reich traz a ideia de que a

liberação do desejo sexual, o prazer do orgasmo, passa pelas repressões políticas. Nós internalizamos, introjetamos o discurso repressor na subjetividade, e no nosso corpo. Assim, é impossível chegar ao orgasmo absoluto, à plenitude da vida, se se introjeta a fala da repressão e da censura. A libertação do corpo como um fato da ordem política aparece no movimento na França.

Não na Alemanha...
Não na Alemanha. Impressionante, né? Mas a Alemanha teve sempre essa característica. Falamos de Reich, de Freud, poderíamos falar de Marx. Tudo sai de lá, mas nada acontece lá. A Alemanha pensa o mundo, mas esquece de si.

Como Adorno e Horkheimer aparecem na França?
A *Dialética do esclarecimento* problematiza uma nova questão. O desenvolvimento da ciência e da tecnologia fez com que o poder de destruição humano fosse usado em benefício do poder político e, portanto, o saber, que gerava a ciência e a tecnologia, serve ao poder. Associaram o conhecimento ao poder. Então, os estudantes na rua diziam: os professores, os reitores, o Ministério da Educação não se distinguem do poder, somos contra! Se o saber é poder, somos contra. Adorno e Horkheimer foram à raiz da questão e os franceses, que certamente os leram, perceberam isso, mas, no calor dos acontecimentos, isso não aparecia como coisa analisada e entendida, mas posta na rua. Vamos destruir Nanterre, invadir a Sorbonne e destruir Vincennes. Vamos destruir os mestres que têm o poder. Visto com olhos de hoje é até reacionário. Na medida em que o Iluminismo muda o mundo, essa é uma atitude conservadora. Mas estava lá.

E Marcuse?
Marcuse faz, em *Eros e civilização*, uma interpretação filosófica de Freud na civilização concreta, real. Leva-se a elaborada teoria da subjetividade para a relação interpessoal e com a sociedade. Tendo em vista que toda relação com o trabalho é castradora do orgasmo, ele propõe que o essencial é a busca da atividade libidinal. Transformar a libido em produção, liberar as forças que são reprimidas pelo trabalho. Esta é uma forma insurreta de pensar, liberar para chegar à plenitude sexual significa

que, para se alcançar os prazeres da libido, não se pode trabalhar, senão nas atividades libidinais. As leis ordenam o princípio da submissão ao trabalho. Em *Ideologia da civilização industrial* ele diz que não há dialética se não existe o homem bidimensional. O homem unidimensional, que não se questiona, não se indaga sobre prazer e felicidade, tem uma só dimensão, é o homem da alienação, o alienado. Ele trabalha e produz e recebe em troca o dinheiro de que precisa. Essas ideias, embora pulverizadas, são onipresentes nas ações dos jovens franceses. A rebeldia acaba provocando uma insurreição contra tudo e a favor do desejo. É o caos. Na sociedade reprimida instala-se a alienação, inibindo-se o desejo, porque a liberação do desejo instaura o caos.

E foi dessa forma que esses pensadores influenciaram a França e chegaram aos Estados Unidos...
Sim, todos foram para os Estados Unidos, com diferentes acolhidas. A presença de Marcuse na Califórnia dá uma revirada na sua maneira de pensar. Deixa de ser o teórico radical e expõe seu pensamento às cores locais e às circunstâncias do momento histórico americano. Ele escreve a Adorno: "Não sou de mandar mensagens de garrafa e não quero falar de um futuro mítico." Ou seja, "estou caindo na real". É criticado por abandonar o rigor intelectual e ceder às circunstâncias do momento. Como era um professor próximo dos estudantes, torna-se uma referência com esta pregação: a libido é dominante em relação à produção, isto é, a libido tem que se impor e o homem é dialetizável, ele tem indagações e contradições, não é unidimensional. E se torna uma referência nos Estados Unidos.

O patriotismo era um ponto fundamental na questão do conflito de gerações nos Estados Unidos?
Boa parte dos jovens aceitava as punições pela deserção. E nos Estados Unidos acontece uma coisa que na França não acontece com tal explicitude: os artistas aderem e os estudantes os acolhem. Joan Baez, Bob Dylan, os roqueiros, todos começam a questionar por que tinham que ser "bucha de canhão". Assim, a rebeldia herda um pouco do que já vinha dos beatniks e de movimentos alternativos e místicos – como Timothy Leary, que queria levantar o Pentágono pela concentração men-

tal – e que leva às comunidades agrícolas, à liberdade sexual e a todos esses movimentos alternativos, onde começam a surgir os próprios pensadores americanos que os alimentam. Como Norman O. Brown, que escreve *Life against Death*, ou seja, a vida contra a morte. E a morte era o Estado, a organização política, o consumo. A *Dialética do esclarecimento* aparece porque já em 45 começa a haver a crítica em relação à ciência. Oppenheimer, por exemplo, assume sua responsabilidade em relação à bomba atômica e discute o papel da ciência a serviço do poder. E os americanos se dão conta disso. O conhecimento deixa de ser crítico para ser conivente com o poder. Ter poder apenas para ter hegemonia e produzir a matança?, perguntava-se. Junto com isso, os americanos viviam o processo pelos direitos civis e a respectiva reação. Luther King surge. No caso dos americanos, que estavam em guerra no Vietnã, a rebelião da juventude ganha feição de desobediência insurrecional diretamente contra o Estado.

Tinha a questão dos direitos civis e a da guerra...
...mas que convergiam porque grande parte dos soldados mandados para o Vietnã era de negros. E os soldados, para suportar o dia a dia da guerra, utilizavam drogas. Isso levou pessoas de funções e posições distintas a terem atitudes semelhantes, underground, de busca de caminhos alternativos, de negar o modelo civilizatório e aquele Estado. Portanto, nos Estados Unidos repercutem Adorno, Horkheimer, Reich, Marcuse.

Foram eles o elo que permitiu esse pensamento "globalizado" num momento em que no mundo não havia globalização de fato?
Não foram no sentido militante e consciente porque tudo era muito difuso. Mas foram através do pensamento oculto que exprimiam.

Mas havia uma razão para seguir esse pensamento?
Se não havia uma razão lúcida, havia uma intuição que fazia as pessoas aderirem. Todos os que estavam na contracultura, no mundo alternativo e eram outsiders não tinham consciência plena do que faziam não obstante faziam. Havia um sonho que percorria tudo. Nesse sentido, desertar do Exército ou ser militante dos Panteras Negras era a mesma negação do Estado.

E o Brasil?
Esse pensamento aparece no Brasil. Só que, aqui, havia uma coisa anterior, que era o golpe militar de 1964. E o período que vai de 64 a 68 é um dos mais ricos da história do Brasil, especialmente na cultura. Quando 68 chega, o país está sob um regime militar, imposto por um golpe, numa fase em que havia adesões e reações a ele. Aqui estávamos diretamente marcados pela questão política, que foi a usurpação do poder pela força. Não era política contra o Estado, como nos Estados Unidos, mas política contra os militares que ocuparam o Estado.

Muito diferente da França...
Muito diferente da França e também dos Estados Unidos, onde a questão era não obedecer ao Estado.

E construir um Estado socialista?
No mínimo fazer as reformas de base. Isso estava disseminado entre uma juventude que aspirava a um Brasil novo e justo. Mas como o Brasil culturalmente reproduz o Primeiro Mundo, em meio a essa questão particular apareciam as repercussões do que havia nos Estados Unidos. Aqui, havia uma rebeldia contra a Guerra do Vietnã, que parecia extemporânea, no entanto, ela somava na luta contra a ditadura.

Então, 1968 chega ao Brasil para acabar com um processo criativo na cultura, que termina com o AI-5? E aquilo que floresceu, até por causa da luta contra a ditadura, desaparece?
Exatamente. O AI-5 vem, na realidade, sepultar a maior efervescência cultural que o país já viveu desde a chegada da família real – que foi a primeira revolução cultural no Brasil. A segunda foi no período de 64 a 68. O teatro moderno, o Cinema Novo, a música, tudo, e com uma característica importante: ao lado do povo, criando uma interlocução que a história da cultura brasileira não registra, que é a das classes médias e altas terem propostas estéticas que absorviam as propostas populares. Até então, nossa tradição cultural era ter uma cultura popular de um lado e uma cultura tradicional do outro, e elas não dialogavam. Nesse período, de 64 a 68, há esse diálogo com passeatas nas ruas. O cinema mais sofisticado trabalha pela promoção das classes mais humildes, discutindo a questão

fundiária, educacional etc. E repercute também no comportamento. Por exemplo, o encantamento pelas drogas vem dos Estados Unidos. Classe média fumar maconha não era do Brasil, nem da França, vem do Vietnã e do movimento alternativo americano. A parte mais politizada dos jovens achava a droga reacionária e que a luta armada não era o caso, que era preciso compreender a juventude e sacar uma saída da ditadura. Portanto, são movimentos diversificados que, às vezes, se alinham. Dão a impressão de coesão e homogeneidade, mas vão desaparecer assim que acaba a ditadura. O que une é o inimigo comum e não um pensamento próprio.

Mas e o final dessa história?
Em 74 acaba a Guerra do Vietnã, começa a acabar o movimento alternativo. Na França, De Gaulle reassume com força e tudo se acaba. No Brasil, a ditadura recrudesce, edita o AI-5, fecha o Congresso, acaba tudo. Acabou o rebuliço da juventude.

O que sobrou?
Tem uma conquista mais imediatista e outra mais de fundo. A primeira foi a questão da valorização do indivíduo, que passou a ter espaço.

Não o individualismo, certo?
Certo. Houve a valorização do indivíduo e, com ela, a valorização da subjetividade. Com isso, abre-se o espaço para a arte, a cultura, a sexualidade, a mulher. Contribui para o feminismo, para que as mulheres ocupem seus espaços. As pessoas passaram a ter sonhos pessoais e os outros passaram a aceitar que esses sonhos pudessem se tornar realidade, no limite que não comprometesse o social. A liberdade sexual também, que já tinha a contribuição da ciência com a pílula. Abriu-se espaço para o direito sobre o próprio corpo, que traz a discussão do aborto, da nova conjugalidade, uma vez que os direitos são iguais. Estabelece-se uma nova maneira de pensar a vida, o mundo e a própria felicidade.

Quais as consequências de fundo?
Até então o centro do pensamento e do poder do mundo estava no poder masculino, ocidental, heterossexual, liberal, intelectual etc. Esse era

o centro. 1968 inaugura uma coisa muito especial que são as margens. Possibilita as alternativas: a mulher, o homossexual, o negro, o direito de pensar diferente, as ideias de uma democracia não central, a alternativa ao hegemônico, a diversidade. 1968 cria as periferias. A partir dali começamos a ter periferias e minorias que se manifestam.

Os valores humanistas também são herdados?
Sim, mas agora sob um foco mais restrito ao olhar de cada um. Quando eu olho o mundo como negro, tenho o direito a esse olhar como negro. Quando olho o mundo como mulher, também tenho esse direito. Ou como homossexual ou como uma pessoa de esquerda. Há um espaço para todos, que não havia antes. Daí vêm os movimentos pelo meio ambiente, as Organizações Não Governamentais. O florescimento das margens é o grande legado. E as bordas passam a ter mais autonomia. Esse reconhecimento das periferias que se tem hoje no Brasil vem de lá. Quero dizer, os germens libertários estavam naqueles pensadores sem partidos.

E hoje?
Houve recuos. A juventude recuou demais da ideia de liberdade. Em relação também ao valor do desejo e da subjetividade, do poder da cultura, da vida alternativa. Com o avanço do individualismo, praticamente desapareceu a visão crítica. Hoje, a maior parte da juventude adere completamente à lógica do sistema. Na passagem de geração para geração se abandonou a atitude idealista que havia. O que aconteceu foi que, depois de 68, a imaginação saiu do poder, acabaram as utopias.

Agora, para onde vamos?
Estamos sem utopias e a sociedade sucumbiu ao modelo capitalista, consumista, midiático. Quem constrói hoje os comportamentos é o poder instituído, o poder da mídia, e não surgem alternativas. Mesmo os partidos políticos, que se supunham alternativas, quando chegam ao poder repetem um tipo de poder que é a negação de 68. O importante que fica daquele tempo é o que não é poder. As atitudes que não são do poder. As atitudes individuais, os trabalhos isolados, na periferia, no meio da Floresta Amazônica, as ONGs. Isso é a valorização do indivíduo, que passa a ter força. Isso faz uma democracia. Aliás, a democracia se fará

quando não houver medo da subjetividade. Expor o desejo ao conflito ou em adesão com todos os demais. Hoje, as pessoas se submetem aos modelos partidários e à lógica de acumular poder. Mas a geração de 68 não queria se inserir nessa lógica porque ela não queria poder, ela queria felicidade. Queria um Estado que fizesse a felicidade de todos. A imaginação no poder é querer a felicidade. Hoje nossas ambições no Brasil são medíocres. Aquilo a que os jovens aspiram hoje era a frustração dos jovens de 68, aqui, na Europa e nos Estados Unidos. O que interessava aos franceses era poetizar a vida e abrir espaço para a felicidade de todos. Essa era a grande utopia de 1968.

Junho

Rebeldes e revolucionários no mesmo barco

O ano chegava ao meio. Paul Simon e Art Garfunkel, que haviam embalado o mundo com "Sounds of silence", agora estavam nas paradas de sucesso com "Mrs. Robinson". Sintomático num tempo em que sexo e mudança de comportamento, temas dessas músicas, estavam na ordem do dia. Os ventos revolucionários já haviam espalhado as sementes da utopia e do inconformismo por todo o planeta, e o mundo observara atônito a rebelião dos jovens franceses, que ainda se arrastava. Os outros estudantes europeus seguiam pelo mesmo caminho. Os direitos civis mobilizavam milhares de americanos e a Guerra do Vietnã já passara a ser uma preocupação de cada cidadão do mundo.

No Brasil, a primeira metade do ano de 1968 culminaria com a Passeata dos Cem Mil, no Rio de Janeiro. A marcha, que aconteceu no dia 26 de junho, foi um momento de unificação da luta dos estudantes universitários, que atraíram camadas descontentes de diversos segmentos da sociedade, como escritores, artistas, religiosos e professores.

As manifestações começavam a se tornar mais frequentes. No dia 4, os alunos da Universidade Federal do Rio de Janeiro (UFRJ) anunciavam greve geral. Ao mesmo tempo, 68 cidades brasileiras eram declaradas áreas de segurança nacional e seus eleitores foram impedidos de eleger prefeitos pelo voto direto. A agitação se estendia a São Paulo e, no dia 11, estudantes ocuparam a reitoria da USP. As passeatas foram retomadas com mais vigor, no Rio e em São Paulo, mas a situação se agravava a cada dia no que dizia respeito à repressão policial.

Uma concentração estudantil na reitoria da UFRJ, na Praia Vermelha, no dia 20, terminou com cerca de 400 estudantes presos e humilhados no campo do Botafogo. As cenas das prisões e dos maus-tratos aos estudantes, que sofreram espancamentos, agressões sexuais, xingamentos e ameaças de fuzilamento, provocaram revolta em todo o país. No dia seguinte, estudantes apoiados por populares saíram às ruas para protestar contra a ação da polícia. Os estudantes encaminharam-se para o MEC, no Centro da cidade, atendendo a uma convocação do ministro da Educação, Tarso Dutra. Eles foram, mas sob a forma de protesto, que foi violentamente reprimido pela polícia, ficando claro que o "diálogo" proposto pelo governo não era para valer. Dessa vez, a população tomou de vez as dores dos estudantes.

O confronto entre a polícia e os manifestantes se arrastou por todo o dia e, mais uma vez, deixou um saldo trágico: três estudantes foram mortos naquela que ficou conhecida como Sexta-Feira Sangrenta. Além disso, mais de mil pessoas foram presas e 60 ficaram feridas. Na época, a imprensa descrevia as consequências da participação da população ao lado dos estudantes de forma dramática, com expressões como "batalha campal", "guerrilha urbana", "escalada", "insurreição popular", e afirmava: "A adesão popular aos estudantes acaba em um episódio 'sangrento'." Relatava também que "policiais 'sem comando' e a população" agiam "espontaneamente", expressando a "imprevisibilidade de uma guerra".

No mesmo dia, na capital do país, a polícia invadia mais uma vez a Universidade de Brasília.

Ao mesmo tempo em que crescia a revolta estudantil no Brasil, as organizações revolucionárias intensificavam suas ações. A Vanguarda Popular Revolucionária (VPR) invadiu, em 22 de junho, o Hospital Militar de Cambuci, em São Paulo, para se apropriar de armas. Cinco dias depois, o mesmo grupo lançaria um carro-bomba contra o QG do II Exército, também em São Paulo, matando o soldado Mario Kozel Filho.

A Ação Popular (AP), a Política Operária (Polop) e as dissidências do PCB, grupos clandestinos que atuavam dentro do movimento estudantil,

No campo do Botafogo, no Rio, os estudantes foram espancados e humilhados pela PM

aprofundavam sua influência entre os alunos e contribuíam para a radicalização, diante de uma atitude também cada vez mais radical por parte da repressão militar. Em 1967, o movimento estudantil já manifestara ao governo sua disposição de combate ao lançar a "Carta política", após o XXIX Congresso da UNE, no começo do ano. A "Carta" condenava o governo de Costa e Silva e defendia a aliança operários–camponeses–estudantes contra a aliança das "classes dominantes brasileiras com o imperialismo". O texto "Revolução da revolução", do autor marxista francês Régis Debray, inspirava a linha política da "Carta".

O estopim para a radicalização do movimento estudantil fora, sem dúvida, a morte do estudante Edson Luís no restaurante Calabouço, no dia 28 de março de 1968. Mas as rebeliões estudantis que fervilhavam na Europa, principalmente na França, também serviam de motivação para o movimento no Brasil, cujos objetivos continuavam sendo os de reformular a organização e a orientação das universidades e derrubar o governo militar.

Desde 1967, o movimento estudantil havia se tornado a principal forma de oposição ao regime. Nos primeiros meses de 68, várias manifestações foram reprimidas com violência, mas, com exceção da morte de Edson Luís, até a Sexta-Feira Sangrenta não tinha havido vítimas fatais da repressão.

As manifestações agora aconteciam em várias capitais do país. No dia 26 de junho, finalmente, chegava a hora da Passeata dos Cem Mil, que se

··Eles que amavam tanto a revolução·

Fernando Gabeira
jornalista, militante, deputado federal

Fernando Gabeira não faz por menos. Gostaria de "chutar o balde" de 68, não mais falar sobre esse tema. Cansou de se sentir prisioneiro e de ter sua imagem associada aos acontecimentos daquele ano. Com os olhos voltados para o futuro, vê pouquíssimas ligações entre os movimentos de 68 e os do século XXI. Apesar de reconhecer que 68 contribuiu para a contracultura, acha que os resultados foram estéreis. Crítico, admite que sua geração cometeu muitos erros, entre eles a opção pela luta armada, o que, em sua opinião, prejudicou a resistência democrática e fortaleceu a ditadura.

Ele vê 68 como um ano marcado por uma ampla rebeldia que envolvia lugares tão diferentes como Kashmir, na Índia, onde também houve movimentação estudantil, mas em cada região do mundo ela possuía um significado. As aspirações predominantes estavam voltadas basicamente para a justiça social e a liberdade. Na Europa e nos Estados Unidos, o tema comportamental prevaleceu, e em países como o Brasil vivia-se uma tentativa de revolução socialista no quadro de uma ditadura militar. O objetivo de liberdade se inseria numa concepção comunista. Naturalmente, uma liberdade extremamente limitada.

Segundo Gabeira, os chamados "desbundados", aqueles jovens com maior sensibilidade para a contracultura e as transformações comportamentais, carregavam a semente das questões ambientais que acabaram prevalecendo nas últimas décadas. Os setores que partiram para a luta armada viviam uma etapa diferente. A única convergência que se pode destacar nos acontecimentos de 68 é a rebeldia e a vontade de mudança, embora existissem diferentes visões contra o que e quem se rebelar e que tipo de mudanças fazer. O feminismo – com maior expressão nos Estados Unidos – tornou-se o aspecto mais importante do processo gerado por 68.

transformaria no maior protesto público contra a ditadura militar. Todo o clamor que a Sexta-Feira Sangrenta havia provocado dias antes garantiu a retirada da polícia das ruas e os manifestantes saíram em passeata sem serem reprimidos. Estudantes, artistas, religiosos, intelectuais, seguidos de representantes de várias camadas da população, marcharam de braços dados, exigindo liberdade e o fim da ditadura.

A manifestação começou com um ato político na Cinelândia. Vladimir Palmeira discursou para a multidão. Estavam lá Caetano Veloso, Gilber-

A internet é, para Gabeira, o território livre onde tremulam hoje as bandeiras meiaoitistas de "é proibido proibir". Para ele, a internet fez mais pelo mundo do que Lênin, e ela está para as mudanças como a pílula anticoncepcional está para a liberdade sexual. Timothy Leary, um dos gurus da contracultura americana, considerou a internet a nova grande fronteira das transformações sociais. "Tanto a pílula como a internet colocam para nós uma pergunta: afinal, são os instrumentos novos ou as ideias novas que fazem as coisas andarem?"

Fernando Gabeira volta do exílio na Suécia e é recebido com festa no aeroporto do Rio

to Gil, Chico Buarque, Edu Lobo, Nana Caymmi, Tônia Carrero, Paulo Autran, José Celso Martinez, Antonio Callado, Franklin Martins, Mário Martins, Helio Pellegrino e muitos outros. Na passeata, foi escolhida uma comissão para dialogar com o regime militar.

| Depoimento |

Memória e fantasia

Da Passeata dos Cem Mil pouco tenho a falar. Mas talvez tenha algo a dizer sobre memória. E as peças que ela nos prega. Até recentemente eu dizia que na Passeata dos Cem Mil tinha ficado encarregada da segurança e, como tal, estava num grupo que carregava coquetéis molotov que deveriam ser jogados, caso a polícia nos atacasse. Lembrava que tinha ficado toda a passeata preocupadíssima com algum acidente. Sempre lembrava dessa história para exemplificar a loucura que teria sido se tivesse havido algum confronto. Mas, de um tempo para cá, comecei a achar que isso não tinha sido na Passeata dos Cem Mil, mas na dos 50 Mil, que ocorreu algum tempo depois, já numa situação de tensão muito grande e que provavelmente não tinha 50 mil, e que com as suas prováveis 20 mil pessoas anunciou o fim de 68. Depois, os coquetéis foram substituídos por outras armas. Bem mais potentes.

Com a minha memória perdida entre as armas, os DOI-Codis da vida e uma necessidade interna de esquecer de tudo para não falar, o que tenho então a dizer da Passeata dos Cem Mil?

Será que a memória nos permite papéis pequenos, apenas uma liderança estudantil (eu era vice-presidente do diretório da Faculdade de Economia) em meio a tantas situações heroicas e trágicas que se seguiram?

Lembro muito nitidamente da véspera – se isso serve para alguma coisa –, quando as lideranças estudantis se reuniram com os chamados setores da classe média que iriam se juntar a nós na passeata do dia seguinte (professores, artistas, intelectuais, pais etc. e tal). Em meio à tensão – discutia-se se iria ser liberada ou não –, a euforia pela certeza de que fazíamos história e que uma multidão de outros seres que não estudantes estavam conosco. Fantasia de poder? Certamente, de uma geração que aos 18, 20 anos, se sentia no comando de seus pais. Mas também realidade de uma geração que mudou a relação com os pais. Eles (os pais) e nós (os filhos) nunca mais fomos os mesmos. Porque no dia seguinte, em meio àquela imensa multidão, muitos deles estavam de mãos dadas.

LUCIA MURAT
cineasta

Com os militares nos quartéis, 100 mil manifestantes tomaram, sem incidentes, as ruas do Rio

Dispersão francesa

Enquanto em junho os ânimos se acirravam no Brasil, na França a situação vinha sendo controlada, desde o final de maio, com violenta repressão policial. No total foram mais de 1.500 feridos até meados de junho. De Gaulle se recuperava e propunha uma solução eleitoral. Graças a essa proposta e com o apoio de uma imensa manifestação da "maioria silenciosa" em defesa da ordem, conseguiu dar início à dispersão do movimento estudantil e à desmobilização dos operários. As negociações de Grenelle, que previam uma série de melhorias trabalhistas, ajudavam a retirar os trabalhadores da greve e a afastá-los dos jovens radicais.

Mas, no começo de junho, a França ainda era palco de violentas manifestações, dessa vez na Faculdade de Letras de Lyon. Em 10 de junho, milhares de operários continuavam em greve, aos quais se juntaram os universitários. Na fábrica da Renault, em Flins, um incidente dramático marcaria esse dia: um estudante secundarista, Gilles Tautin, que havia se refugiado nas margens do Sena junto com outros companheiros, se lançou no rio para fugir à perseguição policial e acabou morrendo afogado.

Uma grande manifestação na Gare de l'Est e depois no Quartier Latin, após o afogamento em Flins, terminou, no dia 11, com 400 feridos, 1.500 prisões e 72 barricadas. Em frente às fábricas Peugeot de Montbéliard, um manifestante foi morto a bala. No mesmo dia, chegava ao fim a greve dos secundaristas. No dia seguinte, o governo decidiria proibir as manifestações em todo o território francês e tornaria ilegais 11 grupos revolucionários considerados extremistas.

Pouco depois, no dia 15, um cortejo silencioso foi organizado para acompanhar o enterro de Gilles. O acordo feito entre os estudantes exortava os manifestantes a caminharem "dentro da dignidade e da disciplina militantes". Os cartazes que portavam diziam: "Nosso camarada morreu assassinado pela polícia gaullista." Milhares de pessoas responderam ao apelo.

A escalada da repressão foi tomando corpo com a mesma velocidade da revolta iniciada em maio. No dia 14 de junho, a polícia desocupava à força o Teatro Odeon e, no dia 16, a Sorbonne. Finalmente, no dia 18, mais de 100 mil metalúrgicos retomaram o trabalho, sobretudo na Renault. A pá de cal no movimento viria em seguida: o primeiro turno das eleições legislativas convocadas por De Gaulle para o dia 23 marcou um grande recuo da esquerda e dos comunistas e o avanço dos centristas, que obtiveram maioria.

De Gaulle conseguiu, assim, uma significativa vitória, confirmada no segundo turno, no dia 30. Os gaullistas conquistaram 97 cadeiras na nova Assembleia Nacional. A partir de então, o movimento estudantil e grevista refluiu. A tormenta passara, mas o general, enfraquecido, com sua força abalada, se sustentaria no poder somente até abril de 1969. De Gaulle renunciaria à Presidência em 27 de abril de 1969, depois de tê-la ocupado por dez anos.

Depoimento

Lugar de louco é fora do asilo

No imaginário político antiautoritário que envolveu maio de 68, a psiquiatria era um alvo preferencial. Ela representava, de certa forma, um modelo didático do perverso exercício do poder: "arcaica em sua estrutura, rígida em sua aplicação e coercitiva em sua mira", como certa vez observou o sociólogo francês Robert Castel. Curiosamente, não é na França que se passam coisas notáveis em psiquiatria nessa época, afora algumas ocupações de hospitais e o surgimento de publicações com títulos sugestivos como *Gardes Fous*, *Psychiatrisés en Lutte* e *Cahiers pour la Folie*. É da Itália que sopram os ventos da utopia.

Franco Basaglia, um jovem psiquiatra, assume, em 1961, a direção do hospital psiquiátrico de Gorizia, cidade perto da fronteira com a então Iugoslávia, e já comunica ao staff que sua meta é a total abertura da estrutura hospitalar. No lugar da habitual plaqueta "entrada rigorosamente proibida", um cartaz convida a todos para visitarem os doentes quando e como queiram. Aos poucos, a vizinhança começa a promover peladas nos campos do hospital.

A população local é encorajada a participar de suas festividades. Depois de dois anos com assembleias entre o staff é hora de convidar os pacientes para as discussões. Toda a vida do hospital é regulada por essas reuniões, onde doentes discutem com técnicos o tratamento ministrado. Internos têm permissão para passear na cidade e sentir novamente o gosto da liberdade. Nesse período, quem dá mais trabalho a Basaglia são alguns profissionais, ameaçados pelas mudanças, e não os doentes. Em 1968, o Hospital de Gorizia passaria a ser conhecido por jovens de todo o mundo, notadamente da França, como exemplo de um mundo alternativo e mais livre. O ideário de Basaglia, de certa forma, inspira hoje a reforma psiquiátrica conduzida no Brasil. Esta foi uma das utopias de maio de 68 que vingaram.

CLÁUDIO CORDOVIL
jornalista

Artigo publicado no *Jornal do Brasil* em 3 de maio de 1998.

Conflitos em toda parte

As manifestações universitárias continuavam em Zurique, Berna e Bruxelas. Também Belgrado, capital da então Iugoslávia, era sacudida por fortes protestos no começo de junho. No dia 9, o marechal Tito – único dirigente do bloco soviético que se recusara a entrar no Pacto de Varsóvia – cedia à pressão dos manifestantes e aceitava fazer reformas políticas e sociais. Mas as manifestações ainda não tinham chegado ao fim.

Istambul e Dacar também viviam sob rebelião estudantil, da mesma forma que o então Congo e quase todos os países da América Latina. Além do Brasil, também Uruguai, Equador, Chile, Argentina, Colômbia e México eram palcos de manifestações estudantis.

Tiros no príncipe do pop

A Pop Art também teve seus dias de fúria. Com raízes no Dadaísmo de Marcel Duchamp, a Pop Art começou a tomar forma no final da década de 1950, quando alguns artistas, após estudarem os símbolos e produtos do mundo da propaganda nos Estados Unidos, passaram a transformá-los em tema de suas obras. Nos anos 60, a Pop Art ganhou notável popularidade e tinha como figura central o artista plástico americano – também cineasta e escritor, entre outras coisas – Andy Warhol. Em 1968, o príncipe do pop viveria dias menos cintilantes.

Personalidade pública polêmica e conhecido por frequentar um amplo círculo social, que ia de boêmios e moradores de rua a celebridades de Hollywood, intelectuais famosos e ricaços, Warhol é considerado um dos artistas mais influentes do século XX. Filho de imigrantes tchecos, nasceu em Pittsburgh, em 1928, e foi morar em Nova York em 1946, onde começou a trabalhar desenhando sapatos para a revista *Glamour*. Não deu certo porque seus desenhos eram sexualmente sugestivos e ele passou, então, a fazer ilustrações para publicidade.

Em 1961, realizou sua primeira obra em série usando latas de sopa Campbell's como tema, e prosseguiu, fazendo o mesmo com garrafas de Coca-Cola e notas de dólar. Ele reproduzia continuamente suas criações, com diferenças entre as várias séries, usando métodos de produção em massa para tornar a sua arte o mais industrial possível. Em 1962, criou o Factory, um estúdio de arte onde empregava caoticamente "operários da arte" para a produção maciça de cartazes e de outros itens, como sapatos criados por ele próprio. O primeiro endereço do Factory foi a rua 47, entre 1 e 2, quinto andar.

O objetivo artístico de Warhol consistia em eliminar a diferença entre arte e a chamada arte comercial, usada para ilustrar revistas, histórias em quadrinhos, discos e campanhas de publicidade. Certa vez, ele resumiu sua filosofia em uma frase: "Se você parar para pensar, vai ver que as lojas de departamento são uma espécie de museu." Mas sua tirada mais famosa – "No futuro, todos terão os seus 15 minutos de fama" – acabou se provando verdadeira quando Warhol emprestou sua popularidade a uma atormentada mulher conhecida apenas num círculo pequeno de artistas.

Tratava-se de Valerie Solanas, solitária frequentadora do Factory, feminista, aluna brilhante de psicologia, traumatizada por ter sido abusada sexualmente pelo pai na infância e criadora do Scum Manifesto ("Scum" significava Society for Cutting Up Men – Sociedade para Cortar Homens, da qual era a única integrante), um "ataque separatista feminista ao patriarcado". Conhecida de Warhol, para quem já havia trabalhado e por quem se sentia preterida, Valerie entrou no estúdio de Warhol, no dia 3 de junho de 1968, e disparou três tiros contra ele. O terceiro atingiu seu pulmão esquerdo, o estômago, o fígado e o esôfago. Enquanto ele sangrava no chão, ela ainda acertou o crítico de arte e curador Mario Amaya e botou a arma na cabeça do empresário Fred Hughes, mas a pistola falhou.

No mesmo dia, Valerie se entregou à polícia e alegou que o artista tinha "controle demais" sobre sua vida. O pintor

Valerie Solanas (no alto), uma feminista radical, feriu gravemente com três tiros o artista pop Andy Warhol (acima, entre o cineasta Paul Morrissey e a cantora Janis Joplin)

ficou mais de dois meses hospitalizado, quase morreu e nunca chegou a se recuperar completamente. Em 1987, Warhol foi operado da vesícula e, apesar de a cirurgia ter corrido bem, morreu um dia depois.

Em Moscou, o órgão da União dos Escritores condenava violentamente o livro *O pavilhão dos cancerosos*, de Aleksandr Solzhenitzin, o mais famoso dissidente soviético, autor de *O arquipélago Gulag*. Em 1970, ele ganharia o prêmio Nobel de Literatura pelo conjunto de sua obra.

Na ex-Tchecoslováquia, explodiam manifestações em favor da rápida democratização do país. Em junho, um manifesto intitulado "Duas mil palavras" saiu publicado na *Literární Listy* (*Gazeta Literária*), redigido pelo escritor e jornalista tcheco Ludwig Vaculik, com centenas de assinaturas de personalidades de todos os setores sociais, pedindo a Dubcek que acelerasse o processo. Os personagens da Primavera de Praga acreditavam que seria possível fazer a transição pacífica de um regime comunista ortodoxo para uma socialdemocracia ocidentalizada. Dubcek tentava provar a possibilidade de convívio entre uma economia coletivizada e a mais ampla liberdade democrática. No dia 20, porém, começavam em território tcheco as manobras do Pacto de Varsóvia.

Tragédia à americana

Enquanto o movimento estudantil agitava a Europa e a América Latina e a luta pelos direitos civis prosseguia tensa nos Estados Unidos, depois da morte de Martin Luther King, um acontecimento inesperado devolveu aos americanos o gosto amargo das tragédias. Em 5 de junho, o senador americano Robert (Bob) Kennedy, candidato a candidato à Presidência dos Estados Unidos, comemorava com numerosos simpatizantes, no salão do Hotel Ambassador, em Los Angeles, o resultado das primárias do Partido Democrata na Califórnia. Bob havia acabado de fazer um discurso, em que anunciava sua vitória na prévia, e saía do salão, acompanhado por alguns de seus auxiliares mais diretos. Antes de deixar a tribuna, montada num palco, dirigiu-se aos correligionários e disse: "Agora, vamos à vitória em Chicago." Era lá que seria realizada a convenção democrata. Logo depois, entrou num corredor situado atrás da tribuna.

Nesse corredor, que levava à cozinha, por onde Bob seguiria para seu quarto por um elevador de serviço, se encontrava um árabe palestino, pequeno, muito jovem, que vestia camiseta e blusão. Estava armado. O homem, mais tarde identificado como Sirhan Bishara Sirhan, disparou sete ou oito tiros de uma distância de cerca de três metros. Bob Kennedy caiu, sangrando. Dois tiros o tinham atingido na cabeça. Sua mulher, Ethel, debruçou-se sobre ele, enquanto o senador tentava balbuciar algo. Ela pediu a todos que se afastassem para que ele pudesse respirar.

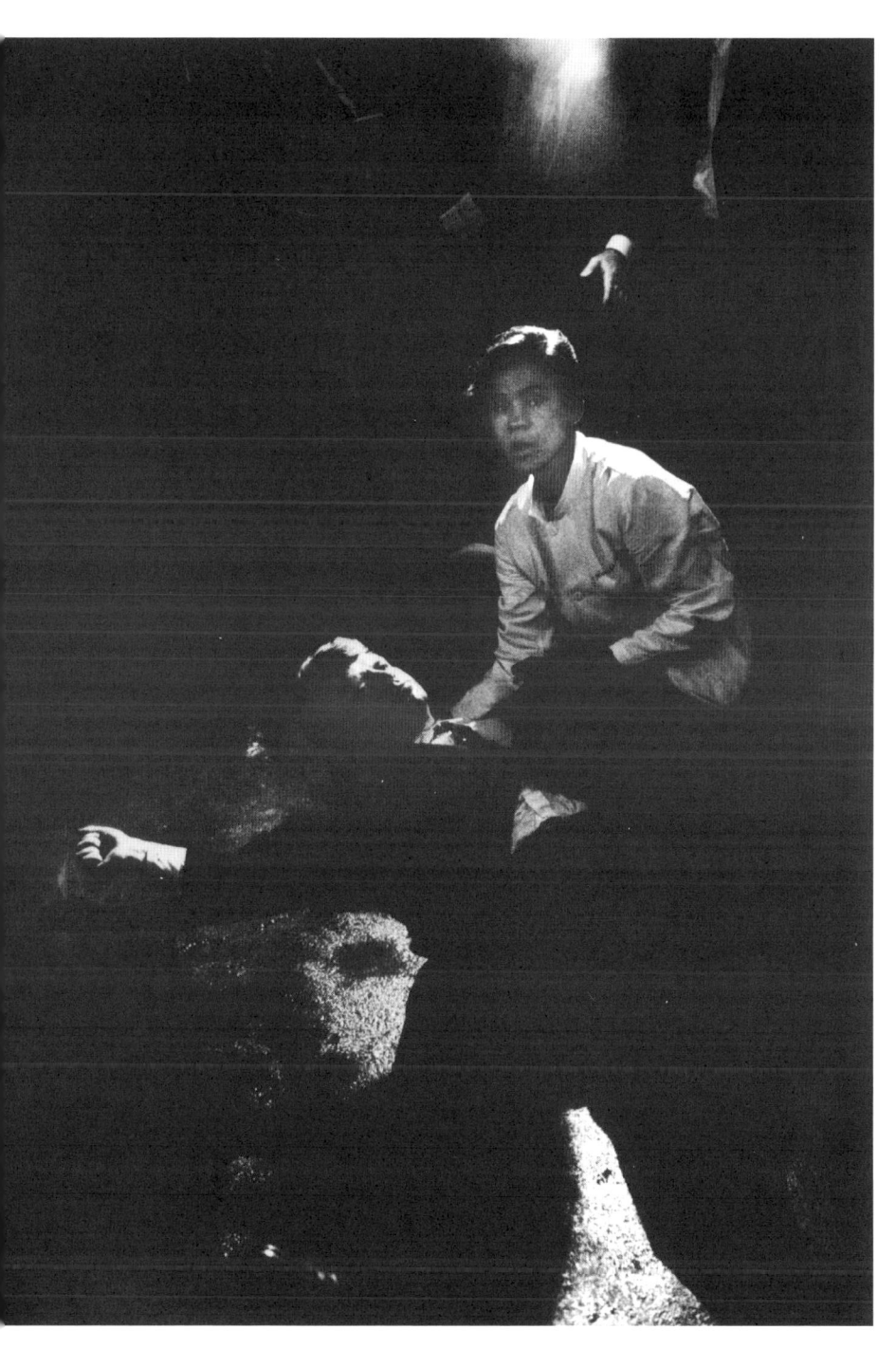

*Mortalmente ferido na cabeça, Bob Kennedy agoniza no chão da cozinha
de um hotel em Los Angeles*

Todos estavam perplexos e desorientados. Uma multidão avançou sobre o atirador para tentar dominá-lo e os partidários de Bob gritavam para que o deixassem vivo. Os alto-falantes não paravam de solicitar a presença de um médico. Ethel implorava que não o machucassem e perguntava aos gritos se ele ia ficar bem. Bob agonizava. Havia outras cinco pessoas feridas, entre elas uma voluntária adolescente e o principal assessor da campanha de Kennedy, Stephen Smith.

Bob Kennedy foi levado inconsciente para o hospital e operado por uma equipe de neurocirurgiões, mas morreu no dia 6 de junho, 26 horas após ser atingido. Sirhan foi preso no ato e, depois de julgado, enviado à pe-

---

Bob, a CIA, a máfia e os cubanos

No dia 4 de abril de 1968, um abatido Bob Kennedy anunciava em Indianápolis, Indiana, para uma multidão que assistia a seu comício, o assassinato de Martin Luther King:

"Tenho notícias muito tristes para vocês. É que Martin Luther King foi baleado e morto em Memphis, Tennessee. Ele dedicou sua vida ao amor e à justiça entre os homens e morreu lutando por essa causa. Neste dia difícil para os Estados Unidos, é o caso de perguntar que espécie de nação nós somos e em que direção queremos ir. ... O que precisamos nos Estados Unidos não é de divisão, nem ódio, nem violência, nem balbúrdia, mas de amor e sabedoria e compaixão uns para com os outros e sentimento de justiça para com aqueles que ainda sofrem em nosso país, brancos ou negros."

Dois meses depois de anunciar a morte de Luther King e afirmar a estudantes que reabriria o caso do assassinato de seu irmão, Bob, defensor dos direitos civis e favorável à retirada americana do Vietnã, foi ele próprio assassinado, em um atentado em 5 de junho, que o matou no dia seguinte. Bob morreu sem conseguir provar ou sequer denunciar quem matara seu irmão, o ex-presidente John Kennedy, em 1963.

Fora a CIA? Foram os cubanos anti-Fidel Castro? Fora a máfia americana? Em seu livro *Brothers*, lançado em 2007, o escritor americano David Talbot revolveu os acontecimentos de 1968 e relatou investigações de Bob Kennedy sobre a participação da CIA, junto com o "submundo de Miami de espiões, gângsters e militantes cubanos", no assassinato de John. Talbot afirma que crescentes evidências comprovam que Bob investigava a morte do irmão e estava na trilha certa antes de ser também assassinado.

Bob Kennedy era não apenas o secretário de Justiça dos Estados Unidos, no momento do assassinato de John Kennedy, mas também seu parceiro mais devoto

nitenciária de Corcoran State, na Califórnia, onde cumpre pena de prisão perpétua. As razões que levaram Sirhan a assassinar Bob Kennedy ainda são nebulosas, assim como são nebulosas as conclusões sobre o assassinato de seu irmão, o presidente John Kennedy, anos antes, em 1963. Quando foi morto, Bob investigava a máfia americana e a máfia de exilados cubanos, em conivência com a CIA, como os mandantes do crime contra seu irmão. Por uma coincidência sinistra, dois meses antes de morrer, Bob Kennedy anunciara, em abril, a morte de Martin Luther King, também assassinado, e havia dito compreender a dor pela morte do líder pacifista, porque ele mesmo sentira a mesma dor.

e o homem que recebera as incumbências mais difíceis do governo, que envolviam desde direitos civis e crime organizado até relações com Cuba, o ponto nevrálgico da Guerra Fria na época.

A ousada presidência de Kennedy colocava em risco os interesses dentro e fora do governo americano e, segundo Talbot, sua recusa em apoiar adequadamente a invasão da baía dos Porcos enfurecera a CIA, que considerava sua atitude uma aproximação com Cuba. John e Bob também ganharam a ira da máfia quando o Departamento de Justiça, liderado por Bob, tentou quebrar sua espinha dorsal. O presidente fizera inimigos ainda entre os conservadores do Sul, por causa de sua postura de apoio aos direitos civis. Além disso, seus planos para dar um fim à Guerra do Vietnã eram inadmissíveis para o establishment militar dos Estados Unidos.

Para Talbot, John Kennedy desafiou todas as premissas da Guerra Fria, entre elas a de que um confronto com o comunismo seria inevitável se a então União Soviética sobrevivesse e a de que protestos internos comprometiam os interesses do país.

Eram muitos os inimigos e, segundo o autor do livro, Bob estava consumido pela necessidade de saber a verdadeira história sobre o assassinato de seu irmão. Bob aprendera a trabalhar em sigilo. Sem deixar transparecer que investigava a morte de John, viajou ao México para procurar informações sobre a misteriosa viagem, em setembro de 1963, de Lee Oswald, assassino de John, dois meses antes do crime, e fez suas próprias investigações em silêncio. Talbot acredita que Bob estava chegando perto de descobrir toda a trama do assassinato e ela envolveria a CIA, a máfia e os anticastristas.

Muitos anos depois, em 2007, foi descoberto que o grupo de oficiais da CIA suspeito do assassinato do presidente estava presente, mesmo sem ter função determinada, no hotel onde foi assassinado Bob, o candidato democrata com grandes chances de chegar à Presidência.

Procura-se uma utopia

Vladimir Palmeira foi uma das figuras mais emblemáticas do 68 brasileiro, mesmo tendo passado boa parte do ano atrás das grades. Na época, um dos principais líderes do movimento estudantil no Rio de Janeiro, Vladimir acredita que o ano foi uma explosão de criatividade que mudou definitivamente a maneira de ver o mundo. Para ele, aquela geração conduziu uma tranformação importante, ao romper com as tradições, provocar uma quebra geracional e isolar os focos de autoritarismo, inclusive no Brasil. Reconhece, no entanto, que não se constituiu nenhuma nova mudança teórica e que 1968 ajudou a liquidar o passado, mas não construiu o futuro. Além disso, formou uma série de pensadores que atiravam cada um para um lado. "A esquerda vai ter que tirar do saquinho um novo pensamento e estabelecer que grau de utopia a gente vai ter."

No plano pessoal, a primeira coisa que lhe vem à cabeça quando a conversa recai sobre os acontecimentos daquele ano são os confrontos com a polícia e as mudanças na vida. Na adolescência, em Maceió e no Rio, vivia numa estrutura "careta", tradicional, mas a convivência na universidade mudou muito o seu comportamento. Ele se lembra, com espanto, da liberdade de sair para namorar, jantar com amigos, transar com meninas, colegas. Na adolescência, as moças que transavam antes do casamento eram malvistas. A liberdade sexual foi uma revelação, especialmente para quem vinha de uma realidade onde a iniciação sexual se dava com prostitutas.

Foi uma verdadeira revolução em relação aos padrões familiares, lembra Vladimir, rindo, bem-humorado, daquilo que considera exageros do período: "Em determinada época, na Dissidência Comunista da Guanabara (DI), você tinha que discutir seus problemas pessoais com todo mundo. Um horror. Era um festival de mentiras. Mas fazer o quê? Estávamos renegando a família. Esse rompimento marca, não é? Foi uma juventude de descobertas, sair em bando para ir ao cinema, discutir, namorar, jantar com os amigos. Tudo isso era muito diferente da vida padrão que levava em casa. Mas as brigas, os confrontos com a polícia, são a primeira coisa que 68 me lembra", diz.

Para Vladimir, o movimento estudantil aconteceu muito mais em função da vontade da massa do que das lideranças. "Nós procurávamos ajudar, é claro, mas quem decidia era a massa. Quantas vezes, quantos dias, entrávamos nas salas de aula para chamar os estudantes para fazer alguma coisa e ninguém se mexia, ninguém saía do lugar? Convocávamos uma assembleia. Vazia. Mas chegou um dia em que convocamos de novo. Encheu. E a gente não sabia muito bem por quê."

A seguir, o depoimento de Vladimir:

"A reorganização do movimento estudantil, depois do golpe, foi acontecendo sob a vigilância constante da polícia. Até o AI-5 tivemos uma ditadura, digamos, branda, mas isso não impedia uma violência desmedida da polícia, presente em todos os momentos nas escolas. Mas assim que a polícia saía, lá estávamos nós de novo. Tinha violência, mas não a ponto de impedir nossas manifestações. Por outro lado, tínhamos o apoio da imprensa ou, pelo menos, ela noticiava o que fazíamos. Às vezes vinham com matérias esculhambando a gente.

A repressão e as péssimas condições das escolas, aliadas à insatisfatória qualidade no nível de ensino e ao autoritarismo – havia professores que sequer admitiam que os alunos fizessem perguntas –, foram alimentando

Vladimir Palmeira agitando as massas

os protestos e colocando mais gente nas manifestações e assembleias. No período que antecedeu 68, a luta contra o pagamento de anuidades teve um papel importante e foram pipocando, num crescendo, protestos isolados em vários lugares do país, com a massa encontrando soluções criativas para os problemas que surgiam, como, por exemplo, durante as passeatas e comícios relâmpagos, caminhar na contramão pela avenida Rio Branco, no Centro do Rio de Janeiro, para dificultar a repressão policial.

Em 68, mais experientes, os estudantes lutavam por mais verbas, o que chamava a discussão para todos os problemas estruturais da universidade, coisa que a luta contra as anuidades, que os pais geralmente pagavam, não permitia. Pediam mais vagas nas universidades, melhor qualidade no ensino e matrículas para os excedentes. E nesse caldo de cultura atraíram setores da classe média que se sentiam traídos pelo golpe.

Eu acho que 1968 foi realmente um ano de transição. O Zuenir [Ventura] diz que é o ano que não terminou. Eu acho que é o ano que não começou. Por que de transição? De um lado porque 68, com o AI-5 inclusive, é a última onda do movimento que começou em 64. É o ano do acerto da classe média, até então a grande aliada das manifestações de massa do golpe, com os militares e com a burguesia financeira e industrial, que foi a única a ficar por ali apoiando a ditadura. Se você notar, em 64 a aristocracia da terra se afastou da ditadura por causa do Estatuto da Terra. Depois foi a vez da classe média. Só ficou o núcleo duro, mais ligado ao capital internacional, ao novo sistema financeiro e aos grandes empresários. Ao mesmo tempo, foi o momento do acerto de contas entre as forças mais duras da ditadura e o setor mais brando. Eles cortaram cabeças na própria elite das classes dominantes, inclusive da Arena, cassando e prendendo lideranças políticas, algumas que chegaram a apoiar o golpe, como [Carlos] Lacerda.

Nesse acerto, veja bem, de um lado estava o passado. De outro, o futuro. Por quê? Porque o grande confronto era com a juventude. Essa juventude que expressou, junto com alguns setores da classe média, um gesto de futuro, rompendo com uma série de tradições de natureza familiar e de natureza política. Foi um rompimento, por exemplo, com o autoritarismo dos partidos comunistas. Nessa época, falar mal da União Soviética era ser um anticomunista, um reacionário. Esse antiautoritarismo político da gente, no entanto, era imperfeito e transitório, já que a gente achava a Revolução Cultural Proletária na China interessante, embora ela fosse uma das manifestações de autoritarismo mais terríveis da história.

Chegou um momento em que não tínhamos mais lei. A União Soviética, a igreja oficial do marxismo, não servia mais. O "partidão" (PCB) não ditava mais nada, tinha se esvaziado. Surgiu então o novo antiautoritarismo, um novo tipo de esquerda que reivindicava a luta armada e o socialismo. A postura da nossa geração foi muito crítica e decidiu marchar por caminhos nunca antes percorridos, como o da luta armada. Equivocado, errado, mas era um caminho diferente. Essa geração rompeu com muitas das antigas relações sociais e desenvolveu um pensamento crítico que permanece até hoje.

Eu acho que foi uma mudança importante. Uma quebra geracional. Essa geração significou uma mudança substancial em relação ao Brasil. Isolou os focos do autoritarismo. Tem coisas com as quais nem eu concordo. Houve uma época em que o pessoal lia muito Summer Hill (escola democrática inglesa caracterizada por dois princípios básicos: os alunos decidem se querem ou não assistir às aulas e participam das assembleias que decidem tudo em relação à escola). Os pais de 68 são Summer Hill demais para o meu gosto. Os filhos de 68 foram criados de uma forma tão anárquica que começaram a não gostar daquilo, a ser conservadores, a achar que aquilo era uma bagunça. Mas foi uma ruptura, sem dúvida, para o bem ou para o mal, especialmente no campo do comportamento.

A geração de 68 realmente construiu famílias diferentes, não só pelas atividades políticas, que nos levavam de um canto para outro e separavam casamentos, mas porque, de uma forma geral, estruturou relações familiares diferentes e exerceu influência sobre toda a sociedade. Antecipou novos valores. Abriu uma linha de pensamento crítico, permitindo que muita gente que tinha ido para a academia ensinasse ou escrevesse artigos criticando o sistema sob uma nova ótica. Foi uma explosão de criatividade muito rica que mudou o olhar de todo mundo.

Agora, 68 é uma transição. Sim. Mas para onde? Não sei, não acabou. Nunca mais a esquerda se reconstituiu como era. E nem sei se vai conseguir. A marcha da história criou um outro padrão. Já criticou a União Soviética, teve esperança na China, admirou Cuba. Se um processo de socialismo foi ficando ultrapassado, era a geração seguinte que conduzia a crítica. Aconteceu conosco. Mas apenas para descobrir que o buraco era mais embaixo. Aquilo desabou. Imaginávamos que era ruim, mas era pior. Não se sustentava.

Com as novas mudanças no campo da tecnologia, temos hoje uma sociedade completamente diferente. Mudou muito. São outros padrões, diferentes daqueles em que nós fomos criados. O marxismo entrou em crise, não porque não fosse bom, mas porque é datado. Exatamente por isso uma parte do marxismo não tem jeito. Marx falava que a classe operária iria acabar, o próprio comunismo iria acabar com ela. Quando eu voltei do exílio, no final dos anos 70, já estava acabando, o capitalismo estava acabando com a classe operária. Eu dizia isso para horror de alguns intelectuais que, claro, me esculhambavam. O problema era estrutural. Começou um processo de automação muito acentuado nas indústrias. Nos Estados Unidos, ninguém queria mais trabalhar na linha de montagem. A classe operária tinha perdido força política e econômica na Europa. Isso era uma discussão comum quando andávamos exilados por lá. Todos os parâmetros caíram por terra. A esquerda vai ter que tirar do saquinho um novo pensamento e estabelecer que grau de utopia a gente vai ter.

Não se constituiu nenhuma nova mudança teórica. O ano de 1968 ajudou a liquidar o passado, mas não construiu o futuro. Formou uma série de pensadores, cada um atirando para um lado. Não vai ser por nós, mas alguma coisa vai ser construída. Talvez não seja por parte de um novo Marx, ou um outro Engels, mas algo vai surgir. Não sei como vai ser feito isso. Este século é fundamental não apenas porque está mudando a tecnologia, mas porque está mexendo na própria essência da sociedade humana. Marx dizia que o primeiro ato do homem é produzir e reproduzir. Além de questões fundamentais como automação, cibernética, inteligência artificial, extensão da vida ou nanotecnologia, este século está tratando de questões como transplantes, clonagem ou células-tronco, que vão mudar o próprio corpo humano. Portanto, estamos entrando no terreno da reprodução. Sexo e morte são as duas questões que fazem a sociedade humana avançar rapidamente. O homem consegue prolongar sua vida e a taxa de natalidade está caindo."

Um novo mundo surge no horizonte?

Julho

A atração pela maçã que reluzia

Segunda metade do ano. Acontecimentos de tirar o fôlego se sucediam num ritmo alucinante. Passados seis meses, já estava claro que esse ano não seria igual ao que passou e, provavelmente, a nenhum outro do século XX. No início de julho, um episódio bizarro provocou mais risos do que temores entre os estudantes paulistas: uma bela espiã infiltrada pela polícia fora desmascarada na Faculdade de Filosofia da USP. Seu poético e inocente codinome era Maçã Dourada. Seu nome verdadeiro: Heloísa Helena.

Ela se aproximara principalmente de José Dirceu, presidente da União Estadual dos Estudantes (UEE), aproveitando-se da fama de mulherengo do jovem líder estudantil, de quem se tornou namorada. Maçã Dourada acabou por despertar suspeitas entre os estudantes e uma revista em seu apartamento revelou documentos que a ligavam ao Dops e ao delegado Sérgio Paranhos Fleury. Maçã Dourada foi desmascarada e um risonho José Dirceu admitiria em entrevistas posteriores que com essa história "pagou o maior mico".

As aventuras do diário de Che

Também no começo de julho, no dia 1º, foi publicado em Havana, Cuba, com toda pompa e circunstância, o diário que Che Guevara escrevera durante sua fracassada campanha para criar um foco guerrilheiro na Bolívia. Guevara sonhava fazer da cordilheira dos Andes a Sierra Maestra da América do Sul. Fora em Sierra Maestra que ele e Fidel Castro se refugiaram com um punhado de homens depois do desastroso naufrágio do iate *Granma*, no litoral cubano. Lá, eles conseguiram se reorganizar, instalaram uma imbatível guerrilha e partiram para tomar Havana e o poder em Cuba. Mas na Bolívia nada daria certo para Guevara e seu pequeno grupo de guerrilheiros.

Depois de enfrentar incontáveis dificuldades, colecionar muitas derrotas e não conseguir romper o isolamento político e militar, Guevara foi aprisionado no dia 8 de outubro de 1967 e morto no dia seguinte, por ordens da CIA, nos arredores de um miserável lugarejo chamado La Higuera, nos Andes bolivianos, com uma rajada de oito tiros de fuzil disparada pelo sargento Mario Teran Salazar. O comandante da operação que cercou e matou Guevara era o major boliviano Gary Prado.

A saída do diário da Bolívia e sua chegada a Havana, apenas oito meses depois do assassinato do líder guerrilheiro, é uma fascinante história digna dos melhores episódios do realismo mágico latino-americano. O diário estava na mochila de Guevara, apreendida pelos militares bolivianos. Antes mesmo de ser encaminhado para o Ministério do Interior da Bolívia, foi imediatamente fotocopiado pelos agentes da CIA que assessoravam a operação e enviado para Washington.

Depois de ser lido pelo então ditador René Barrientos, chefe do governo boliviano, foi parar nas mãos de Antonio Arguedas Manieta, ministro do Interior e segundo homem mais poderoso da Bolívia. Em janeiro de 68, Arguedas utilizou um amigo, o jornalista e advogado boliviano Victor Zannier, para comunicar, em Santiago, ao grupo de jornalistas da revista chilena *Punto Final* – que tinha bom trânsito em Havana – seu desejo de entregar o diário a Fidel. A decisão de Arguedas, conhecido por suas posições reacionárias de extrema direita, a princípio causou suspeitas e desconfiança. O ministro alegou que seu ato era um protesto contra as constantes intervenções americanas nos assuntos internos da Bolívia. Os chilenos decidiram arriscar e, para fazer o traslado do texto, montaram uma operação chamada Tia Vitória.

Che Guevara na foto de Alberto Korda: o símbolo mais popular da esquerda

Fidel Castro mostra uma foto em que o general Ovando Candia comemora com outros militares bolivianos o assassinato de Che Guevara

O sucesso da operação e o reconhecimento por parte de Fidel e do próprio governo da Bolívia – a contragosto – de que o texto era verdadeiro bloquearam os planos de publicação de falsos diários, entre eles um de autoria da CIA, e a tentativa de militares bolivianos, com a cumplicidade do presidente René Barrientos, de vender o documento verdadeiro para editoras internacionais por US$500 mil. Em 1969, Arguedas utilizaria novamente seu amigo Zannier, dessa vez para fazer chegar a Cuba uma caixa de madeira onde estavam as mãos de Guevara, amputadas pelos militares em La Higuera, com o objetivo de confirmar o reconhecimento do corpo do guerrilheiro através de suas impressões digitais.

O diário saiu da Bolívia escondido na capa e contracapa de um disco de canções folclóricas andinas e foi imediatamente levado para Cuba pelo jornalista chileno Mário Díaz. No prólogo da primeira edição do diário, Fidel não comenta como o texto chegou às suas mãos. Tudo o que ele diz sobre isto é: "Algum dia se saberá."

Uma semana após a publicação do diário, Arguedas foi responsabilizado pelo vazamento pela segurança boliviana. Ele fugiu e algum tempo depois apareceu no Chile, onde ficou sob a "proteção" das autoridades chilenas. O presidente René Barrientos disse em uma entrevista que não sabia se Arguedas "fugiu, foi sequestrado ou se colocou à frente dos guerrilheiros que sobreviveram a Che". Numa tumultuada e estranha entrevista coletiva em Santiago, conduzida por um policial, Arguedas diria: "Não tive a honra de conhecer o comandante Ernesto Che Guevara e não sou um agente comunista internacional. Sou um revolucionário da grande pátria latino-americana."

A história de Arguedas é marcada por contradições de difícil compreensão. Foi o responsável pelo combate à guerrilha de Che e, ao mesmo tempo, entregou o diário às autoridades cubanas. Perseguiu e protegeu guerrilheiros e militantes de esquerda. Foi reconhecidamente (desde 1966) um agente da CIA e se exilou em Cuba. Dizia-se admirador de Fidel Castro e foi militante de uma organização anticastrista chamada C-4, que também alegava combater o narcotráfico e a corrupção. Político tradicional, pregou a luta armada. Participou de sequestros de empresários. Viajou por países latino-americanos. Envolveu-se com narcotraficantes. Voltou para a Bolívia. Negou ter sido responsável pela entrega do diário a Fidel. Foi preso. Saiu da prisão. Foi acusado de comandar grupos armados. Em fevereiro de 2000, em La Paz, uma bomba explodiu em suas mãos. Seu corpo ficou irreconhecível. As autoridades bolivianas garantiram que era Arguedas. Documentos falsos diziam que o morto se chamava Severo Lazcano. Muitos duvidaram. Depois que as palavras de Che chegaram a Havana, após muitas peripécias, o diário se transformou num dos textos mais lidos de todos os tempos.

Bomba na ABI

No Brasil, a luta continuava. Entidades que defendiam as liberdades democráticas e os direitos humanos e se posicionavam contra a ditadura eram alvos de atentados. No dia 22 de julho, uma bomba explodiu no prédio da Associação Brasileira de Imprensa (ABI), no Rio de Janeiro. Numa grotesca provocação, uma bomba foi atirada contra o Dops, em São Paulo. Os autores, da extrema direita, tentaram incriminar grupos de esquerda pelo atentado, mas acabaram assumindo a autoria.

Também em julho, o CCC atacou o Teatro Ruth Escobar, em São Paulo, onde estava sendo exibida a peça *Roda viva*, espancando os atores e destruindo os cenários. Antes que o mês terminasse, o CCC voltaria a atacar o Ruth Escobar, novamente ameaçando atores e danificando cenários.

Em uma das primeiras greves operárias pós-golpe militar, 15 mil trabalhadores cruzaram os braços em Osasco no dia 16 de julho. Movimentos de solidariedade explodiam em todo o país.

Numa capenga tentativa de dialogar com a sociedade, o general Costa e Silva decidiu receber, no Palácio do Planalto, uma comissão popular com representantes de todos os "setores sociais" que participaram da impressionante passeata realizada no dia 26 de junho, no Rio de Janeiro, e que entraria para a história como a "dos Cem Mil". Participavam da comissão, entre outros, o psicanalista Helio Pellegrino, os estudantes Marcos Medeiros e Franklin Martins, o professor de filosofia José Américo Pessanha, o futuro governador do Rio de Janeiro Marcello Alencar e o futuro senador Mário Martins.

A greve de operários em Osasco paralisou mais de 15 mil trabalhadores e foi reprimida com violência

Eles que amavam tanto a revolução

José Ibrahin
líder operário

José "Zé" Ibrahin foi uma das mais importantes lideranças operárias surgidas no país após o golpe militar de 1964. Com apenas 21 anos, em 1967, foi eleito presidente do Sindicato dos Metalúrgicos de Osasco (SP). Em 1968, dirigiu a segunda greve operária durante a ditadura militar. Detido no início de 1969, foi um dos 15 presos políticos trocados pelo embaixador americano, Charles Elbrick, sequestrado no Rio de Janeiro. Viveu exilado no Panamá, Bélgica, Cuba e Chile. Retornou ao Brasil com a anistia, participou da fundação do Partido dos Trabalhadores, militou no PDT e no Partido Verde. Em depoimento a Silvio Da-Rin, para o documentário *Hércules 56*, que está registrado no livro *Hércules 56*, ele enfatiza a importância da militância operária em 68, critica a luta armada, que considera "um grande equívoco", mas ressalta que "é fácil falar hoje".

Para ele, a luta armada "foi uma experiência, mas uma experiência que custou muito caro. Muita gente foi para o sacrifício, principalmente os jovens. Mas acho que foi uma coisa da época mesmo". Sobre o que influenciava esses jovens, ele diz: "Nós tínhamos a Revolução Cubana, tivemos a radicalização de massa na Europa, o Congresso da Olas (Organização Latino-Americana de Solidariedade, criada em Cuba para articular os diferentes grupos revolucionários atuantes no continente), tinha a figura mágica e heroica do Che, que nos inspirava muito."

Ele se considera um sobrevivente: "Poderia ter ficado pelo meio do caminho também, como tantos ficaram. Podíamos morrer, como podíamos não morrer; ser preso ou não ser preso. No caso, fui preso e não morri. Tem muita gente que nem foi presa, mas morreu em tiroteio. Outros foram presos e mortos na tortura. Era isto. Agora, todos estávamos dispostos a isto, por isso é que eu digo que foi um sacrifício."

Ibrahin liderou a manifestação de trabalhadores no 1º de Maio de 1968, quando operários fizeram um protesto na praça da Sé, em São Paulo, tomaram o palanque oficial e puseram para correr o governador Abreu Sodré e outras autoridades, num dos protestos de maior repercussão do ano. Ibrahin conta que "mobilizamos Osasco inteiro ... tudo muito articulado para tomar o palanque e fazer o 1º de Maio como nós queríamos. Eu era o terceiro orador inscrito. Quando me chamaram ao palanque oficial era o sinal. Eu não fui, não subi. O pessoal dizia que o palanque era da ditadura e que eu não participava de palanque da ditadura. Foi então que tomamos o palanque, montamos uma tropa de choque, batemos na polícia. ... e fizemos o 1º de Maio nosso. Depois saímos em passeata. E aquilo acendeu a temperatura dentro das fábricas".

Depois de laboriosas negociações para permitir sua realização, que irritava a cúpula militar, o encontro da comissão com Costa e Silva quase foi torpedeado pelo cerimonial do palácio, que, intransigente, não queria permitir a participação de Franklin Martins por ele estar sem paletó. Frente à determinação dos outros membros da comissão, que ameaçavam boicotar o encontro, o impasse foi rompido – depois de complicadas manobras diplomáticas – com o empréstimo de um paletó e a concordância de Franklin em usá-lo. Mas, com ou sem paletó, o encontro de Costa e Silva com a comissão tinha tudo para dar errado. E, como era esperado, deu.

Ainda no início de julho, os estudantes cariocas conseguiram mobilizar cerca de 50 mil pessoas numa grande passeata contra a ditadura que transcorreu pacificamente. Esta pode ser considerada uma das últimas manifestações estudantis de peso de 1968 que conseguiu juntar uma multidão e terminar sem incidentes. O segundo semestre do ano seria marcado por atos públicos com um número cada vez menor de manifestantes que, por outro lado, eram reprimidos com uma violência cada vez maior pela polícia e as Forças Armadas da ditadura militar.

O domínio do mal: O bebê de Rosemary

Enquanto os jovens saíam às ruas para promover agitações políticas e sociais, no campo da contracultura crescia o fascínio pelas "forças do mal". O filme *O bebê de Rosemary*, lançado por Roman Polanski, que se transformaria rapidamente num clássico, seguia um pouco a linha bem-comportada dos filmes de terror de até então, que inquietavam mais pela construção de um clima mórbido e de situações angustiantes do que por cenas de horror explícito.

Baseado no livro de sucesso de Ira Levin, a história é simples e

Mia Farrow e John Cassavetes em O bebê de Rosemary, *uma obra-prima do terror*

Vidal Sassoon, o fazedor de cabeças

Quem prestar atenção nos diálogos do filme *O bebê de Rosemary*, de Roman Polanski, perceberá que Rosemary/Mia Farrow menciona duas vezes que cortou seus cabelos no Vidal Sassoon. Trata-se do célebre cabeleireiro que fez a cabeça de muita gente famosa e que era moda em 1968. Filho de mãe ucraniana e pai grego de origem iraquiana, ambos judeus, Vidal Sassoon nasceu em Londres, onde abriu seu salão no início da década de 1960. Inventou o estilo natural (*wash-and-wear*), sem laquê, que valorizava os cortes geométricos, porém orgânicos, e o brilho. E os cabelos da moda deveriam ser negros e lisos. Rosemary era loura, mas no filme cortou os cabelos bem curtinhos, à la Vidal.

Sassoon modernizou os salões de cabeleireiros, dando ao seu estabelecimento uma direção comercial e transformando sua arte numa indústria milionária. Era a sensação em Londres e tornou-se marca internacional de produtos para o cabelo. Mais tarde, por volta de 1980, ele se mudou para os Estados Unidos. Em 2002, a cadeia de salões Vidal Sassoon foi vendida. Em 2004, Sassoon não tinha mais ligações com a marca que levava seu nome. Escreveu vários livros e criou, em 1982, o Centro Internacional Vidal Sassoon para o Estudo do Antissemitismo. Talvez por essa razão Polanski, que era judeu, viveu no gueto e teve mãe e irmã assassinadas em campos de concentração, tenha dado a Vidal Sassoon a divulgação que deu em seu filme.

apavorante: jovem recém-casada, a frágil Rosemary (numa fantástica interpretação de Mia Farrow) muda-se com o marido, Guy (John Cassavetes), um ator desempregado, para um edifício soturno (Dakota) em Nova York. Logo, ela começa a desconfiar que ele está envolvido com magia negra (junto com simpáticos vizinhos idosos) e que, em troca de sucesso, quer entregar seu filho para rituais macabros. O filme narra a luta de Rosemary para manter a criança longe desses malfeitores, mas ela é surpreendida no final: seu filho não era de Guy, mas do Demônio.

Foi o primeiro filme do polonês Polanski rodado nos Estados Unidos e tornou-se uma obra-prima do terror psicológico, apesar de apresentar momentos fortíssimos, como as impressionantes cenas do Demônio copulando com Rosemary. Imagens como essas provocaram a reação da Igreja católica, que classificou o filme como blasfêmia e tentou impedir sua exibição.

O filme abriu uma série de trabalhos sobre cultos macabros e demônios na época e foi precursor de outros clássicos, como *O exorcista* (*The Exorcist*) e *A profecia* (*The Omen*). Diz-se que, para ajudar nas cenas de rituais e cânticos satânicos, Polanski contou com a consultoria de Anton LaVey, fundador da Igreja de Satã e autor de *The Satanic Bibles*. E, como não podia deixar de ser, o filme trouxe suas maldições. Foi durante as filmagens de *O bebê de Rosemary* que Mia Farrow se divorciou de Frank Sinatra. Um ano depois do lançamento, veio o pior: a mulher de Polanski, a atriz Sharon Tate, foi assassinada brutalmente pelos fanáticos seguidores de Charles Manson, que cultuava o Demo. Foi um dos episódios mais violentos da década de 1960 e ajudaria a destruir a contracultura. Mais tarde, em 1980, na frente do mesmo edifício Dakota onde o filme foi rodado, o ex-beatle John Lennon foi assassinado.

De uma forma diferente, mas com o mesmo impacto de *O bebê de Rosemary*, seria lançado em outubro de 1968, pelo diretor George Romero, outro filme sinistro. Era *A noite dos mortos-vivos* (*Night of the Living Dead*), uma fita de horror independente. Marcou época porque transformou o morto-vivo na principal criatura do horror cinematográfico, desbancando vampiros, múmias, lobisomens e monstros que sempre assombraram as produções do gênero. A história parece simples: sete pessoas ficam presas numa fazenda enquanto são atacadas por zumbis. Até então, os zumbis eram quase pacíficos e não praticavam o canibalismo, mas os zumbis de Romero eram horripilantes e cometiam atrocidades terríveis.

Para coroar a tendência demoníaca, os *bad boys* Rolling Stones presentearam Satã com a música "Sympathy for the Devil", onde o Senhor das Trevas é retratado como um anti-herói e suas maldades servem como contraponto à ordem social "careta". Em 1968, até o Coisa Ruim andou aprontando.

O Brasil também produzia suas malvadezas. A maior delas, em termos de cinema, era, claro, a produção cinematograficamente horripilante de José Mojica Marins, o popular Zé do Caixão. Mojica lançou em 1968 *Esta noite encarnarei no teu cadáver*, cujo protagonista, além de muitos outros horrores, gostava de soltar aranhas e cobras em cima de garotas indefesas e medrosas. Zé do Caixão, personagem criado por Mojica em 1963, depois de ele ser atormentado por um pesadelo no qual um vulto o arrastava até seu próprio túmulo, tornou-se popular nos anos 60. Sua primeira aparição foi em *À meia-noite levarei sua alma*, que, como todos os seus outros trabalhos da época, teve problemas com a Censura. Além do terror, os filmes continham sempre cenas eróticas. Zé do Caixão passou a ser cult. Mas continua mau feito o Pica-Pau.

O pacifismo e o monopólio nuclear

No terreno das bondades, despontava no mundo, com vigor, o pacifismo. O embrionário movimento pacifista, que surgira depois da Segunda Guerra

Mundial e em consequência da Guerra Fria, começava a se organizar e a ganhar força a partir dos protestos contra a Guerra do Vietnã e do polêmico Tratado de Não Proliferação Nuclear (TNP), criado pela Organização das Nações Unidas (ONU). Nessa época foram fincadas as bases para o movimento, que fortaleceria sua participação política até o final do século XX.

Aprovado em Nova York pela Assembleia-Geral da ONU em 12 de junho de 1968, o TNP nasceu com o objetivo de evitar a proliferação do armamento atômico. No início de julho, a ONU abriu para adesões ao tratado, que entraria em vigor em 1970. O acordo, um dos mais polêmicos da história do organismo, estabelecia o monopólio sobre as armas nucleares por parte dos cinco membros originais e permanentes que formavam o seu Conselho de Segurança: Estados Unidos, União Soviética, França, Inglaterra e China, mas reconhecia o direito inalienável de todos os seus signatários de investigar, produzir e usar a energia nuclear para fins pacíficos. O tratado, que tinha uma validade inicial de 25 anos, foi renovado em 11 de maio de 1995, em conferência em Nova York, por tempo indeterminado.

Orgulho e luta contra a discriminação

Marcada pela revolução dos costumes e o abismo entre as gerações, a década de 1960 e, em particular, o ano de 1968, que abrigou todo tipo de reivindicação de minorias, trouxe uma renovação para a luta pelos direitos homossexuais. Nos Estados Unidos, essa luta se deu de forma mais contundente. Nesse ano, ativistas fizeram duas manifestações com grande repercussão: uma na convenção da Associação Médica Americana, em São Francisco, e outra na Escola de Médicos e Cirurgiões da Universidade de Colúmbia, onde se realizava um congresso sobre homossexualismo.

Nos anos 50, o movimento homossexual internacional ganhara fôlego com a luta dos homossexuais americanos contra a "caça às bruxas" promovida pelo macarthismo, e os pequenos grupos que surgiram na época já anunciavam o poder que o movimento ganharia naquele país duas décadas depois. No dia 17 de julho de 1968, o *Wall Street Journal*, um dos principais jornais dos Estados Unidos, publicava um artigo defendendo o direito dos homossexuais e praticamente lançando as bases para um debate público, sem tabus. Mais ao norte, o vizinho Canadá removia de sua legislação todas as leis que condenavam as atividades sexuais não reprodutivas.

Em 6 de outubro de 1968, Troy Perry, um ex-pastor pentecostal americano, fun-

O movimento pacifista passou a criticar o TNP por conta do monopólio das cinco potências atômicas, que ganharam o direito de conservar seu armamento de destruição em massa enquanto as nações não nucleares deveriam renunciar definitivamente a esse tipo de arma.

O pacifismo ganhou contornos mais nítidos mundialmente depois que Washington inaugurou a era nuclear, com a detonação de duas bombas no Japão, e as cinco potências atômicas declaradas começaram a realizar milhares de testes nucleares. Mas foi certamente a Guerra do Vietnã que o impulsionou, até ele se diluir dentro do movimento ambientalista, no final do século XX.

Em 2006, depois que os Estados Unidos já haviam bombardeado e invadido o Iraque, mais da metade dos americanos passou a dizer que a invasão fora um erro. Essa posição, no entanto, não se refletiu em manifestações de protesto, como ocorreu durante a Guerra do Vietnã. Muita gente atribui essa inércia aos novos tempos e à incapacidade do movimento pacifista de encontrar uma mensagem coerente e aglutinadora. Nos

dava a primeira igreja evangélica gay, a Universal Fellowship of Metropolitan Community Churches (UFMMC), a maior congregação de homens e mulheres homossexuais de que se tinha notícia, com cerca de 300 igrejas em dez países, incluindo o Brasil. Com 28 anos e divorciado da mulher, Perry havia sido expulso da Igreja de Deus, carismática, por sua conduta não heterossexual.

A rebeldia jovem e a mudança de comportamento em 1968 acabaram preparando o terreno para que, no ano seguinte, um fato importante contribuísse fortemente para a luta contra a discriminação aos homossexuais. No dia 28 de junho de 1969, a polícia de Nova York promoveu uma de suas costumeiras "batidas" em um bar frequentado por gays,

o Stonewall, em Greenwich Village, expulsando mais de 200 clientes e prendendo o gerente, um porteiro e três travestis.

Ao se retirar do bar com os detentos, uma multidão enfurecida começou a atirar pedras e garrafas contra a polícia, que se entrincheirou no bar. Cansados das humilhações e perseguições, gays e travestis que estavam no bar também resistiram aos policiais e atearam fogo ao lugar. A batalha envolveu mais de 400 pessoas e prolongou-se durante toda a madrugada do dia 28, terminando com a chegada de reforços policiais. Os distúrbios de Stonewall deram origem ao movimento Gay Power e marcaram o início do protesto público contra a discriminação a homossexuais. A data passou a ser conhecida como Dia do Orgulho Gay.

anos 60, os movimentos estudantis, a luta pelos direitos civis e contra a discriminação racial e sexual, o feminismo, a existência do serviço militar obrigatório em situações de guerra e a filosofia hippie, que se inspirava nos ensinamentos orientais de paz e amor, levaram a um ativismo muito maior, que não se vê nos dias de hoje.

E o samba pediu passagem

Embora 1968 fosse mesmo da MPB e dos festivais que revelaram grandes artistas da música popular, o samba pedia passagem e esperava ocupar seu merecido lugar ao sol. Alguns anos antes, em 1963, o Zicartola promovera um ressurgimento do ritmo no Rio de Janeiro. Era um bar no Centro, comandado com quitutes e muita cerveja por dona Zica, mulher de Cartola, e pelo grande sambista da Mangueira, que andara sumido. Cartola foi redescoberto e compositores como Zé Kéti, Elton Medeiros, Nelson Cavaquinho e Paulinho da Viola foram apresentados ao público carioca da Zona Sul no Zicartola.

Também em 1963, os CPCs da UNE permitiram o surgimento de lugares especiais para a música e a dramaturgia, como o Teatro Opinião, que contava com a paixão de Nara Leão pela música brasileira e, mais tarde, o vigor de Maria Bethânia e a presença iluminada de artistas como Zé Kéti e João do Vale. O fato é que os anos 60 foram um tempo de redescoberta da identidade brasileira. Na música, no cinema, no teatro, a ordem do dia era a valorização da cultura nacional.

Assim, o espaço na televisão e nos festivais estava ocupado pela MPB. Em 68, o samba foi à luta. O protesto dos sambistas, endossado por jornalistas e críticos de música, principalmente os do Rio de Janeiro, reclamando que o samba não vinha tendo uma presença marcante nos festivais, abriu espaço para a criação da Bienal do Samba, realizada em julho de 1968, em São Paulo (com apenas uma outra edição, em 1971), que se tornou um contraponto aos festivais nacionais e internacionais. Muitos dos grandes sambistas do Brasil compareceram, alguns concorrendo, outros como convidados. Na Bienal, valia o voto do júri na música e o conjunto da obra do compositor.

Os participantes eram escolhidos por uma comissão especial e cada compositor indicado inscrevia a música que quisesse, sem julgamento prévio, desde que fosse inédita. Muitos grandes nomes foram desclassificados, inclusive na fase de seleção preliminar, como Wilson Batista, que morreria pouco depois.

O palco era o badalado Teatro Record, em São Paulo, e a grande divulgação que se fez do evento estimulou muitos compositores e intérpretes a participar. Era também uma oportunidade de os sambistas mostrarem seu trabalho. Assim,

Em fevereiro de 2003, os protestos globais contra a então iminente intervenção americana no Iraque chegaram a mobilizar milhares de pessoas no mundo inteiro e levaram o *New York Times* a mencionar a existência de duas superpotências: os Estados Unidos e a opinião pública mundial. Mas a segunda das "superpotências" não conseguiu evitar a guerra e o Iraque

---

músicos como Ismael Silva, Pixinguinha, Walfrido Silva, Wilson Batista, Cartola, Pedro Caetano, Claudionor Cruz, Germano Mathias, Jorge Veiga, Isaura Garcia, Nora Ney, Jorge Goulart, Demônios da Garoa, Adoniran Barbosa, Helena de Lima, Miltinho, Ciro Monteiro e Ataulfo Alves dividiram o palco com Chico Buarque, Elis Regina, Jair Rodrigues, MPB 4, Márcia, Marília Medalha, Milton Nascimento, Edu Lobo, Baden Powell, Elton Medeiros, Paulinho da Viola, Marcos e Paulo Sérgio Valle, Sidney Miller, durante as três eliminatórias realizadas nos dias 11, 18 e 25 de maio.

A nata do samba estava presente com suas músicas. *Lapinha*, de Baden Powell e Vinicius de Moraes, cantada por Elis Regina e com o apoio dos Originais do Samba, dominou a Bienal desde a sua primeira apresentação e se tornou um número imbatível. A música levou o primeiro lugar e Elis foi escolhida a melhor intérprete. Chico Buarque concorreu com "Bom tempo", um maxixe, e ficou em segundo lugar. Em terceiro ficou "Pressentimento", de Elton Medeiros e Hermínio Bello de Carvalho; em quarto, "Canto chorado", de Billy Blanco; em quinto, "Tive sim", de Cartola; em sexto, "Coisas do mundo, minha nega", de Paulinho da Viola; e em sétimo, "Marina", de Sinval Silva. Ataulfo Alves foi de "Laranja madura".

Uma história curiosa, contada pelo histórico produtor musical Solano Ribeiro em seu livro *Prepare seu coração – A história dos grandes festivais*, ilustra a boemia dos participantes da Bienal:

"Certa madrugada, com os primeiros lampejos do dia nos ameaçando, ao passarmos pela esquina da avenida Ipiranga com a São João, Araci de Almeida, com seu jeito autoritário, disparou com solenidade: 'Agora, em homenagem ao Paulinho Vanzolini, que fez a fama desta avenida, eu convido todo mundo para uma última rodada.' Assumiu então a frente do grupo, que, obediente, não tinha outra alternativa senão segui-la. Uma dose a mais ou a menos já não faria muita diferença. Para surpresa geral, a Araca levou a turma para uma farmácia e foi logo ordenando a um espantado atendente: 'Manda uma vitamina B12 na veia dessa moça, senão ninguém vai chegar em casa com o fígado inteiro', e acrescentou: 'Essa quem paga sou eu!'"

transformou-se num imenso banho de sangue. Por outro lado, as grandes manifestações contra esse conflito aconteceram logo antes da invasão, e não anos depois do seu começo, como no caso do Vietnã.

O pacifismo vive, no início do século XXI, tempos de apatia. Mesmo Cindy Sheehan, que se tornou uma das principais líderes pacifistas dos Estados Unidos depois que seu filho foi morto em combate em Bagdá, em abril de 2004, anunciou, em maio de 2007, que abandonaria o ativismo civil.

Ela ficou famosa depois que acampou em frente à casa de George W. Bush, em Crawford, Texas, durante todo o mês de agosto de 2005 para protestar contra a morte do filho. Ao desistir do movimento, Cindy anunciou que passaria a cuidar mais dos outros filhos e das pessoas que tiveram suas famílias destruídas pela guerra desde que ela começara sua cruzada para tentar mudar um paradigma que se mostrava, agora, "encravado em imutável, inflexível e rígido mármore". A "mãe pacifista" e cabeça do movimento antibelicista nos Estados Unidos durante três anos também não conseguiu "mobilizar as massas" para forçar a retirada dos soldados do Iraque, apesar de ganhar um grande espaço dentro e fora das fronteiras americanas. "Eu usei toda a minha energia para tentar fazer este país parar de massacrar inocentes seres humanos", escreveria Cindy. "Casey morreu por um país que se preocupa mais por quem será o próximo 'American Idol' da televisão, sem se importar com quantos jovens morrerão nos próximos meses no Iraque."

A *tragédia de Biafra*

Enquanto pacifistas e estudantes protestavam em todo o mundo, um conflito numa remota região da África matava mais que a Guerra do Vietnã. E matava de fome. Um trágico e bárbaro conflito entre o governo da Nigéria e a região oriental do país, que, em maio de 1967, havia se declarado República Independente de Biafra, se arrastava há cerca de um ano sem que a solidariedade internacional pudesse intervir de forma determinante. Essa guerra provocou a morte de centenas de milhares de pessoas que, ao longo de 1968, morriam a cada dia por falta de alimentos. Os fatores militares e políticos na região impediam que a distribuição de comida chegasse à população.

Em outubro de 1968, o *New York Times* afirmava: "Embora a morte por subnutrição não seja incomum em muitas regiões da Ásia, África e América Latina, as dimensões da tragédia Nigéria/Biafra são muito maiores do que a fome 'costumeira' nas áreas subdesenvolvidas."

Em Biafra, a fome matava 10 mil pessoas todos os dias, e a guerra impedia a chegada de alimentos

O jornal americano revelava ainda que, em setembro de 68, haviam sido contabilizadas de 8 a 10 mil pessoas morrendo de fome por dia, como resultado da guerra, e alertava que a situação se deteriorava. O conflito, que os nigerianos descreviam como guerra civil e os biafrenses como uma guerra entre duas nações, teve origem na divisão política da região promovida pelos colonizadores ingleses que interferiu na situação geográfica original dos grupos étnicos.

Ao longo do ano, vários países africanos, como Tanzânia, Costa do Marfim, Gabão, reconheceram a República de Biafra. Em julho, o bloqueio das tropas nigerianas, que impedia a chegada de suprimentos humanitários aos biafrenses, acabou condenando mais de um milhão à morte por fome. O mundo, então, começou a ver as fotos das multidões famélicas, das crianças que pareciam só ter olhos, dos bebês sugando seios completamente murchos, dos homens e mulheres esqueléticos. Na época, Biafra passou a ser sinônimo de desnutrição e magreza.

Em 1970, em meio a um colapso econômico e militar, o chefe do Estado biafrense, Chukwuemeka Odumegu Ojukwu, teve que fugir e o território de Biafra foi reincorporado à Nigéria. A república independente durou de 30 de maio de 1967 a 15 de janeiro de 1970. A guerra deixou milhares de órfãos de um país que sonhou existir e em cujo hino se lia, na frase final: "Nós morremos sem uma lágrima."

No compasso de todos os ritmos

Era uma época cheia de esperanças, energia e entusiasmo, feita de experiências e situações inéditas, marcada por uma explosão de talento e criatividade. Estilos tão diferentes como pop, jazz, rock, baladas, country e folk conviviam numa saudável e criativa concorrência. Era uma época de experimentações, das baladas românticas às de protesto, do rock progressivo ao psicodélico, do samba de terreiro ao pop tropicalista. Um tempo privilegiado onde conviviam Beatles, Rolling Stones, Bob Dylan, Jimi Hendrix, Caetano Veloso, Chico Buarque e Elvis Presley. A "geleia geral" estimulava a liberdade de criar e de experimentar.

No Brasil, o sucesso musical vinha no rastro dos festivais que empolgavam o país desde 1966, quando Chico Buarque venceu o da Record, em São Paulo, com "A banda". A canção popular brasileira seguia seu caminho de congraçamento com o público, que retribuía com entusiasmo e paixão o talento de dezenas de compositores e cantores e a excelente safra de músicas. Era a hora e a vez da MPB, que brilhava no rádio, na televisão e nas festas da classe média.

Grandes compositores, como Chico, Caetano, Edu Lobo, Gilberto Gil, Milton Nascimento e muitos outros, lançaram suas âncoras no mar da MPB e navegam até hoje em suas águas, sem nunca terem deixado "a peteca cair". Naquele tempo, formava-se uma geração incomparável de músicos de talento duradouro.

Caetano e Gil centralizaram um criativo e instigante movimento denominado "Tropicalismo", "um movimento que veio para acabar com os outros movimentos" e que buscava derrubar as fronteiras entre as artes, abrindo espaço para a interação entre todas as estruturas. A proposta tropicalista juntava na mesma viagem o concretismo dos irmãos Augusto e Haroldo de Campos e de Décio

Jimi Hendrix encarnava a rebeldia e o psicodelismo dos anos 60

Pignatari, a vanguarda erudita, o psicodelismo internacional de Jimi Hendrix e Janis Joplin e Carmen Miranda com Vicente Celestino.

No cenário internacional, a música também marcava época. A musa da canção de protesto, Joan Baez, conheceu em 68 um momento de revitalização em sua carreira. Aos 27 anos, sua voz cristalina correu o mundo, principalmente com versões de músicas de Dylan, dos Beatles e dos Stones, carregadas de significados. Jovens de todas as nacionalidades e sotaques cantarolavam essas canções, que não precisavam de passaporte para percorrer diferentes países e continentes. Muitos artistas mergulharam nas raízes da música americana, especialmente o rico universo country, blues, jazz e folk, e explodiram em 68.

Em 27 de dezembro de 1967, Bob Dylan lançara o álbum *John Wesley Harding*, que chegaria ao Brasil e ao resto do mundo no início de 1968.

O disco causou impacto e muita discussão. Nada demais em se tratando de Dylan. Só que, dessa vez, parecia que o ousado e desafiador Dylan havia recuado, depois de ter causado uma comoção ao introduzir a guitarra elétrica em seus trabalhos anteriores. O novo disco, onde Dylan encostou a guitarra elétrica e usou apenas a acústica, foi saudado com entusiasmo pela crítica, que elogiou o tom "calmo e tranquilo" das canções, a influência gospel e a atuação de uma banda tradicional formada por piano, baixo e bateria. Já os jovens, encararam o "recuo" com uma certa desconfiança.

No final dos anos 60, tudo que dizia respeito a Bob Dylan assumia proporções gigantescas. Dylan é um daqueles raros artistas que, pelo talento, ultrapassa as fronteiras de sua arte e contribui para formatar o mundo contemporâneo. Independentemente de seus esforços de rejeitar com apaixonada firmeza todo e qualquer papel de líder político, guru ou profeta de uma geração, Dylan tornou-se um dos mais importantes refe-

Bob Dylan surpreendeu mais uma vez ao trocar a guitarra elétrica pela acústica em seu álbum de 68

renciais para o movimento da contracultura. Sua importância transcendeu as fronteiras do país e da indústria do entretenimento e ele se tornou, inquestionavelmente, um símbolo maior da cultura pop e um dos mais importantes compositores da época.

Dylan forma com Frank Sinatra e Elvis Presley o trio dos mais carismáticos músicos americanos. Com uma pequena diferença: Elvis e Sinatra não compunham. Dylan é autor de quase 500 composições, algumas das quais atingiram o status de clássicos e são consideradas verdadeiras obras-primas, como "Blowin' in the wind", "Like a rolling stone", "The times they are a-changin", "Tangled up in blue", "Forever young", "Knockin' on heaven's door", "Lay lady lay", "Love sick" ou "Mr. Tambourine Man".

Ao colocar na música pop letras de extraordinária beleza poética, Dylan revolucionou o panorama musical dos anos 60. Muitas delas são consideradas poemas de enorme riqueza, com imagens criativas, e são estudadas nos cursos de literatura das universidades americanas e inglesas. Ele chegou a ser apontado como um potencial candidato ao prêmio Nobel de Literatura. Dylan influenciou fortemente toda uma geração de músicos e bandas de rock, entre elas os Beatles e os Rolling Stones.

Dono de uma personalidade complexa, muito reservada e fortemente influenciada pela religião, Dylan sempre se definiu como um canal para a inspiração divina, dizendo que as palavras fluem através dele. Dylan tem uma fantástica capacidade de se reinventar e sua carreira de mais de 40 anos conheceu períodos diferentes que surpreenderam seus críticos, entusiasmaram seus antigos admiradores e conquistaram novas legiões de fãs. Até hoje, Dylan, que nasceu em maio de 1941 e é um dos músicos que mais se apresentam ao vivo, está permanentemente envolvido em turnês pelo mundo e lançamento de novos álbuns.

Sua vasta obra tem tamanha força que Dylan é muito mais do que um artista bem-sucedido do mundo do entretenimento. Ele se tornou um referencial para milhões de pessoas que seguem ouvindo suas letras cheias de sabedoria e ironia.

Entre os grupos e artistas que fizeram sucesso em 68 destacam-se Creedence Clearwater Revival, Crosby, Stills, Nash & Young, Joni Mitchell, The Who, Cream, The Doors, The Kinks, Electric Prunes, Janis Joplin, Jimi Hendrix, Jefferson Airplane, Ravi Shankar, Pink Floyd e Led Zeppelin (depois dos Beatles e de Elvis, o terceiro maior vendedor de discos nos Estados Unidos).

Simon & Garfunkel, que tinham brilhado no início dos anos 60, também conheceram um espetacular renascimento em 68 com o LP *Bookends*.

As canções de *Bookends* relatam o desespero, a ansiedade, a angústia e a desesperança dos jovens e da vida americana naquele período de enorme efervescência. No LP, mais ou menos conceitual, uma composição de Paul Simon viraria um clássico, "Mrs. Robinson". Composta para o filme *A primeira noite de um homem* (*The Graduate*), "Mrs. Robinson" se tornaria também uma das músicas-símbolo do período e um dos maiores *hits* do século XX.

O espetáculo teatral *Hair* estreou na Broadway com a ambição de ser "o musical americano do amor-rock tribal". Durante anos atrairia milhares de pessoas interessadas em ter uma visão, mesmo estereotipada, de quem eram os hippies e de como viviam. *Hair* permaneceria durante quase quatro anos em cartaz com 1.742 apresentações. A peça ganhou versão para o cinema, foi encenada em quase todo o mundo, inclusive no Brasil, e três de suas canções explodiram nas paradas de sucesso e caíram no gosto do povo: "Aquarius", "Let the sunshine in" e "Good morning starshine".

Antes que o ano terminasse, o lançamento de alguns álbuns importantes causaria agitação entre os jovens: o *Álbum branco* dos Beatles;

O psicodélico Hair *teve uma carreira de sucesso na Broadway como "o musical americano do amor-rock tribal"*

Beggars Banquet, dos Rolling Stones; *Anthem of the Sun*, do Grateful Dead; *At Folsom Prison*, de Johnny Cash; *Baptism*, de Joan Baez; e *A Little Game*, do The Doors.

Um dos acontecimentos marcantes no panorama musical de 68 foi o espetacular renascimento de um dos maiores ícones americanos, Elvis Presley. O final dos anos 60 era completamente diferente dos conservadores anos 50 que viram – perplexos – Elvis apresentar o rock ao mundo. Em plena revolução dos costumes, com hippies, Guerra do Vietnã, agitação estudantil e luta pelos direitos civis, Elvis parecia ser apenas uma recordação do passado, um disco antigo retirado da estante para uma ou outra sessão nostalgia. Elvis "já era", acreditava-se. No entanto, um especial para a TV chamado "1968 comeback special" mostrou que quem é rei não perde jamais a realeza e recolocou um Elvis cheio de energia, cantando como nunca, todo vestido de couro negro, com um pequeno conjunto de músicos afiados, no trono de ídolo maior do rock. Elvis estava mais vivo do que nunca. E, para muitos, continua.

O cenário da contracultura e do rock abriu caminho para a realização, no ano seguinte, em agosto de 1969, do mais importante festival de rock da época, o Festival de Música e Artes de Woodstock. O evento, que durou três dias, foi realizado em uma fazenda em Bethel, Nova York, e, embora tenha sido projetado para 50 mil pessoas, atraiu mais de 400 mil, e a maioria não pagou ingresso. Com estradas congestionadas e o local sendo declarado área de calamidade pública, o festival representou um marco no movimento da contracultura e foi o auge da era hippie.

Agosto

Agosto, mês do desgosto

Numa escalada de violência, as passeatas e assembleias estudantis passaram a ser dominadas não mais apenas com cassetetes. Agora a polícia já chegava atirando. Foi o que aconteceu no Rio de Janeiro durante o mês de agosto. Manifestações em 18 de julho, em solidariedade aos operários em greve em Osasco, e em 6 e 9 de agosto, em protesto contra a prisão do líder estudantil Vladimir Palmeira, ocorrida no dia 2, foram violentamente reprimidas e transformaram o Centro da cidade num cenário de guerrilha urbana. O dia 29 de agosto marcaria um dos mais violentos atos da ditadura militar, quando policiais militares e civis invadiram mais uma vez a Universidade de Brasília, deixando dezenas de estudantes feridos, alguns em estado grave, destruindo dormitórios, salas de aula, gabinetes e laboratórios. Estudantes foram enfileirados contra muros e paredes, espancados com cassetetes e ameaçados de fuzilamento.

Grupos armados de extrema direita, muitas vezes apoiados por militares, intensificaram sua ação, especialmente o chamado Comando de Caça aos Comunistas (CCC). O teatro, de maneira geral, foi um dos principais alvos da extrema direita, e em agosto o Teatro Opinião, no Rio de Janeiro, foi vítima de um ataque dos vândalos direitistas. No dia 30, uma assembleia de estudantes na UFRJ foi atacada a tiros.

Numa ousada ação revolucionária em 10 de agosto, militantes da Ação Libertadora Nacional (ALN) expropriaram um trem pagador na linha Santos–Jundiaí. O canto de sereia da luta armada como forma de resistência à ditadura e de implantação de um novo tipo de regime político começara a atrair um número cada vez maior de militantes estudantis. Uma nova etapa se anunciava.

> Depoimento

Novilíngua nativa

Em 1968, a imaginação tomou o poder, como pregavam grafites nos muros da Paris conflagrada. Um ano antes do desembarque da Nação Woodstock nos arrabaldes da América conservadora, retratada no filme *Easy Rider – Sem destino*, o Brasil também vivia sua ebulição. A ditadura recrudescia junto com a reação a ela das organizações políticas, sociais e das artes, especialmente a música popular. Nos festivais, a grande vitrine das novidades, a temperatura subia por dois lados. Do protesto frontal – onde o paraibano Geraldo Vandré desafiava o povo a fazer a hora e não esperar acontecer – à contestação bipolar do Tropicalismo, onde aliavam-se, como queria o poeta Vladimir Maiakovski, forma e conteúdo revolucionários. "Seja marginal, seja herói", pregavam as artes plásticas integradas de Hélio Oiticica ao "formiplac e céu de anil" da cena tropicalista. Uma "roda-viva", capaz de confrontar paramilitares com o teatro libertário da dupla Zé Celso Martinez Corrêa e Chico Buarque.

No cinema, herdeiros da iconoclastia de Glauber Rocha, Rogério Sganzerla e Júlio Bressane desconstruíam o antecessor Cinema Novo. O bisturi era o mesmo do recorte que a Tropicália fazia na estética simétrica da Bossa Nova. Era preciso, como dizia Oswald de Andrade, incorporar a contribuição milionária de todos os erros. E a novilíngua estética de Caetano Veloso, Gilberto Gil, Tom Zé, Torquato Neto, Capinam abria as comportas para o pop planetário e o brega nativo. Aposentava smokings, longos e golas rulê. Coloria de plásticos a roupa androide/andrógina do após calipso pré-cibernético. Trocava a placidez dos violões pela violência das guitarras. E o canto sussurrado, pelo berro fissurado: "É proibido proibir."

TÁRIK DE SOUZA
jornalista e crítico musical

Primavera sem flores

Na antiga Tchecoslováquia, a primavera de 1968 anunciava novos ares de liberdade para o país. O céu azul, os dias mais longos, os jardins floridos e o sorriso dos jovens refletiam a chegada não apenas de uma nova estação, mas de um novo tempo. Em Praga, o ar estava perfumado de alegria e otimismo. Os estudantes desfilavam pelo centro histórico de sua bela cidade vestidos como a juventude das metrópoles da Europa Ocidental: cabelos compridos, jeans, sandálias e minissaias. Clubes, boates e cafés brotavam como cogumelos, enchendo as ruas com o som de ritmos americanos como jazz e rock.

As revistas, os jornais, o rádio e a televisão, apesar de totalmente controlados pelo governo, veiculavam, com uma liberdade até então desconhecida, notícias do que acontecia pelo país e o mundo. A censura praticamente tinha deixado de existir e, na defesa dos valores democráticos, as publicações ousavam cada vez mais, testando cautelosamente os limites do que era aceitável e do que era proibido.

Os acontecimentos haviam se acelerado no dia 5 de janeiro, quando um discreto e cauteloso burocrata eslovaco de 46 anos chamado Alexander Dubcek assumiu a liderança do Partido Comunista no lugar de Antonin Novotny, um político corrupto e oportunista que durante algum tempo comandou os destinos da Tchecoslováquia, acumulando as funções de chefe do partido e do Estado. Apesar de o processo de desestalinização ter começado no XX Congresso do PCUS, em 1956, Novotny ainda governava debaixo da sombra do stalinismo.

Alexander Dubcek embarca para Moscou, para tentar convencer os russos de que Praga continuaria socialista

Dubcek, apoiado por um grupo de jovens intelectuais comunistas, tinha como plataforma um plano de ação que propunha reformas na estrutura política para livrá-la dos derradeiros resquícios de autoritarismo e despotismo. Ele jamais questionara o comunismo e a amizade entre os países ditos socialistas que se alinhavam sob a liderança do Partido Comunista da União das Repúblicas Socialistas Soviéticas. Mas, para ele, era o momento de "dar uma face humana ao socialismo".

Apesar de toda a repressão que caracterizou a era Novotny, a Tchecoslováquia tinha conquistado um certo grau de liberdade. Publicações estrangeiras tinham permissão de entrar no país, cineastas, teatrólogos, artistas plásticos e escritores haviam conquistado mais espaço para realizar e expor seus trabalhos. Muitos cidadãos receberam autorização de viagem para o Ocidente.

A beleza de Praga entrou na moda nos anos 60 e a cidade recebeu em 1967 quase 4 milhões de turistas, a maioria dos países do Leste, mas

---

Tropicália, segundo Caetano

Em seu livro *Verdade tropical*, lançado em 1997, Caetano Veloso discorre sobre os mais diversos temas, que vão da própria história pessoal aos acontecimentos sociopolítico-culturais do país, passando pela análise de indivíduos e das artes. No livro, ele narra o nascimento da Tropicália, o movimento que ajudou a criar e pensar. A seguir, trecho de *Verdade tropical*:

"A ideia de que se tratava de um movimento ganhou corpo, e a imprensa, naturalmente, necessitava de um rótulo. O poder de pregnância da palavra *tropicália* colocou-a nas manchetes e nas conversas. O inevitável *ismo* se lhe ajuntou quase imediatamente ... eu achava que, ao contrário de *tropicália*, uma palavra nova, *tropicalismo*, me soava conhecida e gasta, já a tinha ouvido significando algo diferente, talvez ligado ao sociólogo pernambucano Gilberto Freyre (o que mais tarde se comprovou), de todo modo algo que parecia excluir alguns dos elementos que mais nos interessava ressaltar, sobretudo aqueles internacionalizantes, antinacionalistas, de identificação necessária com toda a cultura urbana do Ocidente. Era um consolo que os populares – e os jornais mais vagabundos – nos chamassem de 'hippies' ou de 'pop', ou de novos 'roqueiros'; e que alguns intelectuais mais refinados nos identificassem com a vanguarda de John Cage a Godard. Mas quem fez o comentário definitivo sobre o rótulo de tropicalistas que acabávamos de ganhar foi o dr. José Gil Moreira, pai de Gilberto Gil: 'Tropicalista sou eu', dizia ele rindo, 'que exerço a profissão de especialista em doenças tropicais há décadas'."

As músicas tropicalistas de maior sucesso

Alegria, alegria
(Caetano Veloso)

Domingo no parque
(Gilberto Gil)

Tropicália
(Caetano Veloso)

Superbacana
(Caetano Veloso)

Soy loco por ti, América
(Gilberto Gil e Capinam)

Marginália 2
(Gilberto Gil e Torquato Neto)

Panis et circenses
(Gilberto Gil e Caetano Veloso)

Miserere nóbis
(Gilberto Gil e Capinam)

Lindoneia
(Gilberto Gil e Caetano Veloso)

Parque industrial
(Tom Zé)

Geleia geral
(Gilberto Gil e Torquato Neto)

Baby
(Caetano Veloso)

Enquanto seu lobo não vem
(Caetano Veloso)

Mamãe coragem
(Caetano Veloso e Torquato Neto)

Bat macumba
(Gilberto Gil e Caetano Veloso)

Saudosismo
(Caetano Veloso)

É proibido proibir
(Caetano Veloso)

Não identificado
(Caetano Veloso)

Divino, maravilhoso
(Gilberto Gil e Caetano Veloso)

2001
(Rita Lee e Tom Zé)

São São Paulo
(Tom Zé)

Gil, Caetano (deitado) e Gal: explosão da Tropicália

também um grande número de jovens ocidentais. Artistas e intelectuais, entre eles o cineasta Milos Forman e o teatrólogo Václav Havel, foram consagrados internacionalmente e filmes como *Trens estritamente vigiados* (Jiri Menzel) e *Pequena loja na rua principal* (Elmar Klos e Jan Kadar) recebiam prêmios e aplausos.

Mesmo com seu estilo pouco charmoso, monótono ao discursar e desajeitado, Dubcek ganhara a simpatia dos jovens, especialmente pelo que ele não era: autoritário. Mas essa qualidade acabou se confundindo com indecisão. E para muitos isso significou uma tragédia, para ele e a Tchecoslováquia. A situação política não era nada confortável e Dubcek tinha de fazer um extraordinário esforço para manter o precário equilíbrio entre as forças opostas que mantinham seu governo de pé. A verdade é que, como um hábil acrobata, ele se equilibrava precariamente numa corda bamba, sujeito a ventos, chuvas e trovoadas. Por um lado, tinha que manter acesa a chama de reformador que incendiava o entusiasmo, especialmente dos jovens e intelectuais. De outro, precisava mostrar à velha guarda comunista e aos partidários de Novotny, ainda encastelados na pesada estrutura do poder, que podiam confiar nele. Finalmente, fazer os russos acreditarem numa mentira, a de que mantinha pleno controle da situação.

Ele jamais teve controle sobre o que estava acontecendo na Tchecoslováquia. No máximo, procurava impor uma direção aos acontecimentos, que se aceleravam velozmente. Sua luta principal era impedir a anarquia. Dubcek nunca acreditou que sua política liberalizante poderia provocar a ira dos russos e uma intervenção militar de cinco países do Pacto de Varsóvia. Ingenuidade?

Mesmo sendo absolutamente sincero nas suas repetidas declarações de fidelidade ao socialismo, Dubcek não percebia que os desvios e aberrações que marcavam a existência do bloco dito socialista não permitiriam o desabrochar dos valores democráticos em um país atrás da Cortina de Ferro e integrante do Pacto de Varsóvia. Reformas políticas e econômicas, Judiciário independente, imprensa livre, tolerância religiosa, garantia dos direitos civis, federalização efetiva que respeitasse plenamente os direitos de tchecos e eslovacos e liberdade de organização partidária (que significava o fim do monopólio do Partido Comunista) eram valores impossíveis de serem aceitos pelos aliados de Moscou. Mas não era só.

Dubcek queria mais ainda: levar a desestalinização até o fim, reabilitar todos os perseguidos políticos e eleger uma Assembleia Nacional multipartidária, que teria o controle do governo no lugar do Partido

Comunista, que também deveria ser remodelado, arejado e democratizado. Antecipando-se às reformas, operários das principais fábricas do país, entre elas Praga-Smichov e Skoda-Pilsen, fundaram comitês de autogestão.

Em junho, a *Liternární Listy* (*Gazeta Literária*), primeira publicação independente criada no país, já lançara um manifesto chamado "Duas mil palavras", redigido por Ludwig Vaculik e assinado por centenas de personalidades de todos os setores sociais, exigindo que Dubcek acelerasse o processo. Os intelectuais tchecos pareciam acreditar na possibilidade de transformar um regime comunista ortodoxo numa clássica socialdemocracia ao estilo ocidental.

Assustado, Dubcek se viu encurralado por manifestações que vinham de todas as partes pedindo que ele pisasse no acelerador das reformas. Por outro lado, havia também a advertência de antigos aliados e da burocracia pró-soviética para que parasse de brincar com fogo e pisasse no freio.

A chamada Primavera de Praga havia tirado a tampa da garrafa e liberado o gênio aprisionado. O gênio se chamava "Liberdade" e agora Dubcek tentava desesperadamente convencê-lo a voltar para dentro da garrafa. A primavera tinha passado. O quente verão de 1968, intitulado no Ocidente Verão do Amor (*Summer of Love*), tinha chegado.

Verão dos tanques

Terça-feira, dia 20 de agosto. Um dia quente e abafado. Precisamente às onze horas da noite, 165 mil soldados de cinco países do Pacto de Varsóvia – Hungria, Alemanha Oriental, Polônia, Bulgária e União Soviética –, 4.600 tanques, 250 aviões estacionados nas fronteiras norte, sul, leste e oeste e no interior da Tchecoslováquia foram mobilizados tendo como alvos e destinos Praga, Bratislava e as principais cidades do país. Começava a Operação Danúbio. Informado da invasão, o governo deu ordem para que seu Exército não resistisse.

O roteiro preparado pelos soviéticos era "manjado" e desgastado. A fictícia criação de um novo governo provisório, que fingiria pedir ajuda para combater os contrarrevolucionários, incluía prisão e fuzilamento de Dubcek e filmes das tropas invasoras sendo recebidas com flores e beijos pela população. Mas nada disso aconteceu e não demorou muito para os soviéticos perceberem o tamanho da encrenca em que haviam se metido.

Nenhum governo fantoche foi formado, Dubcek não renunciou, permanecendo no cargo e reafirmando ser o único poder legal no país, e a população indefesa reagiu com implacável tenacidade e extraordinária coragem, enfrentando os tanques russos com pedras e coquetéis molotov. Jornalistas da TV tcheca conseguiram contrabandear para Viena, e dali para todo o mundo, cenas dos tanques esmagando as improvisadas barricadas, construídas às pressas, e disparando contra jovens desarmados. As imagens chocaram o mundo, criaram um forte embaraço para os comunistas e despertaram um grande movimento de solidariedade para com o povo da Tchecoslováquia.

Em Praga e Bratislava, estudantes se aproximavam dos tanques tripulados por jovens russos e perguntavam o que eles estavam fazendo ali e por que não iam embora. Na tragédia ainda sobreviveu um pouco de humor e nos muros podiam ser lidos grafites que diziam: "Lênin, acorde! Brejnev enlouqueceu!" e "O circo russo chegou trazendo gorilas amestrados." Quando os russos bombardearam e tiraram do ar a Rádio Praga, rádios piratas entraram imediatamente em cena com notícias da resistência, passando instruções para a população e difundindo o lema "Estamos com vocês. Estejam conosco."

O mundo reagiu com indignação à invasão. Entre os próprios países e partidos comunistas houve protestos. Apenas dez aprovaram a invasão. A então Iugoslávia e a Romênia protestaram abertamente. Estudantes foram às ruas em Belgrado e Bucareste. Alguns dos maiores partidos comunistas – o japonês, o italiano e o francês – se manifestaram contra. Para decepção dos jovens latino-americanos, Fidel Castro aprovou.

Milhares de tchecos foram forçados a deixar seu país e buscar asilo. Quando o verão da liberdade chegou ao fim, o sonho que embalara a Primavera de Praga havia acabado. Seiscentos e cinquenta mil soldados estrangeiros e quase 7 mil tanques ocupavam o país. A censura à imprensa havia voltado e as liberdades que floresceram no curto espaço de uma primavera foram parar na lata de lixo da história.

O maior poeta russo vivo, Eugene Evtuchenko, mandou um telegrama aos líderes do partido e do Estado soviético e o distribuiu para a imprensa estrangeira em Moscou. Nele, dizia:

> ... estou convencido que nossa ação na Tchecoslováquia é um erro trágico e um amargo golpe para a amizade soviético-tchecoslovaca e para o movimento comunista mundial. ... Também é uma tragédia pessoal para mim porque tenho muitos amigos na Tchecoslováquia e não sei como serei capaz de olhá-los nos olhos se algum dia os encontrar de novo.

Desarmada, a população tcheca cercou os tanques tentando convencer os russos a voltar para Moscou

    Cancelaram-se as reformas, mas elas lançaram a semente do que, 20 anos depois, seria adotado pela própria hierarquia soviética através da política da glasnost de Mikhail Gorbachev. A desilusão foi tão profunda em 68 que, meses depois, em 69, ainda era o sentimento mais forte numa Tchecoslováquia perplexa. Como um toque pessoal e trágico, em protesto contra a supressão das liberdades que haviam sido conquistadas, o jovem tcheco Jan Palach incinerou-se numa praça de Praga em 16 de janeiro de 1969.

A invasão que tentou destruir uma ideia

    Desfechos dramáticos também ocorriam no Brasil. A invasão da Universidade de Brasília, em 29 de agosto, foi, de certa forma, o estopim para o trágico encerramento do ano com o AI-5. Foi para condenar o incidente que o deputado

Márcio Moreira Alves fez seu inflamado discurso no Congresso, que resultaria no fechamento da instituição. A invasão foi contada, anos depois, em 2000, no documentário *Barra 68: sem perder a ternura*, de Vladimir Carvalho.

O filme retrata a resistência à entrada das tropas militares na UnB, quando estudantes e professores foram aprisionados na quadra de basquete. Mostra também o início do projeto da UnB através de uma longa e comovente entrevista com Darcy Ribeiro, seu idealizador, e vai até a ocupação das Forças Armadas, que culminou com a demissão de professores, acusados de serem comunistas. *Barra 68* parte do depoimento de Darcy, dado pouco antes de morrer, em 1997, sobre seu projeto de criar, em Brasília, uma universidade autônoma que fosse o centro de pensamento da crítica nacional: "Uma universidade capacitada a dominar o saber humano e colocá-lo a serviço dos

---

A usina de energia continua aí

O documentarista Vladimir Carvalho, paraibano de coração brasiliense, fez em 2000 o filme *Barra 68: sem perder a ternura*, sobre a invasão da Universidade de Brasília pelas tropas do regime militar em 29 de agosto de 1969.

Como nasceu Barra 68*?*
Vivi nos anos 60 no Rio e acompanhei a Passeata dos Cem Mil como repórter. Cobri o movimento estudantil. Em 1970 fui viver em Brasília e trabalhar na universidade. Quando cheguei, os alunos me mostraram uma quadra de basquete onde, segundo eles, tinham sido presos cerca de 500 estudantes em 68. Meses depois me apareceu um aluno dessa turma com um pequeno rolo que mostrava cenas dessa invasão, filmagem precária. Guardei aquilo na esperança de fazer um filme. Só uns 20 anos depois, quando fiz uma longa entrevista com Darcy Ribeiro, na qual ele contava como tinha feito a Universidade de Brasília, é que parti para realizar o documentário. Vi uma semelhança muito grande entre a atitude dos estudantes defendendo a universidade em 68 e a atitude de Darcy, ao criá-la em 64, quando prenderam muitos professores e ocuparam pela primeira vez a UnB. Em 68, a universidade foi várias vezes invadida, até que a ocupação provocou o discurso de Marcito no Congresso. Daí em diante, a ditadura tirou a máscara.

O que significava a universidade para os estudantes de Brasília?
A ideia da universidade nova já tinha sido experimentada no Brasil na década de 1930, com Anísio Teixeira. Darcy tomou essa bandeira na mão e, em parceria com Anísio, propôs a universidade que aposentava a cátedra vitalícia e o sistema de crédito. Os reacionários da época ata-

diagnósticos da causa do atraso do Brasil. ... Aquela que é regida por um princípio que estava inscrito desde seu primeiro dia: nesta casa ninguém jamais será punido ou premiado em razão de suas ideias."

O documentário retrata ainda o processo de degradação da universidade e destruição do sonho de uma instituição-modelo, de pensamento livre e independente. A invasão de 68 foi documentada pelo ex-aluno e mais tarde diretor Hermano Penna. O filme foi descoberto por alunos da universidade e utilizado por Vladimir Carvalho em seu documentário, que gira em torno da entrevista de Darcy e das filmagens de Hermano. Na época, os estudantes de Brasília estavam muito mobilizados com a morte de Edson Luís, no Calabouço, no Rio. Organizaram-se e declararam parte da universidade território livre para se manifestarem em solidariedade aos estudantes do Rio e de São Paulo.

cavam Darcy como se a universidade fosse algo revolucionário e socialista, comunista, e na verdade era, no melhor sentido. Mas, na realidade, o projeto seguia o modelo americano. Não foi uma revolução comunista, mas americana, porque Anísio havia trabalhado com os grandes mestres americanos e esses "burroides" aqui, esses milicos, perseguiram Darcy a vida inteira por conta disso. Os estudantes se identificaram com a ideia porque viram nela algo inovador e renovador. Na segunda invasão da UnB, eles adotaram uma atitude em defesa da universidade. Não apenas defesa territorial, mas defesa de um projeto. Infelizmente, a ditadura recrudesceu na sua brutalidade, assumiu que era uma ditadura. E, no início da década de 1970, tivemos o governo mais brutal e rude no tratamento das liberdades individuais e coletivas que o Brasil já viu.

Qual era a semente da UnB?
Darcy queria abrir as portas da universidade para o povo, fazer uma universidade popular, que transformava os métodos de ensino, aberta a todas as classes. Era uma revolução. A cogitação de mudança, a possibilidade de transformação vem desde os anos 50. No começo dos anos 60, houve uma prévia no governo Jango. Do meu canto, tive as duas experiências. Em 68, estávamos imbuídos dessa doação, queríamos transformar o Brasil e, de quebra, o mundo. Achávamos que aquela coisa era uma velharia e que o mal tinha que ser cortado pela raiz. Foi um momento ímpar na história do Brasil também.

O que sobrou desses tempos?
A energia do jovem, a libido, está intacta. Tem que haver um projeto, uma conversa, uma espoleta que mobilize, porque a sinergia está aí. A força, a usina de energia do jovem, continua aí.

Meses depois, um pequeno rolo de filme que mostrava cenas da invasão foi entregue a Vladimir, que já trabalhava na universidade. Depois da ocupação e do discurso de Márcio Moreira Alves no Congresso, a ditadura tiraria a máscara.

Anos depois, em 15 de março de 1995, a Universidade de Brasília outorgou a Darcy Ribeiro o prêmio de Doutor Honoris Causa e deu o seu nome ao campus. O ato foi uma espécie de despedida do velho guerreiro, que já tinha câncer, doença que o abateria dois anos depois. Foi o reencontro final da criatura com o seu criador. Nele, Darcy fez um emocionado discurso, mostrado no filme de Vladimir:

> Queridos amigos, queridíssimas amigas, estou ficando um velho frouxo. Vocês sabem que eu quase chorei quando ouvi o hino nacional? O hino nacional aqui, neste ambiente da minha universidade que foi tão perseguida, me tocou profundamente. Olhando para o futuro, nostálgico de mim e dos velhos tempos, o que penso? Que volte ao Campus Universitário Darcy Ribeiro aquela convivência alegre, aquele espírito fraternal, aquela devoção profunda ao domínio do saber e a sua aplicação frutífera. Éramos uns brasileiros apaixonados pelo Brasil, pronto a refazê-lo com um projeto próprio e que fosse a expressão da vontade dos brasileiros. Não éramos mesmo compatíveis com a ditadura que aqui se instaurou contra o povo e contra a nação. ... Eles acreditavam que fôssemos perigosos, gosto de pensar que éramos mesmo. As próximas décadas serão também de luta. Essas lutas serão o florescimento do renascer. Antevejo algumas batalhas. A primeira delas é conquistar a institucionalidade da lei original que criou a Universidade de Brasília como uma organização não governamental, livre e autônoma e autoconstrutiva. ... A sua única lei é a lei de uma organização livre e responsável pela sua construção. Cumpre libertá-la da tutela ministerial. ... Queremos autonomia e liberdade. Obrigado, queridos amigos e amigas, por me aceitarem tal qual sou. Não tenho mais tempo para melhorar. Eu os beijo a todos.

Na batalha contra a guerra

Um dos acontecimentos mais marcantes de 1968 nos Estados Unidos foi a Convenção do Partido Democrata realizada no verão, em agosto, em Chicago. Com o país dividido pela Guerra do Vietnã e chocado com os recentes assassinatos de Robert Kennedy e Martin Luther King, Chicago se tornou o palco preferencial para os protestos contra a guerra. Milhares de manifestantes convergiram para a cidade levando suas bandeiras, palavras de ordem e disposição para protestar, mesmo com a presença ameaçadora de um dos maiores aparatos repressivos já montados numa metrópole americana, formado por 12 mil policiais de Chicago, 6 mil soldados da Guarda Nacional e 5 mil do Exército.

Chicago era um feudo do democrata Richard Daley, um político no estilo antigo, prefeito havia 21 anos e que controlava com mão de ferro e os cofres abertos tudo o que se referia a "sua" cidade. Baixinho, teimoso e autoritário, Daley viu muitos de seus assistentes serem presos, julgados e condenados por corrupção, mas ele próprio sempre mostrou uma enorme habilidade para se safar das acusações. Filho de uma família de imigrantes irlandeses, era católico, ia à missa todos os dias e era um amigo fidelíssimo dos Kennedy.

Em abril, Daley ocupou as manchetes dos jornais americanos ao dar ordem a sua polícia de "atirar para matar" em qualquer manifestante que, protestando pelo assassinato de Martin Luther King, carregasse um coquetel molotov ou participasse de saques. Para historiadores, Daley era uma espécie de dinossauro político, o "último dos chefões da cidade" que marcaram a política americana em determinada época.

Daley proibiu terminantemente qualquer manifestação entre o Centro e o local onde se realizava a convenção, o improvisado Anfiteatro de Chicago. Não havia possibilidade de diálogo. As manifestações estavam proibidas e ponto. Com isso, a receita para o tumulto estava pronta. De um lado, um fortíssimo esquema policial-militar e, de outro, milhares de jovens ansiosos para se manifestar. No meio, um prefeito intransigente.

Muitos jovens mobilizados pela Nova Esquerda (New Left), pela Mobilização Nacional pelo Fim da Guerra no Vietnã (Mobe) e outras organizações viajaram para Chicago dispostos a mostrar o seu descontentamento com a guerra, o alistamento militar obrigatório e o clima de repressão existente nas universidades desde o início dos protestos, no princípio do ano. Militantes negros estavam prontos a aderir com sua revolta contra o segregacionismo, enquanto trabalhadores exigiam melhores salários. Todas as contradições que vinham se acumulando no interior da sociedade americana e transformando o país num barril de pólvora estavam presentes em Chicago: estudantes contra a polícia, classe média contra trabalhadores, militantes contra a guerra e defensores da presença americana no Vietnã, negros contra brancos.

AS ARMAS DA CRÍTICA PASSAM PELA CRÍTICA DAS ARMAS

Sem diálogo entre manifestantes e o prefeito Daley, não foi surpresa para ninguém quando a violência tomou conta de parques e ruas. Um poderoso esquema de segurança com arame farpado e guardas armados isolou completamente, com muitos quarteirões de distância, o local onde se realizava a convenção. Só as pessoas autorizadas podiam entrar.

Muitos meses antes da convenção, os líderes da Nova Esquerda e militantes de outras organizações haviam se reunido para planejar manifestações na cidade. Mas não foram apenas militantes políticos que convergiram para Chicago. Artistas, intelectuais e estrelas do jornalismo, entre eles Arthur Miller, Jean Genet, William Burroughs, Robert Orwell, Norman Mailer e Allen Ginsberg, também foram para lá. No entanto, para os organizadores dos protestos, o número de manifestantes que desembarcou em Chicago foi decepcionante.

Para contrastar com a convenção que era batizada por eles Festival da Morte, os Yippies (Partido Internacional da Juventude) organizaram um Festival da Vida com vários concertos, encontros, aulas, debates, mantras, cerimônias religiosas, teatro e eleição de misses. No panfleto com a convocação para a programação "oficial" do Festival da Vida estava previsto o seguinte para o dia 26 de agosto de 1968: "Festa na praia, no lago, em frente ao Lincoln Park. Canto folk, churrascos, natação e fazer amor." Foi decidido também lançar a candidatura de um porco, chamado Mister Pigasus The Immortal, à Presidência dos Estados Unidos. A polícia não achou graça e prendeu o porco e seus pseudodonos. No dia seguinte, um outro porco foi solto no Lincoln Park, no Centro. Dessa vez uma fêmea. Novamente o bicho foi preso e jogado dentro de um camburão. Irritados, os policiais perguntaram se alguém queria ir fazer companhia. Vários militantes disseram que sim e se jogaram alegremente dentro do camburão. Um outro militante alertou os policiais para que tomassem cuidado porque estavam prendendo a futura primeira-dama dos Estados Unidos.

Os Yippies e os demais militantes perceberam que haviam se tornado uma atração para a imprensa com suas ameaças irônicas. Surpreendentemente, por mais insensatas e absurdas que fossem – talvez por isso mesmo – eram levadas a sério pela polícia. Os jovens falaram em colocar LSD nos reservatórios de água para embarcar toda a cidade numa "viagem" lisérgica. Muita gente passou então a consumir água mineral engarrafada e a polícia fortaleceu o policiamento nos reservatórios. Os jornais deram ampla cobertura ao que não passava de uma piada. Alguns, como o ultraconservador *Chicago Tribune*, trataram a brincadeira com risível seriedade.

Os confrontos começaram no domingo de abertura da convenção. Manifestantes e polícia passaram o dia juntos nos gramados do Lincoln Park.

O parque fecharia às onze horas da noite, mas, às nove, a polícia entrou em formação de combate e começou a expulsar manifestantes e jornalistas, espancando-os indiscriminadamente nas ruas em torno do parque. Câmeras de TV foram destruídas, populares que estavam nas calçadas em torno do parque também foram agredidos e os carros no estacionamento que tinham adesivos contra a guerra tiveram seus pneus rasgados. Os confrontos no Lincoln Park se repetiriam nos dois dias seguintes.

Na noite de quarta-feira, quando ficou claro que Eugene McCarthy e os partidários do fim da guerra tinham sido derrotados e que Hubert Humphrey seria o candidato democrata à Presidência, manifestantes e policiais ficaram novamente frente a frente, dessa vez no Grant Park, defronte do Hotel Hilton, onde se hospedava a maioria dos delegados. Nunca, desde o início da convenção, o clima estivera tão tenso. Yippies, hippies, Nova Esquerda, Mobe e o pessoal do Poor People (movimento criado por Martin Luther King) circulavam apreensivos pelo Centro. Os sorrisos e as brincadeiras tinham desaparecido. Depois de quatro dias seguidos sendo espanca-

Os protestos durante a convenção democrata em Chicago foram violentamente reprimidos pela polícia

Yippies se reúnem no Grant Park, em Chicago, durante a convenção democrata

dos, os jovens não estavam mais dispostos a apanhar sem reagir. Explodiu um primeiro conflito e os líderes que correram para apaziguar foram também violentamente reprimidos e presos pelos policiais.

Estourou então uma demorada e sangrenta batalha. A polícia perdeu completamente o controle e atacava sem critério, com cassetetes e a coronhadas de fuzil quem encontrasse pela frente. Dezenas de feridos ficaram caídos, sangrando pelo chão, enquanto esperavam inutilmente por socorro. Os médicos tinham avisado que os hospitais estavam cercados e que a polícia prendia todos os feridos que chegavam em busca de socorro. O Centro ficou cheio de gás e os policiais invadiram o Hotel Hilton, bares, restaurantes e lojas comerciais, perseguindo manifestantes, mulheres, velhos e crianças. Jornalistas e técnicos de TV foram particularmente visados, mesmo assim conseguiram gravar o enlouquecido comportamento policial.

A convenção foi interrompida, com os delegados constrangidos e assistindo ao show da polícia do prefeito democrata de Chicago. A confusão se generalizou. A violência não cessou e os conflitos continuaram durante todo o dia seguinte, quinta-feira, e pela manhã de sexta-feira, quando a polícia invadiu o último reduto de resistência, a sede dos partidários de McCarthy, no 15º andar do Hotel Hilton.

A cobertura da televisão do que passou a ser chamado de Massacre de Chicago, sintetizada num filme de 17 minutos sem edição, tornou-se um marco na história do jornalismo americano. A National Commission on the Causes and Prevention of Violence (Comissão Nacional para Causas e Prevenção da Violência) formou um subgrupo só para investigar os acontecimentos e apurar as razões da violência. O estudo feito pela comissão tirou uma conclusão evasiva: condenou duramente a violência policial, afirmou que a polícia montou "um verdadeiro motim", estimulada pelo prefeito Richard Daley, mas também concluiu que os policiais foram provocados pelos manifestantes "com o uso de linguagem obscena".

Já com Nixon instalado na Casa Branca, a Comissão da Câmara sobre Atividades Antiamericanas resolveu abrir um processo por conspiração contra Tom Hayden, David Dellinger, Abbie Hoffman, Rennie Davis, Lee Weiner, John Froines, Jerry Rubin e Bobby Seale, líderes de movimentos que estiveram envolvidos nos protestos. Eles ficaram conhecidos como Os Oito de Chicago e, em sua defesa, foi montada uma ampla rede de solidariedade com a participação de intelectuais, artistas, militantes políticos. Froines e Weiner foram absolvidos e os outros indiciados, mas, graças a recursos, suas penas foram revertidas.

O destino dos Sete de Chicago

EDUARDO GRAÇA

O sociólogo Stephen Duncombe, da Universidade de Nova York, que lançou em 2007 com grande ressonância no meio acadêmico o livro *Dream*, invoca os acontecimentos de 1968 para falar daquilo que chamou de "processo de reinvenção da esquerda no mundo da fantasia". No livro, Duncombe advoga a necessidade cada vez mais imperativa de os setores progressistas voltarem a desconstruir a imagem, criar happenings on-line, carnavalizar. De certo modo, repetir os protestos bem-humorados que caracterizavam os iconoclastas de 1968. Como aqueles protagonizados pelos Oito de Chicago durante a convenção nacional do Partido Democrata, nessa cidade americana, onde seria escolhido o candidato à sucessão do presidente Lyndon Johnson.

Abbie Hoffman, quando chegou em Chicago para a convenção, já era famoso por ter invadido a Bolsa de Valores de Nova York e criado uma chuva de dinheiro falso para demonstrar a fragilidade do capitalismo. O humor festivo e debochado era uma de suas principais armas de ação. Hoffman, ao lado de Tom Hayden, David Dellinger, Rennie Davis, Lee Weiner, John Froines, Jerry Rubin e Bobby Seale – conhecidos como Os Oito de Chicago –, foi um dos líderes de movimentos pacifistas e de esquerda processados pelo governo americano de forma inédita, com base no Ato dos Direitos Civis de 1968, que determinou ser crime federal atravessar barreiras policiais para incitar tumulto.

Dellinger era o comandante do Comitê de Mobilização Nacional para o Fim da Guerra do Vietnã. Davis e Hayden eram militantes estudantis, filiados ao grupo Estudantes para uma Sociedade Democrática (SDS).

Eduardo Graça é jornalista

Hoffman e Rubin, ambos de origem judaica, eram dois dos mais conhecidos líderes do Partido Internacional da Juventude (Yippies). Seale era fundador histórico do Partido dos Panteras Negras. E Weiner e Froines faziam parte do corpo docente, respectivamente, da Universidade de Northwestern e da de Oregon. Os dois últimos seriam os únicos absolvidos no julgamento, que somente começaria em setembro de 1969.

A querela judicial, que se estenderia por cinco meses, foi considerada uma ópera-bufa, com os manifestantes desafiando abertamente a autoridade do juiz Julius Hoffman. Este, em represália, mandou prender Seale à sua cadeira, em uma imagem degradante para a Justiça americana. Incansável, Seale denunciou Hoffman como racista e fascista e teve seu julgamento separado dos demais, a partir de então chamados de Os Sete de Chicago. Dellinger, Davis, Hayden, Hoffman e Rubin foram condenados a cinco anos de prisão cada, além de terem de arcar com todas as despesas do julgamento. Dois anos depois, todos foram perdoados quando apelaram à Corte do Sétimo Distrito. Bobby Seale vive recluso no Texas.

O escritor Norman Mailer, que depôs em favor dos Sete, descreveria o julgamento como "uma queda de braço passada ao vivo na TV entre a velha ordem e a ascendente contracultura". Não é de espantar que justamente Mailer sintetizasse o legado dos Sete de Chicago com uma frase que se transformaria em mantra das esquerdas americanas por toda uma década: "Eles entenderam que não é mais necessário atacar as fortalezas do poder. Tudo o que eles fizeram foi fazer caretas para as pessoas que estão lá dentro, os poderosos, e que os deixaram ter, sozinhos, seus ataques nervosos, que os destruíram por conta própria." Mailer remete à noção de que a utopia, artigo escasso no movimento progressista da primeira década do século XXI, é arma poderosa no embate com o status quo. Recordar os Sete é pensar, lembra Duncombe, que o sonho, o lúdico, a ironia são armas tão poderosas quanto as palavras de ordem mais tradicionais da velha esquerda.

Diagnosticado com desordem bipolar, Abbie Hoffman, que se tornaria uma espécie de militante-celebridade ambulante nas duas décadas após o julgamento, morreu em 1989, depois de ingerir 150 pílulas de fenobarbital. Tinha mestrado em Berkeley e fora aluno de Marcuse. Em 1966 descobrira o LSD e fundara o movimento Yippie. Dois anos depois de receber perdão, foi processado por porte e venda de cocaína e, para evitar a prisão, submeteu-se a uma cirurgia plástica e passou a usar o nome de guerra Barry Freed. Depois de viver seis anos escondido no estado de Nova York, se entregou à polícia em 1980.

Hoffman foi condenado a dois anos de trabalho comunitário e proibido de militar politicamente. Ele jamais respeitou a segunda parte da sentença. Em 1987, foi preso pela quadragésima segunda vez ao tentar impedir, juntamente com Amy Carter (filha do ex-presidente Jimmy Carter), um programa de recrutamento da CIA na Universidade de Massachusetts. Numa reunião dos Sete de Chicago em 1988, ele se apresentou como "Abbie Hoffman, um dissidente americano". Uma de suas últimas batalhas foi a de provar que os conservadores aninhados na campanha de Ronald Reagan para a sucessão de Jimmy Carter em 1980, sob a liderança de George Bush pai, haviam estabelecido uma ponte, via CIA, com a linha dura do governo Khomeini no Irã, a fim de retardar ao máximo a libertação dos 52 reféns americanos detidos em Teerã desde 1979. Em troca, o novo governo republicano enviaria armas e daria uma série de salvaguardas econômicas para os revolucionários iranianos. Curiosamente, os reféns foram libertados 20 minutos após o discurso de posse de Reagan. A última aparição de Hoffman na cena cultural americana se daria oito meses após sua morte, quando estreou nos cinemas *Nascido a 4 de julho*, emblemático filme de Oliver Stone. Hoffman aparecia como ele mesmo, enfrentando a polícia, bandeira nacional tricolor em punhos, em um protesto contra a Guerra do Vietnã.

Jerry Rubin era filho de um caminhoneiro e estudou sociologia em Israel. Protagonizou um dos momentos mais emblemáticos do julgamento ao se posicionar como um soldado germânico durante a Segunda Guerra Mundial e berrar na face de um petrificado juiz Hoffman: "Heil, Hitler!" Representante de seu tempo como poucos, o yippie acabou se tornando yuppie e, a partir de 1980, foi trabalhar em Wall Street. Rubin morreu em um acidente automobilístico em Los Angeles em 1994.

Dellinger tinha 54 anos quando do julgamento dos Sete de Chicago e foi acusado por Washington de ser "o mentor intelectual" do grupo. Cristão, evangélico e socialista, seguiu militando na esquerda do Partido Democrata (na convenção de 1996, aos 81 anos, foi recebido como herói pelos jovens ao discursar a favor do fim da chamada Guerra às Drogas,

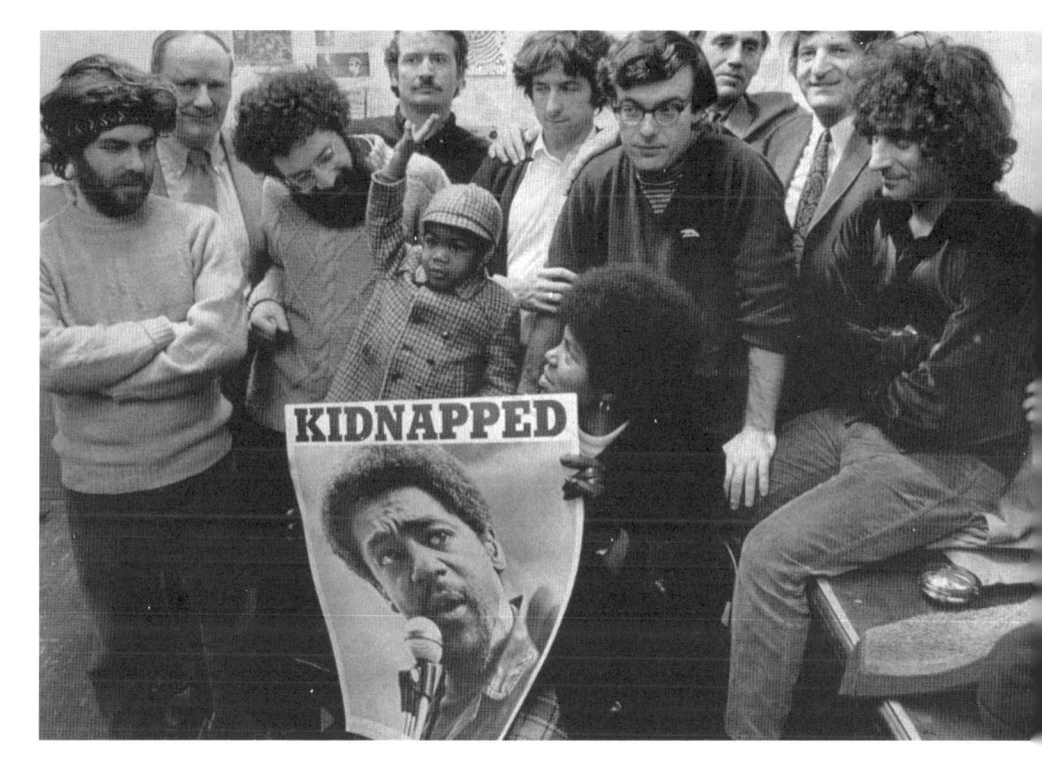

Os Sete de Chicago posam com um pôster de Bob Seale em que se lê: "SEQUESTRADO"

deslanchada pelo governo Reagan nos anos 80 e continuada pelos presidentes Bush pai e Clinton). Um dos mais importantes líderes pacifistas dos Estados Unidos, Dellinger morreu em maio de 2004 depois de um ataque cardíaco.

Rennie Davis foi uma das primeiras personalidades públicas a se voltar para o movimento holístico, ligando-se ao guru indiano Maharishi. Tornou-se especialista em autoajuda e meditação, dando palestras em todo o país e criando uma empresa voltada para a exploração comercial de produtos ligados a esses temas.

Tom Hayden era considerado o mais sensato e analítico do grupo. Em 1962, havia escrito o famoso discurso que sintetizava os ideais da chamada Nova Esquerda. Acabou se casando com a atriz Jane Fonda, visitou o Vietnã mais de uma vez e se elegeu para a Assembleia Legislativa da Califórnia.

John Froines se tornou professor da Universidade da Califórnia e participou do governo Carter, ocupando um cargo de segundo escalão na área de saúde. Lee Weiner prosseguiu seu trabalho como ativista na Liga de Antidifamação em Nova York e pelo direito dos pacientes contaminados pelo vírus HIV. Todos consideravam a Convenção Democrata de 1968 o momento mais significativo de suas vidas públicas.

O diretor de cinema americano Steven Spielberg planejava, em 2007, começar em março de 2008 as filmagens de *O julgamento dos Sete de Chicago*, com Sacha Baron Cohen (famoso pela criação do personagem Borat) vivendo Abbie Hoffman. A intenção de Spielberg era viajar para o século passado e fazer de sua câmera uma testemunha privilegiada dos passos dos manifestantes que queriam transformar a convenção nacional de 1968 do Partido Democrata em Chicago em um happening contra a Guerra do Vietnã.

Setembro

Nuvens negras no Planalto Central

O ano ia se encaminhando para o seu final. Mas antes que os fogos de artifício enfeitassem os céus saudando o novo ano que chegava, apareciam no horizonte signos inquietantes que não sinalizavam nada de bom. Trovões, relâmpagos e nuvens cinzentas anunciavam, para quem conseguia prever o que se escondia no futuro, que tempestades se avizinhavam.

Dia 2 de setembro em Brasília. Como é tradição no Planalto Central, os senhores deputados estavam mais preocupados em marcar suas passagens

Um discurso do deputado Márcio Moreira Alves irritou os militares e levou ao fechamento do Congresso

para passar o feriado de 7 de Setembro (Dia da Independência) em seus estados do que com o que acontecia na Câmara. No sonolento e vazio plenário sucediam-se discursos sem importância. A modorrenta sessão estava quase no fim quando o jovem deputado do Movimento Democrático Brasileiro (MDB) pelo Rio de Janeiro, Márcio Moreira Alves, o Marcito, pediu a palavra e ocupou a tribuna.

Advogado e jornalista, Márcio começou a trabalhar no *Correio da Manhã* com 17 anos e, em 1956, cobriu para o jornal carioca o conflito entre Inglaterra e Egito, que resultou na nacionalização do canal de Suez. Em 1960, visitou Cuba a convite de Fidel Castro, integrando a comitiva do então candidato à Presidência Jânio Quadros. Em 1964, apoiou o golpe militar de 31 de março contra o presidente João Goulart. Mas logo depois, com a edição pelos militares do Ato Institucional n.1 (AI-1), que, entre outras medidas, extinguia os partidos políticos existentes no país, passou para a oposição.

Chocado com a brutal invasão da Universidade de Brasília ocorrida dois dias antes, que deixara vários estudantes feridos, laboratórios depredados, salas de aula e dormitórios destruídos, Márcio propôs em seu discurso que o povo boicotasse os militares não participando das comemorações do Dia da Independência. Entre as ações sugeridas havia um apelo para que as moças não aceitassem convites para dançar dos cadetes das academias militares nos tradicionais bailes comemorativos do feriado.

O discurso não teve nenhuma repercussão. Passou em branco. Mas, para surpresa geral, quase duas semanas depois, no dia 13 de setembro, os ministros militares divulgaram uma ameaçadora nota oficial declarando-se ofendidos pelo discurso e exigindo a abertura de um processo contra o deputado. O Congresso teria de dar licença para o processo. Os políticos decidiram inicialmente ganhar tempo para ver se o humor militar melhorava. Em dezembro o Congresso entraria em recesso, todos sairiam de férias, o assunto ficaria então para o próximo ano e talvez os militares se acalmassem. Mas o plano não deu certo. Em 1º de dezembro o Congresso foi convocado extraordinariamente. No dia 12, numa raríssima manifestação de dignidade, negou permissão para o processo. No dia seguinte, foi fechado pelo AI-5. As garantias individuais foram suspensas, centenas de pessoas foram presas e o país mergulhou em um dos períodos mais sombrios de toda a sua história.

Márcio Moreira Alves encabeçou a lista dos primeiros cidadãos cassados (que perderam os direitos políticos) pelo AI-5. Junto com ele foram punidos mais 11 deputados. Perseguido pelos militares, Márcio deixou clandestinamente o país e buscou refúgio no Chile, onde permaneceu até 1971, quando se transferiu para a França. Retornou ao Brasil em setembro de 1979, logo após a promulgação da Lei de Anistia.

A repressão continuou ativa em setembro. No dia 29, a Polícia Militar cercou e invadiu o campus da Universidade Federal de Minas Gerais. Os policiais ocuparam o primeiro andar do prédio principal, enquanto cerca de 600 professores, funcionários e estudantes se posicionavam nos outros andares. O conselho de administração que estava reunido procurou negociar com os invasores, que acreditavam que um congresso clandestino da UNE estava sendo realizado no *campus*. As negociações envolveram até o então vice-presidente da República, Pedro Aleixo, e o senador Milton Campos. Convencidos de que não havia nenhum grande encontro estudantil, os policiais se retiraram.

Queda do ditador não derruba a ditadura

Se os brasileiros combatiam a ditadura, em Portugal os portugueses se livravam de um ditador, embora a ditadura ainda perdurasse por um tempo. Durante mais da metade do século passado, Portugal viveu debaixo dos caprichos ditatoriais de um homem chamado Antônio de Oliveira Salazar. Em 1968, Salazar foi afastado do poder após uma queda de uma cadeira – em 7 de setembro, quando passava férias no forte de Santo António do Estoril –, o que lhe causou danos cerebrais. Até o final de sua vida, dois anos depois, continuou recebendo visitas regulares de ministros e autoridades, acreditando que ainda era o chefe de Estado. Ninguém o contrariava. Foi ministro da Fazenda entre 1928 e 1932 e presidente do chamado Conselho de Ministros – que dirigia os destinos do país – de 1932 até 1968. Salazar implantou em Portugal um regime fascista, corporativo e ditatorial chamado Estado Novo, baseado no exercício solitário e incontestável de sua autoridade sobre todos os aspectos da vida em Portugal.

Em 1931, Salazar criou a União Nacional, o partido único que controlaria o país com mão de ferro durante 43 anos e do qual se nomeou presi-

A vaia em "Sabiá" e a torcida por Vandré
O exílio e o protesto

O tempo que se vivia em 1968 era um tempo de paixões. Pela política, contra a ditadura, pela arte. Os festivais de música acabavam se transformando em cenário de torcidas apaixonadas. Assim foi com o Festival Internacional da Canção (FIC), realizado anualmente de 1966 a 1972, no Maracanãzinho, no Rio. Era dividido em duas fases, nacional e internacional. A canção classificada em primeiro lugar na fase nacional representava o Brasil na fase internacional, disputando com representantes de outros países o prêmio Galo de Ouro, desenhado por Ziraldo. No FIC, Hilton Gomes, apresentador oficial, imortalizou a frase "Boa sorte, maestro!" e Erlon Chaves compôs o "Hino do FIC", tema de abertura do festival.

No III FIC, que aconteceu em setembro e outubro de 1968, duas canções disputavam o prêmio nacional: "Sabiá", de Tom Jobim e Chico Buarque, e "Pra não dizer que não falei de flores" ("Caminhando"), de Geraldo Vandré. Com uma letra explosiva em pleno regime militar, que incitava o povo a reagir e não esperar "acontecer" ("Quem sabe faz a hora/ Não espera acontecer"), Geraldo Vandré, sozinho no palco e de violão em punho, arrebatou um Maracanãzinho ávido por se pronunciar contra a ditadura e a falta de liberdade. "Sabiá", mais lírica e menos impactante, interpretada por Cynara e Cybele, era uma música que falava do exílio a que muitos artistas e intelectuais estavam sendo (e iriam ser, num futuro próximo) submetidos, e foi recebida como uma canção de amor. Também caiu no gosto do público, que se dividiu entre

Geraldo Vandré: quem sabe faz a hora

as duas, com torcidas. Mas quando o resultado final foi apresentado, uma boa parte vaiou a bela e sofisticada composição de Chico e Tom, achando que a música de Vandré só não ganhara porque criticava abertamente a ditadura militar. Chico e Tom tiveram de aguentar a chuva de vaias e Vandré saiu consagrado do Maracanãzinho, apesar do segundo lugar.

Apenas duas canções brasileiras foram contempladas com o Galo de Ouro: "Sabiá", vencedora em 1968, e "Cantiga por Luciana", de Edmundo Souto e Paulinho Tapajós, interpretada por Evinha e vencedora em 1969 do IV FIC.

Vencedoras do III Festival Internacional da Canção – 1968

1. "Sabiá"
(Tom Jobim e Chico Buarque, com Cynara e Cybele)

2. "Pra não dizer que não falei de flores" ("Caminhando")
(Geraldo Vandré, com Geraldo Vandré)

3. "Andança"
(Edmundo Souto, Danilo Caymmi e Paulinho Tapajós, com Beth Carvalho e Golden Boys)

4. "Passaralha"
(Edino Krieger, com o Grupo 004)

5. "Dia de vitória"
(Marcos Valle e Paulo Sérgio Valle, com Marcos Valle)

Tom, Cybele, Cynara e Chico: vaias no Maracanãzinho

Sabiá
Tom Jobim e Chico Buarque

Vou voltar
Sei que ainda vou voltar
Para o meu lugar
Foi lá e é ainda lá
Que eu hei de ouvir cantar
Uma sabiá
(Refrão)

Vou voltar
Sei que ainda vou voltar
Vou deitar à sombra
De uma palmeira
Que já não há
Colher a flor
Que já não dá
E algum amor
Talvez possa espantar
As noites que eu não queria
E anunciar o dia

Vou voltar
Sei que ainda vou voltar
Não vai ser em vão
Que fiz tantos planos
De me enganar
Como fiz enganos
De me encontrar
Como fiz estradas
De me perder
Fiz de tudo e nada
De te esquecer

(Refrão)

Pra não dizer que não falei de flores (Caminhando)
Geraldo Vandré

Caminhando e cantando e seguindo a canção
Somos todos iguais, braços dados ou não
Nas escolas, nas ruas, campos, construções
Caminhando e cantando e seguindo a canção

Vem, vamos embora que esperar
 não é saber
Quem sabe faz a hora não espera acontecer
(Refrão)

Pelos campos a fome em grandes
 plantações
Pelas ruas marchando indecisos cordões
Ainda fazem da flor seu mais forte refrão
E acreditam nas flores vencendo o canhão

Há soldados armados, amados ou não
Quase todos perdidos de armas na mão
Nos quartéis lhes ensinam a antiga lição:
De morrer pela pátria e viver sem razão

(Refrão)

Nas escolas, nas ruas, campos, construções
Somos todos soldados armados ou não
Caminhando e cantando e seguindo a canção
Somos todos iguais, braços dados ou não

Os amores na mente, as flores no chão
A certeza na frente, a história na mão
Caminhando e cantando e seguindo a canção
Aprendendo e ensinando uma nova lição

(Refrão)

dente. Declarando-se um defensor das doutrinas sociais da Igreja, Salazar impôs ao país e às suas colônias um retrógrado governo ditatorial que, no plano econômico, adotou uma radical política nacionalista, com medidas fortemente protecionistas e isolacionistas de natureza fiscal, tarifária e alfandegária. Os efeitos desastrosos dessa política foram sentidos por várias gerações de portugueses.

Esse regime criado por Salazar seria batizado de Democrata Cristão: Deus, Pátria e Família. Na imprensa portuguesa, totalmente censurada, Salazar era apresentado como o Salvador da Pátria. Tudo em Portugal se organizava em torno de corporações criadas e dirigidas pelo Estado. Durante esse período, Portugal, o mais pobre país da Europa, perdeu parte de sua população, que emigrou em busca de melhores condições de vida nas colônias ultramarinas, no Brasil ou em outros países europeus.

Em julho de 1936, com a deflagração da Guerra Civil Espanhola, Salazar não vacilou em se alinhar ao lado do general golpista Francisco Franco, com quem tinha muitas afinidades políticas e ideológicas. O ditador sempre negou que tenha enviado tropas e ajuda militar em auxílio de Franco, mas muitos historiadores garantem que militares portugueses combateram ao lado dos fascistas espanhóis.

A Segunda Guerra Mundial trouxe diversos problemas para Salazar. Em um complicado contorcionismo diplomático, por um lado teve de refrear suas simpatias pela Alemanha e a Itália em nome de uma política de neutralidade. Por outro, teve de se esforçar para convencer seu aliado espanhol, Franco, a também manter uma dúbia política de neutralidade, para impedir uma invasão, tanto dos países do Eixo quanto dos aliados.

Salazar conseguiu colher os benefícios de manter Portugal fora da tragédia da Segunda Guerra. Mas não teve habilidade para usufruir as benesses da paz. Desde o fim da guerra, em 1945, a comunidade internacional e a ONU defendiam um processo mundial de descolonização. Salazar negou-se terminantemente a aceitar a autodeterminação das colônias portuguesas. Sua decisão, que recebeu o nome de Orgulhosamente Sós, produziu um brutal isolamento político, econômico e cultural de Portugal no cenário internacional, com pesadas consequências para todo o país.

Era impossível deter a marcha da história. As revoltas anunciadas explodiram em todas as colônias ultramarinas: Moçambique, Angola, Guiné-Bissau, Timor Leste, com resultados nefastos. Portugal teve, então, de enfrentar uma desgastante guerra colonial, sem nenhuma perspectiva de vitória, que causaria milhares de vítimas e produziria um desastroso impacto econômico e político na sociedade portuguesa. A guerra colonial foi uma das principais causas do 25 de Abril – a Revolução dos Cravos, movimento militar que deu fim ao regime salazarista e implantou a democracia no país.

O ano de 1968 marcou o afastamento do ditador por motivo de doença. Nesse ano, ele seria substituído por Marcello Caetano na chefia do governo português. Mas a saída de cena de Salazar não significou o fim da ditadura. O governo de Caetano seguia os princípios salazaristas. Somente em 1974 Portugal teria, enfim, um regime democrático.

Mulheres na linha de frente

O feminismo teve grande repercussão em 1968, mas, bem antes disso, foi no duro trabalho nas fábricas que a emancipação das mulheres teve seu impulso principal. Durante as duas guerras mundiais, quando os homens foram para as trincheiras, as mulheres ocuparam seu lugar na linha de produção das fábricas e ganharam um espaço na sociedade que lhes dava agora a voz que nunca haviam tido. O trabalho, portanto, deu início à emancipação das mulheres, sobretudo daquelas mais pobres. Quando as sufragistas inglesas, por volta de 1880, exigiam o direito ao voto, estavam escoradas pelas trabalhadoras, principalmente as tecelãs, do país mais industrializado do mundo. O sufragismo, no mundo todo, era um canal de reivindicações sociais.

A afirmativa do historiador inglês Eric Hobsbawm, segundo a qual o mais importante acontecimento do século XX foi a emancipação da mulher, não é exagerada. Mas, apesar de todos os avanços femininos, as desigualdades persistem em todos os domínios, especialmente no que concerne à decisão política e econômica.

Quando as feministas americanas, lideradas por Robin Morgan, entre outras, queimaram sutiãs em Nova York, no fim de setembro de 1968, e

OS SONHOS SÃO REALIDADE

organizaram, no mesmo mês, o primeiro protesto contra o concurso de Miss América, abriram um caminho midiático para o feminismo, ao mesmo tempo em que escritoras como Betty Friedan, Sheila Rowbotham, Denise Riley, Judith Butler consolidavam a luta pelos direitos da mulher à independência, liberdade, instrução escolar e igualdade de condições no trabalho. O Brasil teve pioneiras como Bertha Lutz, Alice Tibiriçá e Nise da Silveira.

A historiadora francesa Michelle Perrot acredita que o feminismo ganhou força a partir de 1970, quando as mulheres começaram a ocupar as universidades, sendo a presença delas nos campi determinante. O movimento dos estudantes de 68 no mundo inteiro certamente contribuiu para o avanço das conquistas femininas, uma vez que se lutava pela liberdade e igualdade. Mas muitas líderes feministas, como Robin Morgan, romperam com os movimentos de esquerda, na época, e atacaram o que consideravam a "esquerda machista".

Depoimento

Mulheres em cena!

O golpe militar de 1964 interrompeu o sonho da participação política popular no Brasil. Sindicatos, associações e partidos seriam fechados ou "cooptados" pelo estado ditatorial. A cultura e a liberdade de expressão também seriam duramente perseguidas com a instituição da censura.

No mundo ocidental, o ano de 1968 foi marcado pela luta das chamadas minorias pelos direitos civis. Nos Estados Unidos, paralelamente à luta dos negros americanos por cidadania plena e os movimentos políticos contrários à Guerra do Vietnã, viu-se o ressurgimento do movimento de mulheres. Essa nova "onda feminista" distanciava-se da sua primeira versão – o sufragismo – em fundamentos teóricos e em propostas de luta. O feminismo contemporâneo questionava as diferenças de papéis entre homens e mulheres na sociedade, hierarquicamente estruturadas e naturalizadas pela visão biologizante que sustentou durante séculos as desigualdades entre os sexos.

Os acontecimentos em curso no plano internacional e o cerceamento das liberdades democráticas levaram centenas de brasileiras a se engajarem na luta contra a ditadura militar, como estudantes, intelectuais, parte do operariado urbano e de camponeses. Tal participação foi imprescindível na contestação do papel tradicional de mães e guardiãs da família e no descentramento do sujeito político universal, até então hegemonizado pelo discurso revolucionário totalizante.

Durante os chamados anos de chumbo, o Brasil contabilizou pelo menos 366 mortos ou desaparecidos políticos – destes 49 eram mulheres. Quarenta anos depois, um novo olhar sobre o passado revela que há muito a desvendar em relação à participação feminina na luta contra a ditadura, na defesa da liberdade e da igualdade no Brasil. Silenciadas pela história tradicional, que, em seus pressupostos globalizantes, reservou às mulheres um papel secundário, caudatário, à margem dos acontecimentos, é possível dizer que, assim como os homens, elas foram às ruas, ocuparam praças, pegaram em armas, foram presas, torturadas, mortas e muitas exiladas.

Embora as militantes de esquerda priorizassem o combate ao autoritarismo político e a luta de classes, não puderam ignorar as consequências que a ideologia feminista provocava na ordem vigente, ao incentivar a entrada das mulheres no espaço público e questionar o lugar de subalternidade a elas imposto pela sociedade. Não é de estranhar o impacto que a presença feminina provocou aos representantes do aparato repressor e, por consequência, as violências das quais foram vítimas. Tampouco podemos ignorar as discriminações que sofreram por parte de seus companheiros de luta, seja na ausência dos postos de comando das organizações a que pertenciam, na subestimação de suas capacidades físicas e estratégicas ou na superproteção.

Assim, a confluência das ideias feministas com os movimentos de esquerda não se deu sem conflitos. O feminismo problematizava a noção de superação das desigualdades fundadas apenas na transformação das relações econômicas, destacando outros campos utilizados para o exercício do poder, como as diferenças sexuais e as sexualidades. Por outro lado, a ortodoxia e o masculinismo da esquerda da época relegavam a questão de gênero a um plano secundário, muitas vezes localizando suas defensoras como separatistas, pequeno-burguesas preocupadas com o específico e podendo colocar em risco a ideologia de classe.

É possível dizer que foi no contexto de crise da democracia e construção de novos modelos sociais que emergiu no Brasil o feminismo organizado dos anos 70. Impulsionados por algumas militantes da esquerda revolucionária, intelectuais e pelas ex-exiladas, que traziam na bagagem a experiência do feminismo europeu, diversos grupos de mulheres começaram a se formar nessa década. Debatiam-se com questões de fundo: feminismo ou feminino? Luta geral ou luta específica? Da salvação do povo ou da classe operária – dependendo da linha política – para a salvação das mulheres e a derrocada do patriarcado. Por onde começar? Quais questões priorizar? Quais mulheres "salvar"? Todas? As mais oprimidas? E quem é o inimigo principal: o homem ou o capitalismo? E afinal, quem somos? Cadê a nossa identidade e o nosso prazer? O que fazer com nossa sexualidade? Como lidar com nosso afeto, nossos filhos, nossos homens? Seremos todas irmãs na luta pela igualdade? E a liberdade, onde vamos encontrá-la?

Muitas estavam convencidas de que era preciso derrubar o regime militar e construir uma nação socialista para garantir a igualdade de todas e todos. Outras defendiam que a luta contra o patriarcalismo deveria acontecer simultaneamente à luta pela democracia, e assim muitos feminismos foram sendo gestados, colocando a supremacia masculina em xeque, denunciando a violência sexual e lutando pelo direito ao prazer.

Apesar de todo o preconceito que ainda envolve a utopia revolucionária germinada em 1968, não há como negar que nesse período surgiram novos cenários onde se questionaram valores, saberes, poderes, buscaram igualdade e justiça social e se gritou por respeito às diferenças. Nesse contexto, é inegável a contribuição do feminismo ao alertar contra qualquer manifestação de autoritarismo, sexismos, racismos e heterossexismos. Diferentemente dos demais movimentos políticos – como o fascismo, o nacionalismo e o comunismo –, o feminismo promoveu mudança de comportamentos sem utilizar a força e sem derramar uma única gota de sangue. Plural, sem dono nem estruturas de controle centralizadas e sem aspiração de tomada do poder, o feminismo segue revigorado, defendendo a democracia radical, erguendo suas bandeiras de liberdade e igualdade entre os sexos, acatando novos desafios e espalhando transformações por onde quer que passe.

Tomara muito em breve a história possa reconhecer as Amelinhas, Anas, Cidas, Dilmas, Eleonoras, Gutas, Heleniras, Lucias, Marilenas, Mirians, Veras, Telmas e tantas outras como sujeitos políticos que, ativamente, contribuíram para a implantação da democracia no Brasil, subvertendo o lugar historicamente legado às mulheres na sociedade e possibilitando outras representações do feminino.

SCHUMA SCHUMAHER
militante feminista e coautora de
Dicionário mulheres do Brasil
e Mulheres negras do Brasil

Feministas americanas nas ruas contra o concurso de Miss América

De modo geral, o avanço social das mulheres ainda está muito restrito àquelas das camadas médias e altas da sociedade, principalmente nos países pobres e em desenvolvimento. Na França, segundo Perrot, o feminismo de classe média penetrou no meio popular de diversas formas: na vontade que as mulheres de baixa renda manifestam de ter acesso à contracepção, no seu desejo de autonomia, na afirmação visual das garotas da periferia, na garra que elas têm de estudar e nos recorrentes protestos contra a violência doméstica. Existe até um movimento nos *banlieues* cujo slogan é *"ni putes, ni soumises"* ("nem putas, nem submissas").

Carrancas e guardas vermelhos

Na China, a população assistia ao esfriamento da Revolução Cultural. No dia 6 de setembro, Mao Tsé-tung, o Grande Timoneiro, parecia ter chegado à conclusão de que o barco chinês corria o risco de naufragar. Os jovens que ele mobilizara – impulsionados pelo *Livro vermelho*, com seus pensamentos – para serem os guardas vermelhos da Grande Revolução Cultural e Proletária tinham ido longe demais no seu fervor revolucionário e no culto à personalidade. Através de um decreto, Mao tentou, sem sucesso, organizar e frear a ação desestabilizadora dos quase 20 milhões de jovens que se consideravam guardiãos da revolução. Somente no ano seguinte, e com a ajuda do Exército, é que conseguiria desmobilizar a Guarda Vermelha. Como tinha acontecido alguns anos antes com o Grande Salto para a Frente, a Revolução Cultural de Mao havia mergulhado a China na desordem, no caos econômico e na anarquia. Seus efeitos continuariam sendo sentidos até a morte de Mao, em 1976.

Em Praga, na ex-Tchecoslováquia, o país via entristecido o golpe final na primavera da liberdade. Em vez do "rosto humano do socialismo", os tchecos viram apenas a carranca dura e mal-humorada das centenas de milhares de soldados soviéticos que invadiram o país. No dia 4 de setembro a censura foi oficialmente restabelecida. Fim de linha para os jornais livres, os espetáculos teatrais, filmes, publicações estrangeiras e editoras independentes. Milhares de pessoas deixaram a Tchecoslováquia e buscaram refúgio em outros países.

Mao Tsé-tung mobilizou 20 milhões de guardas vermelhos para defenderem os valores da revolução chinesa

Entre o rock e o comunismo

Quase 40 anos mais tarde, os acontecimentos da primavera tcheca ainda encontram eco na cultura mundial. *Rock 'n' Roll*, peça do consagrado dramaturgo inglês Tom Stoppard que trata dos acontecimentos de 1968 em torno da Primavera de Praga, foi um dos grandes sucessos na temporada teatral do verão londrino de 2006 e em Nova York, em montagem de 2007. A peça de Stoppard – tcheco naturalizado inglês que deixou seu país com os pais aos dois anos de idade, rumo à Inglaterra, onde se tornou jornalista e dramaturgo – trata do período que vai da Primavera de Praga à Revolução de Veludo. Seu olhar parte de duas perspectivas: a do jovem idealista tcheco que volta à terra natal justamente quando os tanques soviéticos entram na cidade para esmagar o grito de liberdade das ruas, e a do intelectual de esquerda inglês, seu professor, que defende com fervor as teses marxistas da ditadura do proletariado e o regime comunista soviético. O primeiro ama a justiça social e o rock 'n' roll; o segundo, a justiça social e o socialismo. Um representa a resistência ao regime comunista repressor e pró-soviético tcheco. O outro, a esquerda europeia engajada, que está do lado de fora da chamada Cortina de Ferro e aprova o regime de Moscou.

As discussões provocadas pelo jovem tcheco, que ao longo da peça se afasta cada vez mais dos ideais socialistas para se aproximar da visão libertária e não conformista do rock da época, se intensificam à medida que ele questiona as ideias comunistas do velho professor, por quem nutre carinho de filho. O professor, por sua vez, reafirma sua ideologia, enquanto tem que aturar uma filha hippie que não se interessa por política e passa a vida tentando se encontrar. O cenário é o retrato de 1968, com todas as suas contradições, polêmicas e anseios de liberdade. O professor idealista vê, entretanto, afastar-se cada vez mais a possibilidade de que seu aluno seja herdeiro de seus ideais, quando este retorna à Tchecoslováquia e se desencanta com a situação do país. Antes de partir, o jovem diz a seu professor que, para ser um bom comunista, "é preciso primeiro ser bom". Está instalada aí, nessa frase, a divergência tão acirrada nessa época entre o comunismo formal e a esquerda idealista.

Mas a essência da peça de Stoppard, que retrata muito bem os impasses de 68, está na música. O professor inglês vai várias vezes a Praga e constata que a música, o rock 'n' roll, com suas letras libertárias, empurra seu jovem aluno para longe dos dogmas comunistas. E o aluno se desilude completamente quando o regime tcheco passa a confiscar seus discos de rock e a perseguir a banda tcheca Plastic People of the Universe.

Na vida real, esse grupo, formado em 1968, catalisou o desejo de democracia na Tchecoslováquia. Embora apenas uma de suas canções fosse de "protesto", sua música era símbolo da liberdade que se buscava. Seus integrantes, tanto na peça quanto na realidade, acabariam presos, em 1976, para total desgosto do aluno do professor inglês na peça de Stoppard, então um homem de meia-idade. Ele só adere à dissidência quando sua banda predileta é presa. A peça, toda ela permeada por músicas de Pink Floyd, Bob Dylan, Rolling Stones, U2, The Doors, Plastic People of the Universe, termina apoteoticamente com a ida do jovem e seus amigos ao primeiro concerto dos Rolling Stones na Praga pós-comunista da década de 1990.

Pessoas de plástico

Na Tchecoslováquia de 1968, os roqueiros da Plastic People eram detestados pelo regime comunista porque tinham uma estética ocidental e capitalista: usavam cabelos longos e roupas ao estilo hippie e à la Carnaby Street. Durante a Primavera de Praga incomodavam menos por ameaçar o regime do que por ignorá-lo. Sua suprema indiferença era o que irritava as autoridades tchecas. Em 1970, o governo revogou as credenciais de músicos profissionais do grupo e cortou seu acesso aos equipamentos musicais e às apresentações oficiais. Eles continuaram se apresentando em raras ocasiões, em eventos clandestinos. Até que, em 1976, num desses concertos, a polícia prendeu, por perturbação da ordem, 27 pessoas e mais o grupo inteiro, que depois foi condenado. Os jovens dissidentes tchecos tomaram as dores de bandas de rock como a Plastic People e se aliaram aos "alternativos" da Tchecoslováquia. Como no Brasil da ditadura, esses jovens foram perseguidos, presos e, muitas vezes, espancados.

Como reação à prisão da banda, entre outros motivos, um novo movimento de contestação ao regime começou a se estruturar na Tchecoslováquia, com a publicação da "Carta 77", um manifesto assinado por artistas e intelectuais que denunciava a repressão e a violação dos direitos humanos. Pressionada pelo governo comunista, a Plastic People acabou assinando um documento contra a "Carta", embora fosse favorável a ela. O movimento da "Carta 77" levou, no final das contas, à Revolução de Veludo, que pregava a mudança pacífica do sistema. Em 1989, quando já estava em curso a perestroika de Mikhail Gorbachev, na URSS, Václav Havel tornou-se o pri-

Plastic People of the Universe, a banda tcheca que desafiou o comunismo

meiro presidente tcheco do pós-comunismo. A Plastic People dissolveu-se, só voltando a se reunir em 1997, para o vigésimo aniversário da "Carta 77".

Quando a peça de Stoppard estreou em Londres, estavam na plateia do Royal Court Theatre Mick Jagger e David Gilmour, do Pink Floyd, além de Václav Havel, a quem a peça é dedicada. Este e Stoppard, que hoje beiram os 70 anos de idade, são amigos desde os anos 60, e Havel é muito grato ao companheiro que o defendeu publicamente quando ele foi preso pelo regime comunista de Praga, na década de 1970.

A peça de Stoppard revolve as questões que perseguiram gerações de jovens idealistas nos anos 60 e 70, quando se queria liberdade, justiça, igualdade social, paz e amor. Em *Rock 'n' Roll*, Stoppard volta a tocar em questões básicas que surgiram com força em 1968. O jovem tcheco persegue a felicidade na liberdade e no individualismo. O professor idealista, no bem coletivo. Serão esses dois desejos antagônicos? Em termos de contestação e libertação das convenções e dogmas vigentes, a questão por trás de todo o debate talvez seja esta: é possível conciliar o desejo de liberdade com o sonho de igualdade? Havel, em entrevista que deu na altura da estreia da peça em Londres, afirmou que, na época em que a peça se passa, "toda expressão de liberdade acabava em conflito com o sistema".

Filmes estrangeiros lançados em 1968

2001: uma odisseia no espaço
(*2001: A Space Odyssey*)
dir.: Stanley Kubrick

As sandálias do pescador
(*The Shoes of the Fisherman*)
dir.: Michael Anderson. Adaptado do best-seller de Morris L. West

Asterix e Cleópatra
(*Astérix et Cléopâtre*)
dir.: René Goscinny e Lee Payant

Barbarella
(*Barbarella*)
dir.: Roger Vadim

Beijos proibidos
(*Baisers volés*)
dir.: François Truffaut

Bullitt
(*Bullitt*)
dir.: Peter Yates

Cerimônia secreta
(*Secret Cerimony*)
dir.: Joseph Losey

Crown, o Magnífico
(*The Thomas Crown Affair*)
dir.: Norman Jewison

Desafio das águias
(*Where Eagles Dare*)
dir.: Brian G. Hutton

Django não perdoa, mata
(*L'Uomo, l'orgoglio, la vendetta*)
dir.: Luigi Bazzoni

Faces
(*Faces*)
dir.: John Cassavetes

Meu nome é Coogan
(*Coogan's Bluff*)
dir.: Don Siegel

O aniversário
(*The Anniversary*)
dir.: Roy Ward Baker

O bebê de Rosemary
(*Rosemary's Baby*)
dir.: Roman Polanski

O leão no inverno
(*The Lion in Winter*)
dir.: Anthony Harvey

O planeta dos macacos
(*The Planet of the Apes*)
dir.: Franklin J. Schaffner

Primavera para Hitler
(*The Producers*)
dir.: Mel Brooks

Quem dispara primeiro?
(*...e per tetto un cielo di stelle*)
dir.: Giulio Petroni

Romeu e Julieta
(*Romeo and Juliet*)
dir.: Franco Zeffirelli

Teorema
(*Teorema*)
dir.: Pier Paolo Pasolini

Um estranho casal
(*The Odd Couple*)
dir.: Gene Saks

Uma pistola para cem caixões
(*Una pistola per cento bare*)
dir.: Umberto Lenzi

Viva Django
(*Preparati la bara!*)
dir.: Ferdinando Baldi

O Grande Salto que não foi adiante

Em 1968, a China estava totalmente mergulhada no auge de um dos mais enigmáticos e misteriosos acontecimentos daqueles tempos, a chamada Grande Revolução Cultural e Proletária, que durou de 1966 a 1976. Mao Tsé-tung (ou Mao Zedong), o Grande Timoneiro ou o Guia Genial da Revolução Chinesa, passou, após seu rompimento com a ex-União Soviética, em 1960, a exercer uma forte influência sobre os movimentos revolucionários europeus, que, para se diferenciarem das organizações ditas "revisionistas" e "pró-soviéticas", acrescentaram a seus nomes a sigla ML (Marxista-Leninista).

Jovens maoístas ocidentais e suas organizações começaram então a pregar uma revolução baseada no cerco das grandes cidades pelos camponeses, seguindo a clássica cartilha que funcionara na China. Uma das palavras de ordem mais populares nas manifestações estudantis da Europa e da Ásia em 68 era "Mao, Marx, Ho Chi Minh", mesmo que a tese de Marx defendesse que a revolução comunista seria obra da classe operária e se daria num país industrial e desenvolvido, e mesmo que essa tese já fosse questionada pela Nova Esquerda.

Como explicar a atração que o maoísmo rural e subdesenvolvido exerceu sobre uma sofisticada parcela de estudantes nos países ocidentais desenvolvidos? Em 1960, quando rompeu com a União Soviética, acusando-a de privilegiar um "comunismo burguês e burocrático", a China passou a se apresentar como exemplo do "verdadeiro comunismo revolucionário". Um país atrasado, com a grande maioria de sua enorme população vivendo no campo, ousava desafiar ao mesmo tempo as duas nações mais poderosas do mundo, a URSS, "pátria-mãe" do comunismo, e o imperialismo americano, o "tigre de papel", como Mao o chamava. Os chineses foram os primeiros a rejeitar o modelo de produção industrial em larga escala.

A China criticava duramente o modelo soviético, que priorizava a produção industrial massiva em detrimento dos investimentos na agricultura, e denunciava a centralização excessiva e os abusos do sistema repressivo. As críticas da China estavam ancoradas no seu extraordinário esforço para construir um regime socialista num gigantesco país subdesenvolvido e que concentrava suas atividades no campo.

No final dos anos 50, baseado na realidade chinesa, Mao lançou o Grande Salto para a Frente, pelo qual, através de um impressionante esforço, procurou mobilizar centenas de milhões de camponeses para a modernização das áreas rurais e a criação de uma incipiente e rudimentar indústria descentralizada, voltada principalmente para a fabricação de tratores e máquinas agrícolas. Nesse momento foram criadas as Comunas Populares, organizações de massa que tinham como objetivo servirem não apenas como unidades de organização da produção, mas também como instrumento para o debate ideológico e a construção do comunismo.

As contradições entre os dois maiores países comunistas do planeta jamais haviam sido tão claras e tão profundas. Os soviéticos defendiam que a construção das bases do socialismo passava por uma planificação centralizada e a montagem de uma poderosa estrutura industrial, enquanto os chineses priorizavam o desenvolvimento agrícola e a descentralização. Mao propunha que, no lugar do poder centralizado dos técnicos, se apostasse na "política no posto de comando" e atacou duramente o que chamou de "revisionismo moderno" de Nikita Kruschev, o premier soviético. Em represália, os soviéticos chamaram de volta todos os seus técnicos e especialistas que trabalhavam na China. O rompimento estava consumado. Comunistas de todo o mundo também se viram no dever de se reposicionar.

Os países do chamado Terceiro Mundo, igualmente subdesenvolvidos e rurais, olhavam com preocupação e admiração o que acontecia na China. Para os jovens, especialmente os europeus, a revolução maoísta possuía o mérito de ter como um de seus pilares o anticonsumismo, o antídoto que eles defendiam contra o desperdício e a "prosperidade deformada e doentia" que era o fundamento do crescimento econômico do

Ocidente consumista. Um movimento chamado O Desabrochar das Cem Flores, de crítica ao poder, foi lançado por Mao, atacando seus inimigos dentro do PCC.

O Grande Salto para a Frente foi um monumental fracasso que resultou na completa desorganização da economia, na morte pela fome de milhões de camponeses e no ostracismo de Mao, que foi afastado da condução dos assuntos internos do país. Mas Mao conseguiu sobreviver politicamente ao desastre e seguiu no comando da política externa chinesa. Numa tentativa de recuperar o poder perdido, em um documento interno acusou o Partido Comunista de estar infiltrado de revisionistas que planejavam instaurar o capitalismo no país. Esse foi o início do que seria chamado de Grande Revolução Cultural Proletária.

Os primeiros a atender ao chamado de Mao, em 29 de maio de 1966, foram os estudantes da Universidade de Tsinghua, em Pequim, mas, como fogo empurrado pelo vento, a ideia rapidamente incendiou todo o país. Os agentes do movimento eram principalmente os jovens, que eram estimulados a combater o "elitismo, o revisionismo e a mentalidade burguesa". A intenção era promover a "ruptura com o pensamento e tradições de milênios, arrancando pela raiz a velha ideologia, a antiga cultura, os ancestrais usos e costumes criados por todas as classes de exploradores dos últimos séculos e criar entre as massas uma cultura totalmente nova para os usos e costumes do proletariado". Tratava-se de eliminar todos os vestígios do passado que não tivessem ligação com as ideias da China comunista.

Em 1968, a Revolução Cultural chegou a mobilizar mais de 20 milhões de jovens fanáticos que formavam a Guarda Vermelha. Munidos do *Livro vermelho* com os pensamentos do camarada Mao, os guardas vermelhos praticavam um ostensivo culto à personalidade de seu líder, transformado quase em um deus. Era a geração de 68 em sua versão chinesa. Como seus contemporâneos do resto do mundo, contestavam as gerações mais velhas e tendiam para a radicalização de esquerda. Formavam a primeira geração de jovens nascidos após a Revolução de 1949. Ironicamente, endeusavam integrantes da geração anterior: eram chefiados por Chiang Ching (Jiang Qing, na transliteração do chinês atual), a mulher de Mao, que, junto com Chang Chun-chiao, Yao Wenyuan e Wang Hongwen, formou o mais tarde denominado Bando dos Quatro ou Camarilha dos Quatro. A justificativa principal da Revolução Cultural era manter e estimular o fervor revolucionário e um estado permanente de luta e superação na sociedade, sem os quais, no entender de Mao, a revolução comunista estaria condenada ao fracasso.

Os resultados foram trágicos. Os guardas vermelhos se lançaram numa onda de perseguições políticas tendo como alvo os inimigos de Mao. Líderes e intelectuais do partido foram humilhados, espancados e muitos deles assassinados. Cientistas foram obrigados a abandonar suas aulas e pesquisas e trabalhar como lixeiros ou faxineiros. Filhos denunciavam seus pais como contrarrevolucionários, expondo-os a riscos e humilhações, professores foram agredidos por seus alunos, aulas foram suspensas e estudantes enviados aos campos e fábricas para conhecer a realidade da vida dos camponeses e operários. A cultura não escapou da fúria "purificadora" dos guardas vermelhos, que também se voltaram contra o extraordinário patrimônio da época feudal, destruindo templos, esculturas, livros, manuscritos que não tivessem conteúdo revolucionário. Peças shakespearianas como *Romeu e Julieta* foram vetadas e censuradas. Patrimônios culturais, como a Ópera de Pequim, foram proibidos, seus cenários e guarda-roupas foram queimados. Tentou-se demolir a Grande Muralha.

Logo a Grande Revolução Cultural Proletária escapou ao controle de seus idealizadores. Foi um período de enorme turbulência, de paralisia e de desordem na economia já duramente golpeada pelo Grande Salto para a Frente. Os excessos da Guarda Vermelha forçaram, em 1968, uma intervenção do Exército com o apoio de Mao. No início do ano seguinte, ela seria extinta por determinação do Partido Comunista durante seu IX Congresso, o que marcou formalmente o fim da Revolução Cultural.

Mas a decisão do Partido Comunista não pacificaria inteiramente a China. O país só voltaria à normalidade com a morte de Mao, em 1976. Nenhuma comemoração oficial lembra hoje o aniversário da Revolução Cultural, mas existe entre as autoridades chinesas o cuidado de preservar a imagem do Grande Timoneiro. O Bando dos Quatro é execrado e diz-se que Mao foi influenciado negativamente por eles e, especialmente, por sua mulher, Chiang Ching. Ao se referir a essa época, o que faz raramente, o governo chinês vagamente lamenta "os dez anos perdidos". Oficialmente são admitidas 34 mil mortes no período, mas poucos acreditam nessa informação e estimam em milhões o número de vítimas.

Um dos dirigentes mais perseguidos pelos guardas vermelhos, Deng Xiaoping voltou ao poder nos anos 70 e se tornou o arquiteto da revolução econômica, responsável pela transformação da China numa superpotência do século XXI.

Outubro

Pancadaria na Maria Antônia

Os estudantes brasileiros continuaram sendo o alvo prioritário da ditadura e dos grupos de extrema direita e a violência estava cada vez mais presente em todas as manifestações estudantis. Tiros e pancadaria passaram a ser uma constante, pois os militares viam nos protestos de rua um ato de guerrilha urbana que deveria ser brutalmente reprimido. No dia 3 de outubro explodiu uma violenta batalha entre estudantes da Universidade de São Paulo (USP) e

Luís Travassos (à esq.) e José Dirceu na batalha da Maria Antônia, que deixou um morto e envolveu alunos da USP e agentes do CCC da Mackenzie

integrantes do Comando de Caça aos Comunistas (CCC), infiltrados entre os alunos da Universidade Presbiteriana Mackenzie, que ficou conhecida como a Batalha da Maria Antônia (rua que separa as duas universidades).

Na Maria Antônia ficava localizado o centro da agitação do movimento estudantil de São Paulo. No prédio da USP estavam algumas das principais faculdades da universidade, entre elas a de Filosofia, Letras e Ciências Humanas, Psicologia, Arquitetura, Economia e Administração. Segundo José Dirceu, então presidente da União Estadual dos Estudantes (UEE), a Mackenzie tinha um grupo bem atuante e provocador de direita, mas a maioria dos alunos apoiava o movimento estudantil, a UEE e a UNE. Além disso, a esquerda controlava quatro dos cinco centros acadêmicos da universidade. Para Dirceu, a batalha da Maria Antônia foi culpa de uma minoria de estudantes direitistas da Mackenzie ligada ao CCC, que usava armas exclusivas das Forças Armadas e fora treinada pelo Dops. No conflito, o secundarista José Carlos Guimarães morreu baleado.

No dia 6 de outubro, estudantes do Rio e de São Paulo realizaram manifestações nas ruas e foram violentamente reprimidos.

Ibiúna – Uma derrota histórica

Sábado, 12 de outubro de 1968. Nesse dia, o movimento estudantil sofria a maior derrota de toda a sua história. Forças policiais (Dops paulista e Polícia Militar) estouraram o XXX Congresso da União Nacional dos Estudantes, que se realizava clandestina e precariamente num isolado e enlameado sítio chamado Murundu, localizado no município de Ibiúna, uma pequena cidade de 6 mil habitantes, no interior sul do estado de São Paulo. Cerca de mil jovens foram presos, juntos com toda a liderança do movimento.

Os estudantes eram o principal e mais atuante setor de oposição à ditadura militar. A queda do congresso e a prisão de seus mais ativos quadros foi um duro golpe e uma terrível desmoralização para o movimento estudantil, alegremente comemorado pela repressão. Marcou também o fim de um longo processo político que havia começado em 1966 e que teve como uma de suas características principais a crescente radicalização, especialmente depois do assassinato do secundarista Edson Luís, no restaurante do Calabouço, no Rio de Janeiro.

As principais lideranças alegaram que, por razões de segurança, só souberam em que lugar o congresso seria realizado depois de terem sido levadas para o local. Os primeiros grupos de estudantes, saídos de quase todos os estados do país, começaram a chegar a Ibiúna na terça-feira. Da cidade eram levados para o sítio, a cerca de 15 quilômetros de distância, através de uma estrada de terra em péssimas condições. Toda a região sofria há quase um mês com chuvas ininterruptas. O plenário onde deveria se realizar o congresso, que ficava num barranco no qual haviam sido escavados degraus, se desfez com a chuva.

Os primeiros a desconfiar que algo estranho estava acontecendo na pacata região foram os comerciantes, espantados com o desembarque incessante de jovens e as volumosas compras que faziam, de material de higiene pessoal a alimentos. Um agricultor, Miguel Goes, que fora ao sítio Murundu cobrar uma antiga dívida de um saco de milho, levou um susto com o que viu e acabou sendo preso durante dois dias pela "segurança" dos estudantes. Ao ser solto procurou o delegado local e fez a denúncia. Através de agentes infiltrados, o Dops paulista já sabia da realização do congresso. Apenas não

A prisão de quase mil estudantes em Ibiúna marcou um melancólico fim de ano para o movimento estudantil

conhecia a exata localização do sítio e estava fazendo buscas na região de Vinhedo, no noroeste do estado, a 85 quilômetros da capital.

A força que cercou e invadiu o Murundu, formada aproximadamente por 250 policiais, era comandada pelo delegado José Paulo Bonchristiano, do Dops de São Paulo. Como a estrada estivesse intransitável, os policiais chegaram ao sítio em carroças ou a pé. Cercaram o pequeno vale, deram alguns tiros para o alto e os estudantes se renderam. "Foi uma das operações mais bem-sucedidas que fiz na vida. Disso eu me orgulho", declarou à época Bonchristiano à *Folha de S. Paulo*. Graças à sua fama de "linha-dura", Bonchristiano era também conhecido no Dops como Cacete e Bala. Para Dirceu, "mesmo sem chuva o local seria inadequado. Havia chovido durante 30 dias e a coisa ficou insuportável. A gente dormia na lama, as meninas

··Eles que amavam tanto a revolução·

José Dirceu
estudante, militante, ex-deputado, ex-presidente do Partido dos Trabalhadores, ex-ministro

Em depoimentos à *Folha de S. Paulo* e a Silvio Da-Rin (no livro *Hércules 56*), José Dirceu afirmou que considera que o maior legado dos acontecimentos de 68 é cultural. Ele diz que a agitação estudantil foi um amplo movimento cultural que expressou as transformações que ocorriam, naquela época, no Brasil. O país atravessava um processo de modernização e urbanização, criando uma sociedade de consumo que ansiava por mudanças estruturais. Mas tudo isso era reprimido por uma onda conservadora. Os estudantes se revoltaram contra esse reacionarismo que reprimia os jovens.

Ele acredita que um dos problemas das organizações de esquerda que adotaram a luta armada como meio de transformação da sociedade foi não terem tido sensibilidade para perceber o apoio social que a ditadura havia conquistado em função do "milagre econômico", que permitira taxas elevadas de crescimento. Dirceu critica a luta armada, que se tornou, equivocadamente, a única forma de resistência à ditadura militar. Não houve a sabedoria de combinar luta legal com ilegal, enfrentamento político com ações militares. Não se conseguiu combinar formas diferentes de lutas. E rompeu-se a ligação com a política tradicional, que era representada pelo Movimento Democrático Brasileiro (MDB). Para o ex-

passavam mal, várias chegaram a desmaiar. Não havia como tomar banho, os banheiros eram improvisados e faltavam mantimentos. Se eu pudesse voltar no tempo, não faria o congresso em Ibiúna. Arriscaria fazer no Crusp [Centro Residencial da USP]".

Bonchristiano estava preparado para encontrar e enfrentar "gente armada, guerrilheiros perigosos. Quando vimos, era um bando de adolescentes com frio, amarelos, passando fome, sem a menor chance de resistir". Os paulistas José Dirceu e Luís Travassos foram logo identificados e embarcados numa Rural Willys que os levou para a sede do Dops. Vladimir não foi reconhecido imediatamente. Foi levado de ônibus para São Paulo. Quase conseguiu fugir no momento do desembarque, mas foi visto e denunciado por um policial aposentado. Não ter conseguido escapar é uma das grandes decepções de sua vida.

---

ministro, a luta armada era correta do ponto de vista ético, já que a ditadura havia quebrado a legalidade e imposto um regime autoritário e ilegal.

Dirceu destaca o espírito libertário de 68 e diz que foi contra a invasão da então Tchecoslováquia e o esmagamento da Primavera de Praga pelos tanques soviéticos: "A invasão ia contra o espírito de liberdade e criatividade da geração de 68." Ele ressalta também as transformações no comportamento dos jovens, que passaram a se vestir de uma maneira diferente, deixaram os cabelos crescer, questionaram os padrões predominantes no relacionamento entre os sexos. O papel secundário das mulheres foi criticado e elas passaram a se destacar nas reuniões, assembleias e passeatas do movimento estudantil.

A participação da juventude nas atividades culturais foi outro fator importante. Dirceu cita o teatro, o cinema, a música e chega a especular que, se não fosse o golpe militar, 1968 poderia ter tido o peso de uma segunda Semana de Arte Moderna para o país. Os estudantes foram agentes fundamentais nesse surto de renovação. Formaram o público preferencial da revolução teatral, dos festivais de música, do cinema e das mostras de artes plásticas. Os questionamentos sociais, culturais e comportamentais estão, para Dirceu, intrinsecamente ligados à rebeldia estudantil e à resistência contra a repressão e a ditadura.

Como a maioria dos jovens estudantes de sua geração, Dirceu se considera um privilegiado, por ter vivido os acontecimentos que fizeram de 68 um ano único na história do século XX.

Não havia consenso no congresso e várias candidaturas disputavam o cargo de presidente da UNE, ocupado por Luís Travassos, ligado à Ação Popular (AP). Os três candidatos eram José Dirceu, apoiado por Vladimir Palmeira e ligado à Dissidência Comunista da Guanabara (DI), Jean-Marc van der Weid, apoiado por Travassos, e Marcos Medeiros, do Partido Comunista Brasileiro Revolucionário (PCBR).

Na madrugada de sexta-feira para sábado, os estudantes ficaram sabendo que a polícia estava chegando e que todos seriam presos na manhã seguinte.

Dois dias depois da queda do congresso, o movimento estudantil tentou desesperadamente dar um sinal de que ainda respirava. Em várias capitais foram realizados protestos em solidariedade aos presos de Ibiúna, exigindo a sua imediata libertação. No dia 22 de outubro, uma manifestação dos alunos da Faculdade de Ciências Médicas da Universidade do Estado do Rio de Janeiro (Uerj), junto ao Hospital Pedro Ernesto, no bairro de Vila Isabel, foi violentamente reprimida. Um estudante morreu e sete ficaram feridos a bala. Foi o último protesto estudantil do ano.

Os grupos paramilitares de extrema direita, especialmente os ligados ao CCC, seguiram ativos no segundo semestre do ano visando principalmente teatros, editoras e bancas de jornais. Uma bomba explodiu na Editora Tempo Brasileiro no dia 7 de setembro e outra em 13 de outubro, na Civilização Brasileira. Em 4 de outubro, a peça *Roda viva* foi novamente alvo da direita, dessa vez em Porto Alegre. O teatro foi invadido, vandalizado e os atores foram sequestrados, sofreram ameaças e receberam pancadas.

No dia 8 de outubro, a atriz Norma Bengell foi sequestrada em São Paulo, na porta de um teatro que exibia a peça *Cordélia Brasil*, da qual participava. Após dispersar os atores que conversavam na porta, um grupo de 12 homens, que não se identificaram, jogou a atriz dentro de um fusca. Depois de circularem algum tempo por São Paulo, levaram Norma para o Rio de Janeiro, onde ela foi interrogada e sofreu muitas ameaças. Pouco depois, Norma foi solta e conduzida de volta para São Paulo.

Plano de Burnier: terror no Rio

O deputado pernambucano Maurílio Ferreira Lima, do MDB, ocupou a tribuna da Câmara no dia 1º de outubro para fazer assustadora denúncia de um plano da extrema direita militar que utilizaria o grupo de pára-quedistas da Força Aérea Brasileira (FAB), Para-Sar – especializado em missões humanitárias –, em atos de terrorismo. O plano era promover esses atos com o objetivo de eliminar fisicamente os oponentes do regime militar e realizar atentados contra a população e bens públicos, visando incriminar as forças que combatiam a ditadura. O jornalista Pery Cotta já havia denunciado o projeto sinistro do brigadeiro João Paulo Burnier no *Correio da Manhã*.

Timothy Leary, de Harvard a guru do LSD

"Pense por si mesmo e questione a autoridade." Essa frase é tudo o que resta do site de Timothy Leary (http://www.leary.com/), um dos gurus da contracultura, psicólogo, professor de Harvard, pesquisador e defensor do uso de LSD nos anos 60, um dos criadores do movimento Psicologia Humanística. Comeu cogumelos alucinógenos no México (segundo ele, cinco horas sob o efeito dos cogumelos foram mais reveladores do que os seus 15 anos de pesquisa em Harvard), foi demitido de Harvard, continuou sua pesquisa com drogas psicodélicas numa fazenda perto de Nova York, criou a célebre expressão "Turn on, tune in, drop out" ("Se ligue, se conecte e caia fora"). Era, enfim, um dos grandes personagens da contracultura. Foi considerado por William Burroughs "um verdadeiro visionário do potencial do espírito e da mente humanos" e por Allen Ginsberg "um herói da consciência humana". Tom Robbins dizia que Leary era "o Galileu da nossa era" e Richard Nixon o chamou de "o homem mais perigoso do mundo".

Suas pesquisas e seu ativismo social o levaram à criação do Movimento Psicodélico. Em 1968, Leary estava preso, nos Estados Unidos, cumprindo pena de dez anos, desde 1966, por porte de drogas. Em 1970 fugiu da prisão, para onde voltaria em 1972, sendo solto em 1976. Dedicou-se então às experiências cibernéticas e estabeleceu que sua morte seria transmitida via internet.

Leary viveu e experimentou todas as faces da contracultura: das drogas, sobretudo o LSD, às experiências libertárias e coletivas de autoconhecimento e espiritualização. Desejou que, ao morrer, sua cabeça fosse cortada do corpo e congelada, mas depois desistiu, com medo de acordar tempos adiante em meio a pessoas esquisitas. Quando soube que estava com câncer, disse, bem ao estilo da contracultura: "Estou ansioso por passar pela mais fascinante experiência da minha vida. Você tem que abordar a morte da mesma forma que viveu sua vida – com curiosidade, esperança, fascínio, coragem e a ajuda de seus amigos." Morreu em 1996, aos 75 anos.

O plano do ensandecido brigadeiro Burnier previa a infiltração de agentes à paisana nas manifestações estudantis e o assassinato das lideranças. Seriam também eliminados os principais políticos do país, entre eles os articuladores da Frente Ampla, Juscelino Kubitschek, João Goulart e Carlos Lacerda, além de outros 40 líderes que seriam presos, embarcados em aviões da FAB e jogados ao mar, a 40 quilômetros da costa. Este foi um meio de extermínio da oposição largamente utilizado pela ditadura argentina e pela famigerada Operação Condor. Os corpos raramente apareciam.

Mas a loucura do projeto terrorista de Burnier não parava aí. Ele planejava também explodir o gasômetro da rua Francisco Bicalho, no Centro do Rio de Janeiro. Esse atentado deveria ser executado no fim da tarde, no horário do rush, com o objetivo de causar o maior número possível de vítimas. Ele queria destruir também o Reservatório de Ribeirão das Lajes para deixar a população do Rio de Janeiro sem água. A culpa dos atentados seria atribuída aos comunistas.

Uma frente ampla contra a ditadura aproximou Carlos Lacerda (à dir.) do ex-presidente Juscelino Kubitschek

Um corajoso militar, o capitão Sérgio Ribeiro Miranda de Carvalho, o Sérgio Macaco, um dos mais admirados e obstinados oficiais do Para-Sar, levantou-se contra o projeto de Burnier e a manipulação do organismo em ações terroristas. O *Correio da Manhã* repercutiu seu protesto e ele teve o apoio do brigadeiro Eduardo Gomes, um ícone da Força Aérea. As denúncias forçaram o cancelamento do plano terrorista de Burnier. Por seu ato de coragem, o capitão Sérgio foi punido e amargou décadas de perseguição, até ser anistiado e reabilitado.

Também no início de outubro, num gesto que teve grande repercussão, o cardeal Agnelo Rossi, arcebispo de São Paulo e presidente da Conferência Nacional dos Bispos do Brasil (CNBB), recusou a medalha da Ordem Nacional do Mérito, indicando claramente um rompimento entre a Igreja e a política da ditadura militar, especialmente no que dizia respeito aos direitos humanos.

Guerrilha matou militar americano

São Paulo, dia 12 de outubro. Um comando da Vanguarda Popular Revolucionária (VPR) executou o capitão do Exército dos Estados Unidos Charles Rodney Chandler, na porta de sua casa (rua Petrópolis, 375), no bairro do Sumaré. O militar americano foi morto com tiros de revólver 38 e uma rajada de metralhadora Ina diante de sua mulher, Joan, quando saía dirigindo seu carro. Chandler estava no Brasil realizando um curso de sociologia, que terminaria no mês de novembro, na Escola de Sociologia de Política da Fundação Álvares Penteado, com uma bolsa de estudos concedida por uma organização chamada George Olmsted Foundation.

O oficial americano fora condenado à morte por um tribunal revolucionário formado por três dirigentes da VPR, sob a acusação de ter combatido no Vietnã, assessorado o Exército boliviano no combate à guerrilha e participado do assassinato de Che Guevara, ser um representante do imperialismo, ser um agente da CIA e estar no Brasil em missão de espionagem. O "justiçamento" de Chandler estava marcado para o dia 8 de outubro, data do primeiro aniversário da prisão de Che Guevara na Bolívia. Mas, nesse dia, o americano não saiu de casa e a ação foi adiada. O grupo que executou Chandler era formado por três militantes, e a Justiça Militar indiciou dez pessoas no inquérito, entre elas Carlos Marighella.

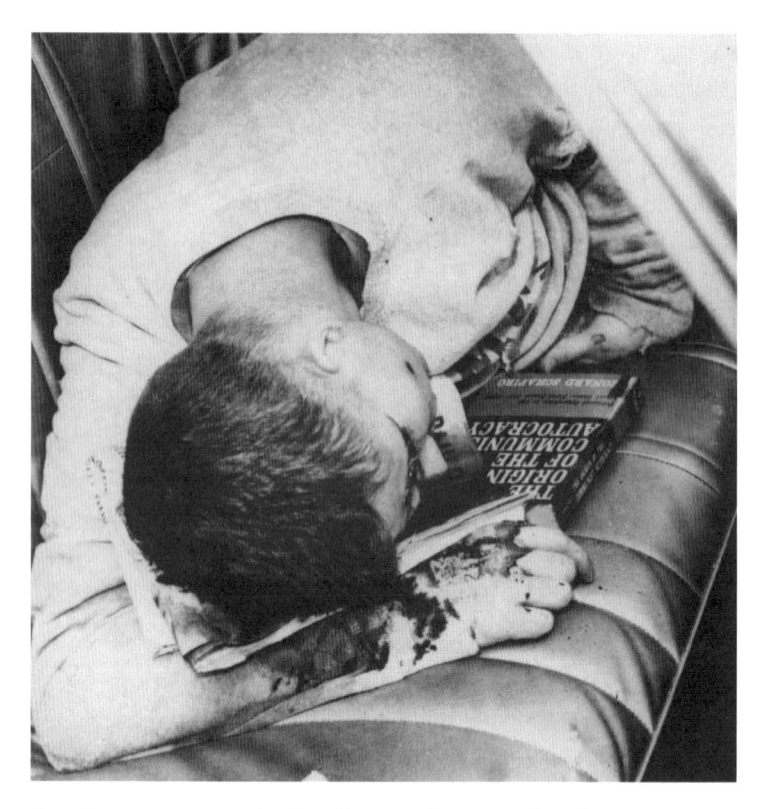

O militar americano Charles Chandler foi executado pela VPR na porta de sua casa, em São Paulo

Em panfletos deixados no local, a VPR defendia que "o único caminho para a Revolução no Brasil é a luta armada", "a luta armada é o caminho de todo revolucionário no Brasil" e que "a justiça revolucionária executa o criminoso de guerra no Vietnã Chandler e adverte a todos os seus seguidores que, mais dia menos dia, ajustarão suas contas com o Tribunal Revolucionário".

Tragédia e festa no México

No início de outubro, na véspera da abertura das Olimpíadas de Verão, o maior espetáculo esportivo da Terra, o México viveria uma grande tragédia, cuja real dimensão é desconhecida até hoje. A orientação do presidente Gustavo Díaz Ordaz era que tudo fosse feito para garantir o brilho da festa. Ele sonhava em colocar na vitrine mundial a imagem de um país moderno e próspero. Há muitos anos o México vivia debaixo do regime de partido único, o Partido Revolucionário Institucional (PRI), e se diferenciava de uma ditadura apenas pela alternância no poder – em eleições viciadas – de figuras do mesmo partido. Tradicionalmente, os maiores problemas sociais mexicanos se situavam no campo. Curiosamente, o segundo semestre de 68 foi marcado por crescente agitação nas cidades e conflitos entre estudantes e governo. Universitários e secundaristas tinham saído às ruas em seguidas manifestações,

Apesar dos protestos, até hoje não se sabe quantos morreram no massacre de Tlatelolco, na Cidade do México

mobilizando milhares de estudantes e gente de outros setores descontentes com o governo, para muitos uma ditadura disfarçada.

Os protestos vinham sendo reprimidos com uma violência cada vez maior, com mortos, feridos e muitas prisões. Os estudantes marcaram uma manifestação para o dia 2 de outubro, dez dias antes do início da Olimpíada, para debater uma proposta de trégua durante os jogos e a libertação de presos políticos que estavam em greve de fome. O encontro foi marcado na praça de Tlatelolco, um sombrio espaço cimentado, cercado de conjuntos habitacionais e muralhas, nas imediações do Centro da Cidade do México.

Cerca de 10 mil pessoas já estavam reunidas esperando o começo da reunião, quando explodiu um tiroteio aparentemente entre membros de duas unidades militares. Ninguém sabe exatamente como começou e terminou a tragédia. Os disparos se generalizaram e, em pânico, a multidão passou a ser alvo dos tiros e tentou desesperadamente escapar da armadilha em que havia caído. O tiroteio – segundo testemunhas – durou duas horas, deixando muitos corpos caídos no chão e que eram empilhados pelos cantos da praça. Nunca se soube o número exato de mortos, feridos e desaparecidos. Não existe um número oficial e testemunhas falam em dezenas, centenas e até mesmo milhares de vítimas.

Em todo o mundo houve protestos. Uma comissão foi formada pelo governo mexicano com o objetivo de dar uma resposta à indignação mundial. Nada concluiu. A realização ou não dos jogos chegou a ser debatida, mas a festa começou no dia marcado.

O pódio da discórdia

A tragédia foi rapidamente apagada da memória, os protestos silenciados e os Jogos Olímpicos foram abertos pontualmente no dia 12 de outubro, com toda a pompa e circunstância, contando com a participação de 5.531 atletas representando 113 países. Pela primeira vez um país da América Latina sediava uma Olimpíada. Os XIX Jogos Olímpicos de 1968 tiveram como cenário uma modernizada Cidade do México. Para ter direito a sediar a Olimpíada, o presidente Gustavo Díaz Ordaz se mostrou disposto a pagar qualquer preço, inclusive em sangue. E pagou...

O México estava em festa e tinha se preparado cuidadosamente, sem se preocupar com a conta, como se fosse um país rico. Instalações monumentais tinham sido construídas e, paralelamente aos jogos, foi montado um atraente e sofisticado programa de atrações culturais.

Fora uma concorrência difícil. Entre as cidades mais importantes que tinham disputado com a Cidade do México o privilégio de sediar os Jogos Olímpicos de 68 estavam Buenos Aires (Argentina), Detroit (Estados Unidos) e Lyon (França). Não deixou de ser uma surpresa a escolha da capital mexicana, que teve de vencer os protestos de médicos e fisiologistas, que apontavam a altitude de 2.240 metros como um perigo para a prática de esportes, em virtude de uma redução de 30% do oxigênio na mistura do ar. Ordaz conseguiu dobrar todas as resistências com muitas promessas e um projeto megalomaníaco.

O presidente mexicano entendia perfeitamente o tempo em que estava vivendo, e a direção dos ventos de revolta que sopravam em 68. Ele sabia da insatisfação dos atletas negros americanos com o segregacionismo existente em seu país e a reprovação generalizada da decisão do ultraconservador Comitê Olímpico Internacional (COI) de readmitir a África do Sul na comunidade olímpica, apesar de sua odiosa política do apartheid. Em protesto, muitos países ameaçaram boicotar a festa, o que seria uma catástrofe para o México. Ordaz foi à luta e conseguiu que o COI reconsiderasse sua decisão e suspendesse provisoriamente a África do Sul da organização. Com isso evitou um boicote de grandes proporções, o que certamente comprometeria o sucesso dos jogos. A China não foi convidada e pela primeira vez as duas Alemanhas participaram, Oriental (Democrática) e Ocidental (Federal).

As instalações construídas pelo governo mexicano eram luxuosas, com destaque para o Estádio Olímpico, com capacidade para 80 mil pessoas, o Palácio de los Deportes (25 mil), a Arena México (13 mil) e o Estádio Azteca (98.500). A parte cultural dos jogos recebeu uma atenção especial e foi montada uma sofisticada programação, com ampla diversidade artística, que teve a participação de personalidades internacionais. O Estádio Azteca e a Vila Olímpica, onde se alojavam os atletas, estavam ligados pelo "Caminho da Amizade", uma espécie de coluna vertebral dos jogos. Ali foram instaladas 18 esculturas de 16 artistas, entre eles Alexander Calder e Henry Moore. Uma obra de Calder, pesando mais de 70 toneladas, foi colocada na entrada do Estádio Azteca.

Para os atletas acostumados a competir nas alturas, os jogos foram um presente. Bateram-se dezenas de recordes mundiais e olímpicos, especialmente nas provas curtas e de velocidade. Nas de resistência, os resultados foram medíocres. As nações africanas, especialmente Etiópia e Quênia, cujos atletas estão acostumados a treinamentos cotidianos em grandes altitudes, tiveram uma ótima participação. Na tradicional disputa entre as duas superpotências, os Estados Unidos levaram a melhor, com 49 medalhas de ouro contra 25 dos soviéticos.

Foram os jogos da primeira vez. Além da presença das duas Alemanhas e de terem sido os primeiros realizados acima de 2 mil metros, os jogos mexicanos foram também os primeiros a serem transmitidos em cores pela televisão americana, a primeira vez que uma mulher acendeu a pira olímpica e que se realizaram as provas de comprovação de sexo e de controle antidoping.

Se, por um lado, os jogos de 68 ficaram marcados pela altitude, por outro entraram também para a história como os das atitudes e dos protestos políticos. Já no desfile de abertura, a delegação mais aplaudida, depois da mexicana, foi a da ex-Tchecoslováquia, numa emocionante manifestação do público em solidariedade ao país, recentemente invadido pela então União Soviética. Na solenidade de entrega das medalhas dos 200 metros rasos, vencidos por Tommie Smith, com seu companheiro John Carlos chegando em terceiro lugar, os dois americanos produziram uma das imagens mais marcantes do século passado. No alto do pódio, durante a execução do hino dos Estados Unidos, cabisbaixos, os dois ergueram os punhos com as mãos encobertas por luvas negras, descalços, usando meias negras, para protestar contra a segregação racial e a precária situação dos negros em seu país.

Foi um escândalo. A imagem correu o mundo. O comitê olímpico americano pediu desculpas pela atitude de seus atletas, mas o reacionário COI exigiu uma punição mais severa, ameaçando eliminar os Estados Unidos dos jogos. Os dois atletas foram então suspensos e expulsos da Vila Olímpica. O australiano Peter Norman, segundo colocado, o terceiro homem da famosa foto, se solidarizou com os dois negros e colou em seu peito um dos adesivos em defesa dos

Os atletas americanos Tommie Smith e John Carlos protestam, do alto do pódio olímpico no México, contra o racismo em seu país

direitos humanos que os americanos ostentavam. Ele foi advertido pelo comitê australiano e recebeu muitas críticas da imprensa direitista de seu país.

    Aconteceram outros protestos de atletas negros americanos que foram minimizados pelo COI. Três membros da equipe americana de revezamento que venceu a prova dos 400 metros receberam suas medalhas também usando boinas negras e levantando o punho. Como eles não se manifestaram quando o hino estava sendo tocado, o COI decidiu conciliar e não considerou o ato como um desrespeito. Também o espetacular saltador em distância Bob Beamon, que ganhou o ouro batendo o recorde mundial por mais de meio metro, foi receber sua medalha com as calças levantadas e usando meias negras. Nada aconteceu com ele. Carlos e Smith retornaram aos Estados Unidos debaixo do fogo cerrado de muitas críticas, acusados de terem violado o ideal olímpico com política. Eles jamais se arrependeram de seus gestos. Seus críticos, sim. Uma estátua em homenagem aos dois foi inaugurada, em 1999, na escola onde eles estudavam e treinavam, a Faculdade Estadual de San José, na Califórnia.

Curiosamente, o governo mexicano conseguiu controlar os protestos fora dos estádios, ginásios e arenas, mas não conseguiu impedir que eles ocorressem do lado de dentro, onde tiveram uma enorme repercussão. A foto do protesto de John Carlos e Tommie Smith no pódio olímpico tornou-se uma das imagens mais divulgadas do século XX e, junto com a do rosto de Che Guevara, se transformou num ícone da esquerda em todo o mundo. Os dois atletas negros foram punidos e somente muitas décadas depois é que seriam reabilitados pelo Comitê Olímpico dos Estados Unidos.

O Brasil participou dos jogos com uma delegação de 84 atletas, 81 homens e três mulheres. Disputando 13 modalidades olímpicas, eles conquistaram três medalhas – uma de prata e duas de bronze. A de prata no atletismo, com Nelson Prudêncio, no salto em distância, e as de bronze no iatismo, com Reinaldo Conrad e Buckhard Cordes, e no boxe, com Servílio de Oliveira. O Brasil se classificou em 35º lugar entre os 113 países.

Militares na América Latina

Com poucos dias de intervalo, dois golpes militares sacudiram a América Latina. A princípio, nenhuma novidade. Afinal, o continente era historicamente conhecido pelo alto número dos chamados "pronunciamientos" militares, que tradicionalmente seguiam a receita básica de prender os opositores de esquerda, fechar o Congresso, suspender os direitos individuais, impor a censura e decretar estado de emergência.

No Peru, no dia 3 de outubro, o general Juan Francisco Velasco Alvarado liderou o golpe militar que derrubou o presidente Fernando Belaúnde Terry. Além das medidas de praxe adotadas por golpistas (restrições ao trabalho da imprensa), Velasco Alvarado formou um ministério exclusivamente composto de militares.

Mas logo no dia seguinte à tomada do poder, Velasco Alvarado decretou algumas medidas surpreendentes, deixando claro que nem todos os golpes militares eram iguais. O general nacionalizou, de uma só tacada, todo o setor petroleiro peruano, que se encontrava controlado basicamente por empresas americanas, lançou um ambicioso projeto de reforma agrária, visando eliminar os grandes latifúndios e as fazendas improdutivas, e anunciou planos para nacionalizar todos os setores-chave da economia. Para ter respaldo social e popular para suas medidas, Velasco Alvarado criou o

Sistema Nacional de Mobilização Nacional (Sinamos) com o objetivo de mobilizar organizadamente a população.

As reformas sociais e econômicas de Velasco Alvarado deram início a um profundo processo de transformações sociais, sem precedentes na sociedade peruana. Para irritação dos Estados Unidos, o Peru estabeleceu relações diplomáticas e comerciais com a União Soviética, a República Popular da China, Cuba e os países da Europa do Leste que faziam parte do bloco socialista. Foram os países do Leste europeu que passaram a fornecer os armamentos que possibilitaram a modernização das Forças Armadas peruanas, depois que os Estados Unidos decretaram um embargo proibindo totalmente a venda de armas ao Peru.

Essa polêmica experiência militar nacionalista durou até 1975, quando Velasco Alvarado foi derrubado por um outro golpe militar, comandado, dessa vez, pelo general Francisco Morales Bermúdez Cerruti. Esse golpe entrou para a história peruana como o Tacnazo, porque se originou na cidade de Tacna. O novo golpe teve como justificativa a tumultuada situação econômica do país e o precário estado de saúde de Alvarado, que teve uma perna amputada em 1973. O general nacionalista morreria em 1977.

No Panamá, o golpe dos militares, em 11 de outubro de 1968, foi liderado pelo coronel Bóris Martínez, com a participação do também coronel Omar Efrain Torrijos Herrera, e derrubou o presidente Arnulfo Arias Madrid, que tinha apoio dos Estados Unidos. Torrijos era minoritário na Junta que assumiu o poder, mas, com a convocação de um plebiscito para reformar a Constituição, virou general e foi nomeado presidente de governo e chefe da Guarda Nacional pela Assembleia Constituinte de 1972, que decidiu também abrir negociações com Washington para que o Panamá retomasse o controle do Canal. A Constituição foi reformada para isso e a Assembleia nomeou Torrijos presidente de governo para um mandato específico. Até 1978, quando terminou sua gestão, Torrijos controlou totalmente a vida de seu país, direta ou indiretamente, através de políticos designados por ele. Prosseguiu por muito tempo influenciando a política no Panamá. Nomeado Líder Máximo da Revolução, seguiu a receita clássica dos golpes militares: prisão para os opositores, dissolução para todos os partidos políticos, fechamento para o Congresso e censura para a imprensa.

Torrijos formou um governo do tipo populista, abriu escolas, criou empregos, distribuiu terras para seus aliados e tocou um portentoso projeto de obras públicas. Durante seu governo, centenas de sequestros e assassinatos políticos ficaram sem apuração, entre eles o do padre católico Hector Gallego, que teve repercussão internacional. Torrijos assinou ainda vários tratados com o presidente Jimmy Carter, dos Estados Unidos, garantindo por tempo determinado o controle americano sobre as duas bases militares no país, uma em cada ponta do Canal, consideradas um importante ponto estratégico.

No Panamá funcionou a famigerada Escola das Américas, mantida pelos Estados Unidos, onde milhares de militares e policiais de todo o continente foram treinados em técnicas de repressão, contraguerrilha, espionagem e tortura e impregnados de uma ideologia reacionária de combate aos movimentos populares. Mas, graças aos tratados assinados com Carter, a Escola das Américas foi desativada no prazo combinado (1984) e o controle do Canal foi devolvido ao Panamá em 1999.

Omar Torrijos morreu quando seu avião explodiu em pleno ar. Sua morte provocou acusações, vindas de diferentes fontes, de que ele teria sido morto por contrariar os interesses dos Estados Unidos, ao negociar com grupos japoneses a construção de um outro canal no Panamá, alternativo ao original, segundo denunciou John Perkins no livro *Confesiones de un sicario económico*. Durante o julgamento, nos Estados Unidos, do ditador panamenho Manuel Noriega – que era agente da CIA, conforme admitido pela própria agência americana, e pertencia a outra facção militar panamenha, se opondo a Torrijos –, condenado por tráfico de drogas, os advogados comunicaram à corte que o réu tinha em seu poder documentos que provavam o envolvimento de agências americanas na morte de Torrijos. Os documentos não foram aceitos pelo tribunal.

A morte de Torrijos ocorreu pouco depois de Ronald Reagan ter assumido a Presidência dos Estados Unidos e apenas três meses depois de o presidente do Equador, Jaime Roldós Aguilera, morrer em circunstâncias semelhantes. Anos mais tarde surgiram evidências que colocaram Noriega diretamente como suspeito de um suposto complô contra Torrijos. O filho de Torrijos, Martín Torrijos Espino, tinha 16 anos quando o pai morreu; foi eleito em 2004 para um mandato de cinco anos na Presidência.

Apolo no espaço e Jackie na Grécia

Em mais um capítulo da corrida espacial, os Estados Unidos lançaram, no dia 11 de outubro, de Cabo Canaveral, a nave Apolo 7 com três astronautas a bordo. A missão principal era realizar uma série de testes preparativos para um futuro desembarque na Lua. A Apolo 7 fez 163 circunavegações na Terra e pela primeira vez foram transmitidas imagens ao vivo de um voo espacial.

A ex-primeira-dama americana Jacqueline Kennedy surpreende o mundo ao casar-se com o magnata grego Aristóteles Onassis

No dia 20 de outubro, um casamento chocava o mundo. A ex-primeira-dama dos Estados Unidos, Jacqueline Kennedy, que representava o ideal da família americana, e o bilionário armador grego Aristóteles Onassis casavam-se sem grande alarde numa ilha grega. Jackie, ainda Kennedy, era o exemplo máximo de sofisticação e glamour a que uma garota americana poderia aspirar. De origem francesa, irlandesa e inglesa, Jackie vestia-se com classe e discrição e carregava o estigma de viúva do grande presidente americano.

Apesar dos clássicos tailleurs e modelitos esportivos bem-comportados da fase da Casa Branca, Jackie atraía para si algumas críticas por ter pequenos arroubos de liberdade e não se enquadrar totalmente no padrão de primeira-dama americana. Embora não adotasse em 68 o look natural, que era novidade nas passarelas encarnado pelas modelos magérrimas Veruska e Twiggy, Jackie parecia um tanto rebelde para a época. Tanto não se enquadrava no comportamento padrão que, para horror da sociedade conservadora americana, acabou casando-se com Onassis, o magnata grego que tinha fama de ser mulherengo – havia partido o coração da diva da ópera Maria Callas – e pouco refinado. Por outro lado, muitos viam em Jacqueline o modelo da mulher americana moderna, que escolhia seu destino, protegia os filhos e fazia o que bem entendia, manifestando de uma certa forma o espírito livre da geração 68. Em 1975, Jackie foi fotografada nua numa ilha grega por um paparazzo de plantão e voltou a ser assunto nos tabloides internacionais. Com a morte de Onassis em 1975, Jacqueline tornou-se viúva pela segunda vez. Retornou para Nova York, voltou a trabalhar numa editora e morreu de câncer em 1994.

EXAGERAR EIS A SOLUÇÃO

Miss Brasil 68

Nem só de política se vivia nesses tempos. Na década de 1960, os campeonatos que mais atraíam a atenção no Brasil, depois da Copa do Mundo, eram os concursos de Miss Brasil e de Miss Universo. Com os olhos grudados na televisão, o público torcia por seu estado e depois pelo Brasil com um fervor que não se pode imaginar nos dias de hoje. Justamente em 1968, no dia 13 de julho, mais uma vez a beleza da mulher brasileira ganhava o prêmio internacional. A baiana Martha Vasconcellos arrebatou o título de Miss Universo, que, em 1963, havia sido concedido à gaúcha Iêda Maria Vargas.

O Concurso de Miss Universo começou em 1952 e desde então são eleitas, anualmente, as mais lindas do mundo. Mas, nos dois primeiros anos, o Brasil não mandou candidata. O país ganhou com Iêda e Martha, que "vingaram" outra baiana, a famosa Marta Rocha, miss Brasil em 1954 e a primeira a participar do concurso. Ela perdeu a eleição por causa das famosas duas polegadas a mais nos quadris.

O ano de 1968, porém, teve outra brasileira brilhando nas passarelas da beleza: a carioca Maria da Glória Carvalho, que havia ficado em terceiro lugar no Miss Brasil, foi eleita Miss Beleza Internacional, no Japão.

A baiana Martha Vasconcellos foi eleita Miss Brasil e depois Miss Universo

A Escola de Frankfurt
no pensamento de uma geração

O pensamento da chamada Escola de Frankfurt, uma das principais correntes filosóficas do século XX, teve uma enorme influência sobre a geração 68. O grupo surgiu graças à iniciativa de pensadores alemães de formarem, em 1923, o Instituto de Pesquisa Social (Institut fur Sozialforschung) na Universidade de Frankfurt-am-Main, na Alemanha. O instituto foi fundado com o apoio financeiro do mecenas e milionário judeu Felix Weil. Tinha como objetivo inicial lançar um olhar crítico sobre a sociedade, principalmente nas áreas de produção de conhecimento e nos aspectos econômicos e culturais, a partir de uma perspectiva marxista renovada, sem os limites do materialismo e do historicismo.

A escola surgiu numa época de grande efervescência política na Alemanha, causada pela devastadora derrota na Primeira Guerra Mundial. Durante o curto período que durou a experiência liberal da chamada República de Weimar, o instituto permaneceu ligado à Universidade de Frankfurt, mas com a chegada de Adolf Hitler ao poder, em 1933, a maioria dos membros, judeus, passou a ser perseguida e o departamento se transferiu inicialmente para Genebra (Suíça), depois Paris e finalmente se instalou na Universidade de Colúmbia, em Nova York, onde ficou até o final da Segunda Guerra Mundial.

Entre seus fundadores e membros mais destacados estavam Walter Benjamin, Herbert Marcuse, Theodor W. Adorno e Max Horkheimer. Uma chamada segunda geração integrou-se ao grupo no fim da Segunda Guerra e depois da reconstrução da Universidade de Frankfurt (1950), formada, entre outros, por Jürgen Habermas, Erich Fromm e Karl-Otto Apel.

Walter Benjamin foi um dos mais importantes e influentes intelectuais do século XX. Era crítico de arte e dedicou-se ao estudo das condições técnicas que permeiam a produção de uma obra. Benjamin foi também um dos primeiros acadêmicos a ver no cinema o novo paradigma da arte reprodutível, que se tornou um dos aspectos dominantes da cultura. Ele percebeu a revolução que o conceito de arte sofria, no início do século XX, com a introdução de técnicas de reprodução cada vez mais avançadas. A obra se desmistificava. Perdia a condição de objeto único, cujo acesso era possível apenas para uma minoria através de todo um ritual de aproximação, e se transformava num veículo de propaganda ideológica cuja autenticidade era atestada pelo meio ao qual se vinculava. Walter Benjamin suicidou-se aos 48 anos, na fronteira entre a França e a Espanha, ao fim de uma fracassada tentativa de escapar da perseguição nazista.

Estudos sobre autoridade e família foi o primeiro trabalho coletivo do grupo de Frankfurt. Escrito em Paris, faz uma detalhada análise da estabilidade nas sociedades burguesas contemporâneas e, para escândalo dos marxistas tradicionais, coloca em dúvida a capacidade da classe operária de ser sujeito da revolução ou mesmo de transformações sociais importantes. Um novo trabalho, *Dialética do esclarecimento*, de Adorno e Horkheimer, publicado em Amsterdã em 1947, marcou mais um passo na direção do afastamento definitivo do marxismo clássico, "operário", que ficou praticamente ausente no livro. *Estudos sobre o preconceito*, a obra seguinte, propunha importantes inovações na metodologia da pesquisa social.

Adorno foi quem deu prosseguimento à linha de questionamentos, aberta com *Dialética do esclarecimento*, sobre o papel revolucionário da classe operária. Seu livro *Dialética negativa* é considerado um marco na reformulação de toda a dialética da razão ocidental. Ele é tido como um dos mais importantes e influentes pensadores do século. Com a morte de Adorno, começou o que alguns consideram o segundo período da Escola de Frankfurt. Um dos principais nomes dessa fase seria Jürgen Habermas, inicialmente um assistente e amigo de Adorno, mas que se tornou seu crítico mais ferino.

Herbert Marcuse e Erich Fromm desenvolveram uma série de trabalhos e pesquisas em que procuraram vincular a teoria crítica da sociedade à psicanálise. Fromm foi o precursor desse trabalho. Durante a Segunda Guerra, Marcuse trabalhou para o Departamento de Serviços Estratégicos, nos Estados Unidos, preparando uma análise do regime nazista. Após a guerra, permaneceu no país, mesmo depois do retorno de seus companheiros para a Alemanha, em 1948. Mas jamais perdeu contato com seu país, viajando frequentemente para lá para fazer palestras, conferências e dar cursos. Marcuse tornou-se o mais conhecido entre os intelectuais da Escola de Frankfurt, principalmente em virtude da enorme repercussão de seus trabalhos teóricos nas manifestações pacifistas e revoltas estudantis do final dos anos 60.

Marcuse sonhava com o surgimento de uma nova esquerda para substituir aquela formulada pelos teóricos marxistas, formada basicamente por operários industriais com consciência de classe, organizados em sindicatos e liderados por um partido de corte leninista. Para Marcuse, essa classe operária, na primeira metade do século XX, faltou ao encontro com a revolução. A nova esquerda sonhada por ele seria, então, formada por estudantes e grupos marginalizados pela sociedade. Só estes seriam capazes, segundo o pensador, de realizar a revolução e construir a utopia de uma mudança radical na sociedade e na natureza humana.

Marcuse defendeu essas suas idealizadas concepções em obras de grande repercussão, como *Eros e civilização* e *Ideologia da sociedade industrial*, nas quais deixou claro que teoria e prática corretas e renovadas seriam o instrumento para preparar as novas gerações para uma ação radical. Mesmo depois das amargas decepções que o final do ano de 68 traria, com o fim do sonho das revoltas estudantis, o desmantelamento da Primavera de Praga, o patético término do maio francês, o massacre de estudantes mexicanos em Tlatelolco e tantas outras derrotas do movimento popular, Marcuse demonstrou ainda seu otimismo na nova utopia revolucionária em *Contrarrevolução e revolta*.

A Nova Esquerda ou Sem operários, quem faria a revolução?
Uma esquerda rejuvenescida, ampla e aberta, mais tolerante e menos dogmática se firmou no agitado panorama político de 1968. Num ano marcado por tantos e imprevisíveis acontecimentos era inevitável que novas propostas surgissem, empolgassem, fossem debatidas, adotadas ou rejeitadas pelos que lutavam contra a guerra, o autoritarismo e a censura e a favor dos direitos civis, do respeito às minorias, pelas liberdades democráticas e por um mundo melhor e mais justo. Foi chamada

de New Left em sua versão americana, mas a Nova Esquerda foi um fenômeno mundial.

Ao contrário da "velha esquerda", fortemente influenciada por teses marxistas-leninistas, como a luta de classes e a ditadura do proletariado, e voltada para o trabalho junto ao operariado e aos sindicatos, a Nova Esquerda priorizava o chamado "ativismo social". Sob o guarda-chuva da Nova Esquerda se abrigaram diversas tendências, das mais liberais às mais radicais. Enquanto na Inglaterra o movimento teve uma forte influência de intelectuais que buscavam corrigir os erros da velha esquerda, surgida no fim da Segunda Guerra Mundial em países como os Estados Unidos, França, Itália e Brasil, foi nos campi e entre os jovens que as propostas que viriam a ser o embrião da Nova Esquerda mais se desenvolveram.

A expressão New Left foi criada pelo sociólogo C. Wright Mills em um documento intitulado "Carta para uma Nova Esquerda" ("Letter to the New Left"), escrito em 1960. Nesse documento, Mills defendia uma nova ideologia de esquerda que rompesse com o tradicional enfoque operário, combatesse o autoritarismo, a alienação, a anomia e outros males das modernas sociedades. Ele também propunha a troca do esquerdismo "esclerosado" pelos valores da contracultura e via nos ativistas sociais os principais agentes para uma nova e melhor forma de revolução social.

A base teórica da Nova Esquerda estava no trabalho do filósofo alemão Herbert Marcuse, que vivia exilado nos Estados Unidos desde 1934. Marcuse preocupou-se em entender o papel do indivíduo e as possibilidades de mudanças sociais em um país rico e em uma sociedade de consumo desenfreado. No livro de 1964 *Ideologia da sociedade industrial* (*One-Dimensional Man*), Marcuse diz que, ao contrário do que acontece numa sociedade bidimensional, onde operários e burgueses estão em conflito, a sociedade unidimensional teria a capacidade de absorver o operariado e demais camadas mais baixas da população, que perderiam sua característica contestadora e seriam absorvidos pelo sistema.

Marcuse questionava então a visão marxista de que o proletariado seria o sujeito da revolução socialista. Em sociedades capitalistas desenvolvidas – dizia ele – os operários estavam acomodados, não pensavam mais em revolução ou luta de classes e tinham como objetivo melhorar ainda mais sua situação financeira e consumir mais e melhores bens materiais. Sem operários, quem iria fazer a revolução? Os que estavam marginalizados pelo sistema, os contestadores: os socialmente excluídos, as minorias étnicas, sexuais e religiosas, os intelectuais, estudantes, escritores, poetas, os pacifistas e os antiautoritários.

Da mesma forma que seus colegas da Escola de Frankfurt, Marcuse percebia e denunciava o caráter repressor da tecnologia, mesmo no interior das sociedades democráticas tradicionais. As técnicas de manipulação da informação e de controle das massas através dos meios de comunicação permitiam um eficaz domínio sobre os corações e mentes da população. Para Marcuse, a transformação social dependeria não apenas do processo político, mas também de uma mudança radical no comportamento ético e sexual do ser humano.

Muitos dos militantes que formaram a chamada Nova Esquerda não eram marxistas ou socialistas. Alguns haviam militado em partidos comunistas tradicionais e, desapontados com os rumos do comunismo, tinham procurado alternativas. Eles possuíam diferentes origens sociais, mas em sua quase totalidade – excetuando os militantes negros dos movimentos radicais americanos – vinham das camadas médias e altas da sociedade. Foram várias as fontes que formaram os pensadores e os militantes da Nova Esquerda: a guerra no Vietnã, a Revolução Cultural na China, a Revolução Cubana.

No Brasil, estudantes, influenciados pela Revolução Cubana, atuaram em organizações político-militares. Na Inglaterra, os militantes se voltaram para o trotskismo e a socialdemocracia. Nos Estados Unidos, o Students for a Democratic Society (SDS), com suas propostas de "democracia participativa", tornou-se um pólo de atração para os que quiseram ingressar numa organização. Em Praga, tchecos e eslovacos acreditaram ser possível descobrir um rosto humano no comunismo. Na China, estimulados por Mao e agitando o *Livro vermelho* com os pensamentos do Grande Timoneiro, milhões de jovens atacaram a burocracia do Partido Comunista. Na Itália, muitos buscaram em organizações como a Autonomia Proletária uma alternativa ao tradicionalíssimo Partido Comunista Italiano (PCI). Na Holanda, o movimento Provos, influenciado pela contracultura e o anarquismo, foi um dos pólos alternativos de atração para a juventude.

Algumas pessoas que inspiraram e influenciaram a Nova Esquerda: Albert Camus, Guy Debord, Frantz Fanon, Allen Ginsberg, Ernesto Che Guevara, Mao Tsé-tung, Fidel Castro, Ho Chi Minh, R.D. Laing, Rosa Luxemburgo, Herbert Marcuse, George Orwell, Jean-Paul Sartre, Malcolm X, os beatniks, C. Wright Mills, Régis Debray.

Novembro

Eleições na terra do Tio Sam

O ano alucinante se encaminhava para o final e o mundo se virava, mais uma vez, para os Estados Unidos. Lá, no dia 5 de novembro, 75 milhões de eleitores escolheriam um novo presidente. Jamais na história americana uma eleição fora realizada num ambiente tão dividido e radicalizado e com tantas ameaças violentas no ar. Três candidatos disputavam a Presidência: o democrata Hubert Horatio Humphrey (HHH), o republicano Richard Milhous Nixon e o independente George Corley Wallace. Num país abalado pelos recentes assassinatos de três de seus maiores líderes, John Kennedy, Robert Kennedy e Martin Luther King (estes dois últimos em 1968), os candidatos e a própria eleição estavam longe de entusiasmar os então 200 milhões de americanos.

Nixon e Humphrey se diferenciavam muito pouco politicamente. Além disso, os dois sequer eram os preferidos dos eleitores de seus partidos. Entre os democratas, o mais popular era o liberal Eugene McCarthy, enquanto o senador por Nova York Nelson Rockefeller tinha a preferência do eleitorado republicano. Mas tanto McCarthy quanto Rockefeller foram derrotados pelo poderio das máquinas partidárias controladas por seus adversários e não conseguiram viabilizar suas candidaturas. Já Wallace, com suas propostas racistas e segregacionistas, era o candidato do atraso e da barbárie de uma América rural que sobrevivia nos recantos mais miseráveis do sul do país. Mesmo assim, na eleição popular, teria quase 10 milhões de votos.

Afogado em um mar de críticas, depois de um governo considerado pelos mais benevolentes como "simplesmente desastroso", Lyndon Johnson, o democrata que herdara a Presidência por causa do assassinato de John Kennedy em 1963, havia anunciado no início de 1968 que não concorreria a um novo mandato, em virtude, principalmente, de uma guerra – a do

Vietnã – cada vez mais impopular. No dia 1º de novembro, quatro dias antes da eleição, Johnson anunciou a suspensão total dos bombardeios sobre o Vietnã do Norte, medida que foi considerada manobra política visando beneficiar Humphrey, seu companheiro de partido.

A crise e a agitação nas ruas acabaram favorecendo Richard Nixon, conservador, porta-voz do establishment, defensor da ordem e da paz social. Aos 55 anos, Nixon era um político experiente, tinha sido um aplicado assistente do tristemente famoso senador Joseph McCarthy, mentor da perseguição aos comunistas de Hollywood na década de 1950, fora vice-presidente do general Dwight Eisenhower, candidato à Presidência em 1960 e derrotado por John Kennedy, e novamente candidato derrotado quando disputou com Pat Brown o governo da Califórnia, em 1962. Essas duas derrotas associaram à imagem de Nixon um perfil de perdedor, nada ajudado por sua fisionomia carrancuda e seu mal-humorado conservadorismo. Parecia que estava morto politicamente. Mas a radicalização que dividiu a sociedade americana em 68 terminou por beneficiá-lo, e o mote de sua campanha de 1968 foi: "Nixon é o homem." Os conservadores e a maioria silenciosa concordaram e Nixon ressurgiu das cinzas de sua morte política.

Contando com uma bilionária verba de campanha coletada pelos republicanos e uma poderosa estrutura partidária, Nixon foi eleito com uma das menores diferenças já registradas no voto popular da história americana. Apenas 500 mil votos garantiram sua vitória sobre Hubert Humphrey. Nixon teve 31,7 milhões de votos, Hubert, 31,2 e o independente Wallace, 10 milhões. O recém-eleito presidente da nação mais poderosa do mundo costumava se definir da seguinte maneira: "Nas questões raciais eu sou um liberal. Nos assuntos econômicos sou um conservador. Quanto aos problemas internos, prefiro que me chamem de centrista. Mas, na verdade, acho que ninguém pode classificar-me corretamente."

SER LIVRE EM 68
É PARTICIPAR

Richard Nixon comemora com a família sua eleição para a Presidência dos Estados Unidos pelo Partido Republicano

A eleição de Richard Nixon em 68 marcou uma reorientação para a direita no Partido Republicano, que, segundo especialistas, influencia fortemente a política americana até os dias atuais. Os efeitos dessa virada direitista foram sentidos ao longo dos anos seguintes nas administrações de Ronald Reagan, George Bush pai e George Bush filho e teriam também condicionado fortemente o governo do democrata Bill Clinton.

Tudo teria começado na convenção republicana realizada em Miami, na segunda semana de agosto de 68. A vontade da maioria dos republicanos era formatar uma chapa que refletisse as duas correntes existentes no interior do partido, uma meio liberal e outra totalmente conservadora. Os delegados apoiavam a indicação de Nelson Rockefeller – o preferido – ou de John Lindsay, prefeito de Nova York, para vice-presidente. No entanto, Nixon, num surpreendente movimento, indicou Spiro Agnew, governador de Maryland, para compor sua chapa. Polêmico e pouco conhecido, Agnew, de origem grega, chamava a atenção apenas por suas posições extremamente conservadoras e reacionárias, especialmente no que dizia respeito aos direitos civis, conflitos raciais e segregação, e por estar envolvido em graves denúncias de corrupção.

O passo seguinte de Nixon para consolidar sua política baseada no atendimento das reivindicações da elite sulista branca (não foi coincidência o fato de Nixon e Reagan serem da Califórnia e os Bush do Texas) foi mudar o perfil da até então liberal Corte Suprema dos Estados Unidos. Ele conseguiu neutralizar os juízes mais liberais e, ao longo de seis anos de governo, teve a possibilidade de nomear quatro novos membros para a Corte, mudando a correlação de forças e dando uma feição extremamente conservadora ao tribunal.

Os anos Nixon na Casa Branca terminariam melancolicamente. Seu lugar na história ficaria marcado por um grande escândalo, mais policial do que político. Envolvido na invasão da sede do Partido Democrata em Washington, no episódio que entrou para a história como Watergate, Nixon foi obrigado a renunciar em 1974. O mesmo já tinha acontecido, em 1973, com seu vice-presidente, Spiro Agnew, acusado de corrupção. Na campanha para o impeachment, os carros em Washington circulavam com a foto de Nixon e a seguinte frase colada nos vidros: "Você compraria um carro usado deste homem?"

Antes de novembro terminar, novos conflitos explodiriam em Nova York entre estudantes da Universidade de Columbia e policiais, que resultariam na prisão de 132 jovens. Panteras Negras e policiais trocariam tiros na Califórnia, onde o governador Ronald Reagan dera ordens à polícia estadual de "atirar para matar" em manifestantes.

A calma que antecede a tempestade

O Brasil viveu um mês de novembro estranhamente calmo, sem acontecimentos marcantes. O calendário registra apenas que, no dia 8, um comando da Ação Libertadora Nacional (ALN) expropriou um carro pagador do Instituto de Pensões do Estado da Guanabara (Ipeg). Foi um período de tranquilidade, uma paz parecida com a que antecede as grandes tempestades, como a que já se anunciava nas ameaçadoras nuvens negras que escondiam o céu de dezembro.

Um estilo novo e literário no jornalismo

O jornalismo não poderia ficar de fora das transformações que sacudiam a poeira de todas as coisas. Uma nova maneira de escrever em jornal atraiu a atenção dos leitores e da intelectualidade americana. Os artigos do New

Journalism eram bem mais extensos dos que as matérias normalmente publicadas pelos jornais e exigiam um trabalho de apuração muito maior, fazendo com que os repórteres dedicassem muito mais tempo – por vezes semanas ou meses – aos entrevistados ou temas. Isso, de certa forma, inviabilizava para os jornais diários o uso do estilo, que terminou encampado com entusiasmo pelas revistas.

O New Journalism foi também chamado de "jornalismo literário" ou "literatura não ficcional". Muitas vezes, se inspirava em matérias já publicadas pela imprensa tradicional, mas buscava sempre uma nova e mais enriquecedora perspectiva. Apesar de todas as diferenças, esse tipo de jornalismo não era ficção e continha todos os elementos de uma reportagem jornalística tradicional. O New Journalism tinha como fonte inspiradora os fatos do dia a dia, que proporcionavam pautas riquíssimas para os novos jornalistas.

Os grandes nomes do New Journalism nos Estados Unidos foram Tom Wolfe, que escreveu um livro intitulado *The New Journalism*, e Gay Talese, autor de um dos mais famosos artigos do gênero, "Frank Sinatra has a cold", um excepcional perfil do ídolo americano escrito sem o ter entrevistado. Esse artigo de Talese se transformou em tema obrigatório de análise nos cursos de jornalismo das faculdades americanas.

Joan Didion, Norman Mailer, Truman Capote, George Plimpton e Hunter S. Thompson, que criou seu próprio estilo, intitulado *gonzo journalism*, foram outros escritores que participaram do movimento. Até hoje grandes revistas americanas, como *The New Yorker*, publicam matérias e perfis inspirados no modelo do New Journalism.

Depoimento

O que vem de lá

"Em maio de 68, eu morava no Leblon. Foi a época em que conheci Lenita, mãe de minha filha Maria Mariana, e ela me apresentou ao ácido lisérgico. Na praia de Ipanema, experimentaria pela primeira vez a sensação psicodélica que foi decisiva em minha vida. Um dos maiores erros da esquerda foi não ter compreendido de imediato que o movimento hippie era seu herdeiro imediato e sua continuidade fértil. A contracultura acabou se mostrando menos poderosa do que nos parecia, assim como a psicanálise e o socialismo, mas é inegável que a preocupação com a ecologia, a cidadania e a liberdade sexual vem de maio de 1968. Indo mais longe, todos os valores progressistas vêm de lá."

DOMINGOS OLIVEIRA
cineasta, diretor teatral, dramaturgo, escritor e poeta

> Depoimento

1968, comemorar o quê?

Na França a comemoração já aconteceu... em 2007... e em plena campanha eleitoral!

Se não, vejamos: no último discurso importante de sua campanha para presidente, foram estas as palavras de Nicolas Sarkozy a respeito de 1968: "Maio de 1968 impôs a nós todos um relativismo intelectual e moral. Os herdeiros de maio de 68 fizeram prevalecer a ideia de que não havia mais diferença entre o bem e o mal, a verdade e a mentira, a beleza e a feiura. A herança de maio de 1968 introduziu o cinismo na sociedade e na política."

Sarkozy chegou a acusar o legado de maio de práticas imorais nos negócios: o culto do dinheiro, os lucros a curto prazo, a especulação, os excessos do capitalismo financeiro. Maio de 68 teria ajudado a "enfraquecer a moralidade do capitalismo, preparar terreno para o capitalismo sem escrúpulo e criar salários de marajá para os patrões cafajestes".

Como esse homem de direita pode imputar a maio de 68 as sequelas do capitalismo financeiro? Sarkozy teria virado sociólogo? Historiador? Filósofo (ainda que de direita)? Claro que não; mas não deixa de ser verdade que "filósofos", ou melhor, *nouveaux philosophes*, como eles se autodenominam há 30 anos, não lhe fazem falta! Afinal, todos os Finkielkraut, Bruckner, Glucksmann, Lévy, Ferry... juntaram-se a ele, quase todos egressos dos acontecimentos de 1968 e do feudo "maoísta".

André Glucksmann chegou a qualificar Nicolas Sarkozy de "homem da abertura para o mundo". Aquele que teria "restabelecido os direitos humanos"! Os imigrantes reconduzidos à fronteira, com seus filhos escolarizados e eventualmente nascidos na França, vão gostar.

Maio de 1968 assistiu ao surgimento, observa seu companheiro Alain Finkielkraut, "da oligarquia daqueles que só vivem para si mesmos, daqueles para quem a vida torna-se o único horizonte da vida".

É verdade que, na França, maio de 68 foi muito cedo objeto de um confisco por parte de "peritos" que se autoproclamaram representantes do movimento. Daniel Cohn-Bendit, Serge July, Bernard Kouchner... tornaram-se, ao lado dos "*nouveaux philosophes*", os intelectuais oficiais da República.

O fato primordial de maio de 68 ter produzido a greve mais importante da história do movimento operário francês, e a única "revolta geral" deflagrada num país ocidental desenvolvido, é precisamente o que eles tentam esquecer... e enterrar ao preço das mais incríveis renegações e contorções intelectuais.

A conversão entusiasta desses ex-esquerdistas aos valores do mercado foi disfarçada, com sucesso, em revolução cultural ou espiritual, e maio de 68 pode, parece, ser reinventado enquanto momento fundador dessa trajetória.

A história, portanto, serve para justificar o presente.

Assim como para mudar o passado.

JEAN-FRANÇOIS VILLETARD
executivo no setor de informática e militante trotskista em 68

Tradução de André Telles

Drop City, a comunidade hippie que inventou a Drop Art

Drop out. A expressão virou lema, nos Estados Unidos, da juventude que não aceitava fazer parte do establishment americano, nem compartilhava seus valores de consumo, suas ideias de patriotismo e guerra, ou suas regras de comportamento, consideradas ultrapassadas. Significa "cair fora". Da escola ou da sociedade. Quem escolhia uma vida alternativa e livre, ou abandonava a escola ou a universidade, era um *drop out*. Optava por uma vida fora dos padrões ditos "normais". Na verdade, ser um *drop out* era a primeira condição para se tornar um verdadeiro hippie.

A filosofia hippie nasceu dos valores da contracultura da geração beat dos anos 50, que deu origem aos beatniks de São Francisco, na Califórnia, que criavam suas próprias comunidades, abraçavam a revolução sexual, ouviam rock, fumavam maconha para relaxar e tomavam LSD para chegar ao autoconhecimento. Os hippies repudiavam as instituições estabelecidas, os valores da classe média, as armas nucleares e a Guerra do Vietnã. Sentiam-se atraídos pela filosofia oriental e eram, invariavelmente, vegetarianos e amantes da natureza e do modo natural de vida. Criaram comunidades, onde exerciam suas escolhas e viviam como uma grande família, compartilhando filhos e trabalho.

O movimento hippie começou nos Estados Unidos nos anos 60 e se espalhou pelo mundo. A primeira comunidade rural hippie de que se tem notícia foi criada em 1965, nos Estados Unidos, por quatro estudantes de arte e cinema que decidiram comprar um pedaço de terra ao sul do Colorado. Dois deles, Gene Bernofsky e Clark Richert, criaram um movimento artístico a que chamaram Drop Art e que seria a expressão visual de sua ideia de liberdade.

A Drop Art se inspirava nos happenings do pintor Allan Kaprow – precursor das performances artísticas – e nos experimentos de celebridades como o compositor John Cage, o inventor Buckminster Fuller e o artista plástico Robert Rauschenberg, do então famoso Black Mountain College. O conceito artístico de Drop Art ou *droppings* consistia, grosso modo, em pintar pedras e deixá-las cair do telhado de um loft na calçada de uma das principais avenidas de Kansas para observar a reação dos passantes.

Ao comprar as terras no Colorado, a intenção desses estudantes era criar espaço onde pudessem "viver" a Drop Art. A pequena fazenda logo ficou conhecida como Drop City, uma comunidade artística experimental.

Com uma arquitetura original e excêntrica baseada nas ideias de painéis geométricos e domos geodésicos de Buckminster Fuller e Steve Baer,

O som que vinha das vitrolas

Trinta das músicas mais tocadas no Brasil ao longo de 1968, e seus intérpretes:

As canções que você fez para mim (Roberto Carlos)
Baby (Caetano Veloso e Gal Costa)
Carolina (Chico Buarque)
Casa de bamba (Martinho da Vila)
Dio come ti amo (Gigliola Cinquetti)
Divino maravilhoso (Gal Costa)
Do you want to dance (Johnny Rivers)
Eu sou terrível (Roberto Carlos)
Era um garoto que como eu amava os Beatles e os Rolling Stones (Os Incríveis)
Helena, Helena, Helena (Taiguara)
Hello Goodbye (The Beatles)
Hey Jude (The Beatles)
Lapinha (Elis Regina)
Light my fire (José Feliciano)
Mrs. Robinson (Simon e Garfunkel)
Viola enluarada (Marcos Vale e Milton Nascimento)
Pata Pata (Miriam Makeba)
Pra não dizer que não falei de flores ou Caminhando (Geraldo Vandré)
Pra nunca mais chorar (Vanusa)
Sabiá (Cynara e Cybele)
Revolution (The Beatles)
Sá Marina (Wilson Simonal)
Samba do crioulo doido (Cynara e Cybele)
Segura este samba ogunhé (Osvaldo Nunes)
Se você pensa (Roberto Carlos)
Soy loco por ti América (Caetano Veloso)
Summer rain (Johnny Rivers)
Superbacana (Caetano Veloso)
Tenho um amor melhor que o seu (Antônio Marcos)
Última canção (Paulo Sérgio)

Miriam Makeba e o marido, Stokely Carmichael, defenderam ativamente os direitos dos negros

Fonte: http:/www.mofolandia.com.br

Depoimento

Cinema Marginal
"Udigrudi" *tupiniquim*

Em 1968, o Cinema Novo ainda estava no auge. Um ano antes, Glauber Rocha havia lançado *Terra em transe*, a mais contundente autópsia da alma política brasileira. Outros diretores tentavam romper a imagem de um cinema que não dialoga com o público, buscando assuntos de interesse mais geral. Em 68, Joaquim Pedro de Andrade filmou *Macunaíma*, que chegaria às telas no ano seguinte, para se tornar um dos maiores sucessos de público do movimento; Leon Hirszman, por sua vez, havia acabado de realizar o musical e colorido *Garota de Ipanema*.

Mas o epicentro do terremoto cinematográfico do ano ocorreu no Festival de Brasília, já apontando para uma renovação de talentos. O grande vencedor foi *O Bandido da Luz Vermelha*, primeiro longa-metragem de Rogério Sganzerla. Redefinindo as bases do que seria um cinema político, ao afastar-se de uma abordagem ideológica tradicional, Sganzerla absorveu lições do cinema de gênero e do cinema popular, apresentando um caldeirão de influência tropicalista que trazia uma ebulição estética.

De certa forma, o Festival de Brasília, ocorrido entre 25 de novembro e 2 de dezembro de 1968, foi a plataforma de lançamento do que seria mais tarde chamado de Cinema Marginal brasileiro – ou "Udigrudi", versão tupiniquim para o cinema underground. Também estavam em competição, *Jardim de guerra*, de Neville D'Almeida, e *Blá... blá... blá...*, de Andrea Tonacci, dois outros marcos desse "movimento".

Depois de *O Bandido da Luz Vermelha*, Sganzerla e Júlio Bressane – que em 1969 lançaria o igualmente seminal *Matou a família e foi ao cinema* – montaram uma produtora própria, chamada Belair, que durou pouco mas entrou para a história com uma série de filmes baratos, criativos e explosivos, realizados em pouquíssimos dias.

PEDRO BUTCHER
jornalista e crítico de cinema

Macunaíma, de Joaquim Pedro de Andrade, foi o filme do Cinema Novo que mais público atraiu

a comunidade ganhou notoriedade e atraía pessoas do mundo inteiro, que chegavam para viver e trabalhar nos projetos. A comunidade cresceu e seu auge se deu em 1967 com o Joy Festival (Festival da Alegria), que atraiu centenas de hippies. Então, os proprietários da terra assinaram um termo em que doavam o espaço e estipulavam que ele estaria para sempre aberto a todas as pessoas.

Mas, no final de 1968, começaram as tensões e os conflitos e os fundadores da comunidade se mudaram para outro lugar no Colorado, dando início a uma nova cooperativa artística de vanguarda que chamaram de Criss-Cross. O objetivo era continuar a experiência de Drop City, inovando numa "interação sinergética" de artistas, sem chefes ou líderes. Criss-Cross publicou, durante os anos 70, a revista vanguardista *Criss-Cross Art Communications* e fazia curadoria de exposições de arte com foco em "padrão e estrutura".

Drop City foi abandonada no início dos anos 70 e as terras vendidas para um fazendeiro vizinho. Em 2003, o escritor americano T.C. Boyle lançou um romance intitulado *Drop City*, no qual uma comunidade de hippies da Califórnia, defensora do amor livre e da vida alternativa, se muda para o Alasca e descobre que a Mãe Natureza é muito mais cruel do que imaginava.

A mais completa tradução

Uma das mais importantes bandas de rock inglesas, The Who, formada em 1964 por Pete Townshend, Roger Daltrey, John Entwistle e Keith Moon, era a mais perfeita tradução da sua época. Em 1964, numa pequena taverna chamada Railway Tabern, em Harrow and Wealdstone, na Inglaterra, Townshend quebrou acidentalmente a cabeça da guitarra e, aborrecido, acabou destruindo-a completamente. O incidente, que fez da banda a pioneira na moda da destruição de instrumentos no palco durante os shows, nos anos 60 e 70, foi considerado pela revista *Rolling Stones* um dos "50 momentos que mudaram a história do rock 'n' roll".

Sob a liderança de Townshend, The Who criou a ópera-rock *Tommy*, um dos maiores sucessos do universo do rock, que a revista *Life* considerou, na época, superar "qualquer outra coisa que tenha saído de um estúdio de gravação". Mas foi a música "My generation", com o famoso verso "I hope I die before I get old" ("Espero morrer antes de ficar velho"), que traduziu o espírito da maioria dos jovens de então, que rejeitavam os "velhos" valores e comportamentos em nome da liberdade de ser o que quisesse. Mas apenas um deles, o baterista Keith Moon, que costumava lançar sua bateria pelos ares, morreu em 1978, bem antes de envelhecer.

My generation
The Who

People try to put us d-down
  (Talkin' 'bout my generation)
Just because we get around
  (Talkin' 'bout my generation)
Things they do look awful c-c-cold
  (Talkin' 'bout my generation)
I hope I die before I get old
  (Talkin' 'bout my generation)

This is my generation
This is my generation, baby
Why don't you all f-fade away
  (Talkin' 'bout my generation)
And don't try to dig what we all s-s-say
  (Talkin' 'bout my generation)
I'm not trying to cause a big s-s-sensa-
  tion (Talkin' 'bout my generation)
I'm just talkin' 'bout my g-g-generation
  (Talkin' 'bout my generation)

This is my generation
This is my generation, baby

Why don't you all f-fade away
  (Talkin' 'bout my generation)
And don't try to d-dig what we all s-s-
  say (Talkin' 'bout my generation)
I'm not trying to cause a b-big s-s-sensa-
  tion (Talkin' 'bout my generation)
I'm just talkin' 'bout my g-g-generation
  (Talkin' 'bout my generation)

This is my generation
This is my generation, baby

People try to put us d-down
  (Talkin' 'bout my generation)
Just because we g-g-get around
  (Talkin' 'bout my generation)
Things they do look awful c-c-cold
  (Talkin' 'bout my generation)
Yeah, I hope I die before I get old
  (Talkin' 'bout my generation)

This is my generation
This is my generation, baby

Minha geração
The Who

Todo mundo tenta nos botar pra
  b-baixo (Falando da minha geração)
Só porque estamos por todo lado
  (Falando da minha geração)
São muito f-f-frios em tudo que f-fazem
  (Falando da minha geração)
Espero morrer antes de ficar velho
  (Falando da minha geração)

Esta é a minha geração
Esta é a minha geração, baby
Por que vocês não s-saem de cena
  (Falando da minha geração)
Sem tentar entender o que estamos
  d-dizendo? (Falando da minha geração)
Não estou tentando causar muita s-s-
  sensação (Falando da minha geração)
Só estou falando da minha g-g-geração
  (Falando da minha geração)

Esta é a minha geração
Esta é a minha geração, baby

Por que vocês não s-saem de cena
  (Falando da minha geração)
Sem tentar entender o que estamos
  d-dizendo? (Falando da minha geração)
Não estou tentando causar muita s-s-
  sensação (Falando da minha geração)
Só estou falando da minha geração
  (Falando da minha geração)

Esta é a minha geração
Esta é a minha geração, baby

Todo mundo tenta nos botar pra
  b-baixo (Falando da minha geração)
Só porque estamos p-p-por todo lado
  (Falando da minha geração)
São muito f-f-frios em tudo que f-fazem
  (Falando da minha geração)
É, espero morrer antes de ficar velho
  (Falando da minha geração)

Esta é a minha geração
Esta é a minha geração, baby

Tradução de Sergio Flaksman

Depois da radicalização, direita volver!

CLAUDIA ANTUNES

Mil novecentos e sessenta e oito nem tinha começado, mas a contrarrevolução que transformaria o espírito libertário daquele ano em culto ao individualismo e à força militar já estava em ação nos Estados Unidos. No final de 1967, quando as manifestações contra a Guerra do Vietnã tomavam os campi americanos, o ex-trotskista convertido à direita Irving Kristol publicou um artigo na revista *Foreign Affairs* que daria o tom da virada conservadora nas décadas seguintes.

No texto, sob o título anódino "Intelectuais americanos e política externa", Kristol lamentava que a ampliação do acesso à universidade nos Estados Unidos houvesse dado origem a uma nova classe que reivindicava o papel de intelectualidade mas, ao contrário das elites acadêmicas do passado, não se sentia comprometida com o exercício "responsável" do poder.

"Nossos intelectuais estão se movendo na direção de uma confrontação com o establishment ... Isso significa que a classe intelectual americana tem o interesse de impedir a evolução de qualquer tipo de política imperial responsável e coerente", escreveu Kristol. O ambiente contestatório, continuava ele, "está afetando adversamente o prestígio e a posição internacional" dos Estados Unidos, "que continuarão a ser um poder imperial não importa o que aconteça no Vietnã ou em outro lugar".

Essa "situação pouco saudável", nas palavras daquele que viria a ser conhecido como o "pai do neoconservadorismo" americano, exigia uma saída. Kristol não explicitou qual seria a estratégia do contra-ataque ideológico da direita, mas ela começaria a ficar clara no início dos anos 70, quando despontou nos Estados Unidos um conjunto

Claudia Antunes é jornalista, especializada em política internacional

de *think tanks* (tanques de ideias, numa tradução literal) de militância conservadora que reformularia o debate público no país no final do século XX.

Esses novos centros de estudos se colocavam como uma alternativa tanto aos professores da esquerda liberal, maioria no corpo docente das universidades americanas, quanto às instituições de pesquisa mais tradicionais. A Fundação Heritage, o Instituto Cato e, já nos anos 80, o American Enterprise Institute, o Projeto para um Novo Século Americano e a Sociedade Federalista, entre outras associações menos cotadas, surgiram com o objetivo explícito de pôr fim à Era Roosevelt nos Estados Unidos.

Iniciada nos anos 30 com o New Deal do presidente democrata Franklin Delano Roosevelt (1933-45), essa era ficou marcada pela ampliação dos direitos civis e sociais dos americanos e culminou, nos anos 60, com o fim da segregação racial, a universalização efetiva do direito de voto e o programa previdenciário da "Grande Sociedade", este lançado em meio ao conflito no Vietnã pelo presidente Lyndon Johnson (1963-69). Já nos seus estertores, nos anos 70, ela ainda produziria as decisões da Suprema Corte que permitiram o direito ao aborto e a proibição, por um curto período, da aplicação da pena de morte.

Para a direita, tudo isso representava Estado demais, regulação demais, costumes frouxos demais e, no caso dos efeitos do trauma provocado pelo Vietnã, uma perigosa volta ao sentimento isolacionista e um idealismo pueril em relação ao papel da gente comum – nos Estados Unidos e também no então chamado Terceiro Mundo – que colocavam em risco a posição americana no jogo internacional de poder.

Os *think tanks* conservadores foram sustentados por forças que iam das grandes corporações industriais e financeiras à direita cristã. Foram favorecidos pela insegurança e o medo provocados pela derrota na guerra e a crise do petróleo no início dos anos 70. Auxiliados por uma rede de radialistas, eles fizeram um trabalho de persuasão mais do que eficiente. Depois do interregno provocado pela renúncia do republicano Richard Nixon, em 1974, e a eleição, em 1976, do democrata Jimmy Carter, seus slogans chegaram ao poder com Ronald Reagan, eleito em 1980.

A partir de Reagan, o debate nos Estados Unidos foi tomado por expressões que ganhariam eco no resto do mundo, como desregulamentação, privatização da seguridade social, redução do papel do Estado, cortes de impostos. Era o início da chamada *"trickle-down economics"*, pelo qual o enriquecimento dos que estavam no topo da pirâmide fatalmente "escorreria", na forma de mais investimentos e mais empregos, para os que se encontravam na base.

Nem o governo de Bill Clinton escapou dessa norma, principalmente depois que os republicanos, já com a direita religiosa muito forte, ganharam o controle da Câmara dos Representantes, em 1994, e iniciaram uma perseguição em nome de "valores morais" ao presidente e à mulher, Hillary, filhos dos "amorais" anos 60.

Mas o auge da ofensiva iniciada na virada dos anos 70 foi a eleição do "cristão renascido" George W. Bush, em 2000. Com Bush, ascenderam o programa e os dirigentes do Projeto para um Novo Século Americano, cuja política externa era uma mistura da força com o messianismo que acompanha a trajetória dos Estados Unidos como "farol da democracia". Irving Kristol recebeu em 2002 de Bush a Medalha Presidencial da Liberdade. Seu filho William "Bill" Kristol, fundador da revista *Weekly Standard*, inspirou o discurso em que Bush, ao tomar posse para seu segundo mandato, prometeu "acabar com a tirania" no mundo, se necessário pelas armas.

Dentro dos Estados Unidos, a mudança mais duradoura trazida por Bush foi na Suprema Corte. Com as nomeações feitas por ele, a composição ideológica da instituição que é a intérprete máxima da Constituição americana se aproximou do programa da Sociedade Federalista – que defende a proibição do aborto, a expansão dos poderes do Executivo, o fim dos programas de ação afirmativa, a incorporação de crenças religiosas à esfera política.

Enquanto isso, nos 40 anos depois de 1968, os líderes daquele ano rebelde ficaram em sua maioria atomizados nas políticas de identidade e nas cadeiras de estudos culturais das universidades, em que proliferaram teses sobre minorias reais ou supostas. Consagraram o politicamente correto, mas a contrarrevolução conservadora teve consequências mais abrangentes, que só agora parecem entrar num ciclo de desgaste. Essa, porém, é outra história.

Dezembro

Nuvens cinzentas no horizonte

Os dois últimos meses não sinalizavam nada de bom para os jovens estudantes brasileiros nem para os movimentos de resistência à ditadura. Desde meados do ano as passeatas vinham progressivamente se esvaziando, as palavras de ordem se tornavam mais radicais e a violência da repressão era cada vez maior, assustando e afastando as camadas médias, os intelectuais e os artistas que, nos primeiros momentos, haviam apoiado os estudantes.

Pichação de estudantes em muro de São Paulo

Finalmente, em outubro, a polícia estourava um congresso da UNE, que se pretendia clandestino, mesmo reunindo cerca de mil estudantes num lugarejo do interior de São Paulo. Toda a liderança acabou presa e a queda do congresso foi um golpe desmoralizante para o movimento estudantil como um todo.

Ao longo do ano, a linha dura do regime foi ganhando posições, atacando cada vez mais fortemente a oposição e se armando de instrumentos mais sofisticados para inibir seus adversários, especialmente a Igreja, os políticos oposicionistas (MDB) e as organizações de perfil liberal, como a Conferência Nacional dos Bispos do Brasil (CNBB), a Ordem dos Advogados do Brasil (OAB) e a Associação Brasileira de Imprensa (ABI). Os três principais líderes políticos do país, Juscelino Kubitschek, João Goulart e Carlos Lacerda, foram proibidos de articular um movimento em defesa da democracia chamado Frente Ampla e ficaram marginalizados, com seus direitos cassados pelo ministro da Justiça, Luis Antonio da Gama e Silva. Ainda em 68, o ministro do Trabalho, Jarbas Passarinho, impôs a exigência de um atestado de ideologia para todo trabalhador que se candidatasse a um cargo de dirigente sindical. A ditadura se fortalecia progressivamente.

Sinal de alerta para a linha dura

A greve que mobilizou 15 mil metalúrgicos em Osasco, em julho, serviu de sinal de alerta para os militares da linha dura. Eles se conscientizaram de que deveriam estar preparados para controlar e reprimir severamente toda e qualquer manifestação de protesto. O ministro do Exército, general Aurélio de Lira Tavares – que, sob o pseudônimo de Adelita, cometia alguns versos que o transportaram gloriosamente a um dos templos da intelectualidade nacional, a Academia Brasileira de Letras (ABL) –, dizia, sem se preocupar em rimar nada com nada, que o "governo precisa ser mais enérgico no combate às ideias subversivas". Para o general, já estava em marcha um processo bem adiantado de guerra revolucionária liderado por comunistas.

Os militares estavam decididos a endurecer o regime e se armar de amplos poderes discriminatórios capazes de enfrentar os perigos que alegavam rondar o país. Mas precisavam de um motivo. E ele surgiu às vésperas das comemorações do 7 de Setembro, com o discurso em plenário do deputado Márcio Moreira Alves. Também nessa primeira semana de setembro, outro jovem deputado do MDB, Hermano Alves, escreveu uma série de artigos no *Correio da Manhã* que foram considerados "ofensivos" pelos militares. O alto comando das Forças Armadas e o Conselho de Segurança Nacional classificaram esses pronunciamentos de Márcio e Hermano como "ofensas e provocações irresponsáveis e intoleráveis". O governo exigiu que o Congresso utilizasse a arma da cassação e entregasse a cabeça dos dois numa bandeja de prata. Começou então uma comédia de gato e rato que manteria o país em suspense até o dia 13 de dezembro.

Rainha adiou o xeque-mate

A tensão desses dias só foi quebrada por uma visita ao Brasil, com toda pompa e circunstância, de Sua Majestade a rainha Elizabeth II, da Inglaterra, para formalizar acordos comerciais entre os dois países, principalmente o financiamento para a construção da ponte Rio–Niterói. Durante os 12 dias da visita oficial o país mergulhou num mundo de fantasia e se deslumbrou com o cerimonial da monarquia. A rainha visitou Recife, São Paulo, Brasília e o Rio de Janeiro. Na capital paulista, inaugurou o Museu de Arte de São Paulo (Masp) e, no Rio de Janeiro, viu Pelé participar de um jogo-exibição no Maracanã, organizado especialmente para "inglês ver".

Com a partida da rainha, o jogo pesado da política recomeçou. O cerimonial foi deixado de lado. Os militares pressionavam o Congresso, que resistia em entregar dois de seus membros ao capricho punitivo da ditadura. Finalmente, no dia 12 de dezembro, numa rara manifestação de coragem, o Congresso recusou por uma diferença de 75 votos – muitos dados por parlamentares do próprio partido do governo, a Arena – a licença para processar Márcio Moreira Alves.

O fatídico AI-5

Mal houve tempo para comemorações. No dia seguinte, 13 de dezembro, que ficou registrado como um dos mais sombrios de toda a história do país, os militares baixaram o Ato Institucional n.5, o AI-5, autorizando o governo, entre outras medidas ditatoriais, a decretar em caráter excepcional, isto é, sem apreciação judicial, o recesso do Congresso Nacional, a intervenção nos estados e municípios, a cassação de mandatos parlamentares, a suspensão por dez anos dos direitos políticos de qualquer cidadão, o confisco dos bens considerados ilícitos e a suspensão da garantia do habeas corpus, o que, na prática, permitia a tortura e o abuso contra os presos.

Respaldados pelo AI-5, os militares começaram a punir indiscriminadamente, numa campanha atemorizante de prisões, intimações, invasões de

O locutor Alberto Curi, ao lado do ministro da Justiça Gama e Silva, anuncia a edição do AI-5, que mergulhou o país em um período de trevas

residências. Onze deputados, entre eles Hermano Alves e Márcio Moreira Alves, perderam de imediato seus mandatos. Milhares de cidadãos foram vítimas da prepotência do AI-5, de ministros do Supremo Tribunal Federal (STF), a mais alta corte do país, até simples cidadãos envolvidos em brigas de vizinhos e denunciados como "subversivos". No preâmbulo do AI-5, uma explicação simplória e mentirosa para as arbitrariedades: "com vistas a encontrar os meios indispensáveis para a obra de reconstrução econômica, financeira e moral do país."

O Congresso foi fechado nesse mesmo dia por tempo indeterminado e só seria reaberto, excepcionalmente, em outubro de 69, quase um ano depois, para referendar a posse de um novo militar na Presidência, dessa vez um general chamado Emílio Garrastazu Médici, que seria responsável por um dos períodos mais tenebrosos da história do Brasil. Durante algum tempo, uma bizantina discussão envolveu os setores políticos e intelectuais do país: teria sido o AI-5 uma demonstração de força ou de fraqueza da ditadura? A história respondeu.

Quem tem medo do Tropicalismo?

Na cultura internacional destacava-se o lançamento de "I heard it through the grapevine", que daria a Marvin Gaye seu maior sucesso musical e o transformaria num dos grandes cantores americanos negros da época oriundos do gospel. Na França, François Truffaut ganhava o Grand Prix do cinema com o filme *Beijos roubados*. Enquanto isso, no Brasil, duas estrelas da MPB passavam por maus bocados. Caetano Veloso e Gilberto Gil, líderes de um polêmico movimento denominado Tropicalismo, que desde o verão de 67 sacudia o panorama cultural do país, foram presos, sem nenhuma acusação específica, na manhã do dia 27 de dezembro, em São Paulo, por oficiais do II Exército. Foram informados de que seriam levados à Polícia Federal para prestar depoimentos, mas a caminhonete que os conduzia se dirigiu para a Via Dutra e seguiu para o Rio de Janeiro. Sem receber nenhuma explicação, os dois foram levados para a sede do então Ministério da Guerra, na avenida Presidente Vargas, no Centro da cidade. De lá foram para o quartel da Polícia do Exército (PE), na rua Barão de Mesquita, no bairro da Tijuca, um temido centro de torturas para onde eram levados os inimigos do regime ditatorial.

Os dois foram jogados em duas pequenas celas, imundas, escuras, com uma latrina e chuveiro. A comida era horrorosa e cheirava mal. Durante a semana em que permaneceram nas solitárias da PE, se alimentaram basicamente com pequenos pedaços de pão. Nesse período, Caetano encontrou-se, por acaso, num raro banho de sol que lhe foi permitido, com o editor da Civilização Brasileira, Ênio Silveira, que também estava detido. Ênio conseguiu passar dois livros que serviram de consolo e aliviaram momentaneamente o sofrimento de Caetano. Um era *O estrangeiro*, de Albert Camus, e o outro, *O bebê de Rosemary*, de Ira Levin.

Depois da PE, eles foram transferidos para a Vila Militar, em Deodoro, subúrbio do Rio. Lá ficaram em cela coletiva compartilhada, entre outros, com Ferreira Gullar, Antonio Callado e Paulo Francis. Apesar de estarem em melhores condições na Vila Militar do que na PE, Caetano e

O planeta visto da cela

Caetano estava preso na Vila Militar, no Rio de Janeiro, quando viu as primeiras fotos da Terra, tiradas pela missão Apolo 8 e publicadas em uma revista. Tempos depois compôs "Terra", faixa do disco *Muito – Dentro da estrela azulada*, lançado em 1978. No livro *Verdade tropical* ele conta:

"Um dia Dedé me trouxe uma revista *Manchete* com as primeiras fotografias da Terra tiradas de fora da atmosfera. Eram as primeiras fotos em que se via o globo inteiro – o que provocava forte emoção, pois confirmava o que só tínhamos chegado a saber por dedução e só víamos em representações abstratas – e eu considerava a ironia de minha situação: preso numa cela mínima, admirava as imagens do planeta inteiro, visto do amplo espaço."

A Apolo 8 enviou do espaço as primeiras fotos da Terra

Gil não escaparam da humilhação de terem a cabeça raspada e da angústia de ouvirem à noite os gritos das pessoas sendo torturadas.

    Eles já estavam presos há três semanas quando, em meados de janeiro de 69, foram transferidos para quartéis separados na mesma Vila Militar. Somente um mês depois de terem sido presos, Gil e Caetano responderam aos primeiros interrogatórios, com as perguntas se concentrando inicialmente nas famílias dos dois. Finalmente, surgiu uma acusação concreta: eram acusados, segundo a denúncia mentirosa de um jornalista ligado aos

---

Terra
Caetano Veloso

Quando eu me encontrava preso
Nas celas de uma cadeia
Foi que eu vi pela primeira vez
As tais fotografias
Em que apareces inteira
Porém lá não estavas nua
E sim coberta de nuvens

Terra, Terra
Por mais distante o errante navegante
Quem jamais te esqueceria?
(Refrão)

Ninguém supõe a morena
Dentro da estrela azulada
Na vertigem do cinema
Manda um abraço para ti, pequenina
Como se eu fosse o saudoso poeta
E fosse a Paraíba

(Refrão)

Eu estou apaixonado por uma menina terra
Signo de elemento terra
Do mar se diz terra à vista
Terra para o pé, firmeza
Terra para a mão, carícia
Outros astros lhe são guia

(Refrão)
Eu sou um leão de fogo
Sem ti me consumiria
A mim mesmo eternamente
E de nada valeria
Acontecer de eu ser gente
E gente é outra alegria
Diferente das estrelas

(Refrão)

De onde nem tempo nem espaço
Que a força mande coragem
Pra gente te dar carinho
Durante toda a viagem
Que realizas no nada
Através do qual carregas
O nome da tua carne

(Refrão)

"Nas sacadas dos sobrados
Na velha São Salvador
Há lembranças de donzelas
Do tempo do imperador
Tudo, tudo na Bahia
Faz a gente querer bem
A Bahia tem um jeito"

(Refrão)

órgãos policiais, de terem desrespeitado dois símbolos nacionais, a bandeira e o hino, durante um show realizado na boate Sucata, no mês de outubro. A denúncia foi logo desmascarada por testemunhas.

Na Quarta-feira de Cinzas de 1969, Caetano e Gil foram levados para o aeroporto e embarcados num avião da Força Aérea para Salvador. Lá receberam ordens de não sair da cidade, não participar de atos públicos, entrevistas ou shows. Uma verdadeira prisão domiciliar. Sem nenhuma perspectiva, conseguiram autorização dos militares para sair do país e, depois de complicadíssimas negociações, autorização para fazer dois shows (em 20 e 21 de julho), no Teatro Castro Alves, com o objetivo de levantar fundos para financiar a viagem. Os espetáculos de despedida ganharam

Rolling Stones e o circo que ninguém viu

Em 11 de dezembro de 1968 foi gravado um vídeo para a televisão com os maiores astros do rock mundial do momento. Mas ninguém viu o filme na época. Até 1996, quando o filme foi, finalmente, lançado, *The Rolling Stones Rock and Roll Circus* havia ficado apenas na memória e nas retinas dos convidados especiais que assistiram à gravação e se divertiram a valer dentro de uma tenda de circo, com Mick Jagger como mestre de cerimônias. Quase 30 anos depois, o vídeo foi finalizado e distribuído e o mistério veio à tona. Por que os Rolling Stones, depois de gastar um dinheirão com a gravação na Inglaterra, não autorizaram sua divulgação em 1968? A resposta ficou no ar anos a fio.

A ideia era combinar música e circo. Os Rolling Stones e seus convidados se apresentariam diante de uma audiência de convidados. E assim foi. O espetáculo montado para a gravação foi encenado por um time de primeira linha do rock. Estavam lá Eric Clapton, The Who, uma banda chamada Dirty Mac – que incluía John Lennon e Yoko Ono, Mitch Mitchell na bateria e Keith Richards no baixo –, a diva do rock Marianne Faithfull, Jethro Tull (cujo guitarrista era Tony Iommi, que viria a ser guitarrista do Black Sabbath), Taj Mahal. As performances, malabarismos e palhaçadas começaram às duas da tarde, mas os intervalos entre os shows foram maiores do que o esperado, as câmeras viviam quebrando e a performance final, com os Stones, acabou só acontecendo às cinco da manhã.

A intenção era gravar um supershow que seria exibido na televisão, mas os Stones não autorizaram a exibição e não lançaram o filme. Mick Jagger alegou que a banda fora a última a gravar depois de um dia inteiro e, como só haviam entrado no

uma dimensão única na história da MPB. No dia 27 de julho eles embarcaram para o exílio na Europa.

Geraldo Vandré, autor de "Pra não dizer que não falei de flores" ("Caminhando"), escapou da perseguição dos militares refugiando-se no Chile. Chico Buarque, por sua vez, iria para a Itália.

O AI-5 foi particularmente cruel com a música popular brasileira.

Bombas, espionagem e a Terra vista de longe

O Brasil entrava numa fase tenebrosa, mas outras partes do mundo tampouco viviam a tranquilidade. No caldeirão do Oriente Médio, aviões de Israel

palco do circo de manhã, estavam exaustos. Não tinham ficado bem na fita.

Mas as más-línguas afirmam que a verdadeira razão para os Stones não liberarem o vídeo foi o fato de o The Who ter superado os Stones em sua própria produção. O The Who fora gravar recém-chegado de uma turnê e a banda estava afiada. O grupo de Jagger não fazia concertos há algum tempo e não estava em seus melhores momentos. Seja por uma razão ou por outra, o fato é que o projeto concebido por Mick Jagger para promover sua banda de uma forma diferente dos simples lançamentos de discos e concertos de rock acabou na gaveta. É o único registro decente e colorido da formação consagrada, com Brian Jones, que sairia da banda e morreria no ano seguinte.

O vídeo foi relançado em 2004 em DVD, remasterizado e remixado em *dolby surround*. Inclui extras do show e, por ironia, uma entrevista com Pete Townshend, a estrela do The Who.

O *filme* The Rolling Stones Rock and Roll Circus *ficou quase 30 anos inédito*

haviam bombardeado, no começo do mês, bases palestinas na Jordânia. No campo da Guerra Fria, um acontecimento inédito. Depois de meio ano de complicadíssimas e muitas vezes humilhantes negociações com a Coreia do Norte, os Estados Unidos conseguiram, em 23 de dezembro, a libertação dos 82 tripulantes do navio *Pueblo*, aprisionado, desde janeiro, pelos coreanos. Atendendo a uma exigência da Coreia do Norte, os americanos admitiram, publicamente, que o navio estava numa missão de espionagem. Num lance polêmico, que causou muitas discussões e questionamentos, imediatamente após a liberação dos marinheiros os Estados Unidos se desmentiram e negaram que a missão do *Pueblo* fosse de espionagem.

No dia 20, os Estados Unidos perdiam um de seus maiores escritores, John Steinbeck, um dos mais conhecidos e populares autores do século XX. Sua obra, consagrada com o prêmio Nobel de Literatura de 1962, inclui títulos como *Ratos e homens*, *A leste do Eden* e *As vinhas da ira*. Na França, o escritor Albert Cohen recebia o grande prêmio da Academia Francesa de Letras pela obra-prima *A bela do senhor*.

Nas vésperas do Natal, a Nasa, agência espacial americana, lançou a nave Apolo 8 para cumprir um dos mais ambiciosos projetos de todo o programa espacial dos Estados Unidos. Numa missão coroada de sucesso, a Apolo 8 entrou em órbita lunar no dia 25 e sobrevoou e fotografou, pela primeira vez, o lado oculto do satélite da Terra, enviando do espaço algumas das primeiras fotos de nosso planeta. As fotos mostrando toda a Terra em sua beleza azul e branca deslumbraram o mundo. E inspiraram poetas e trovadores.

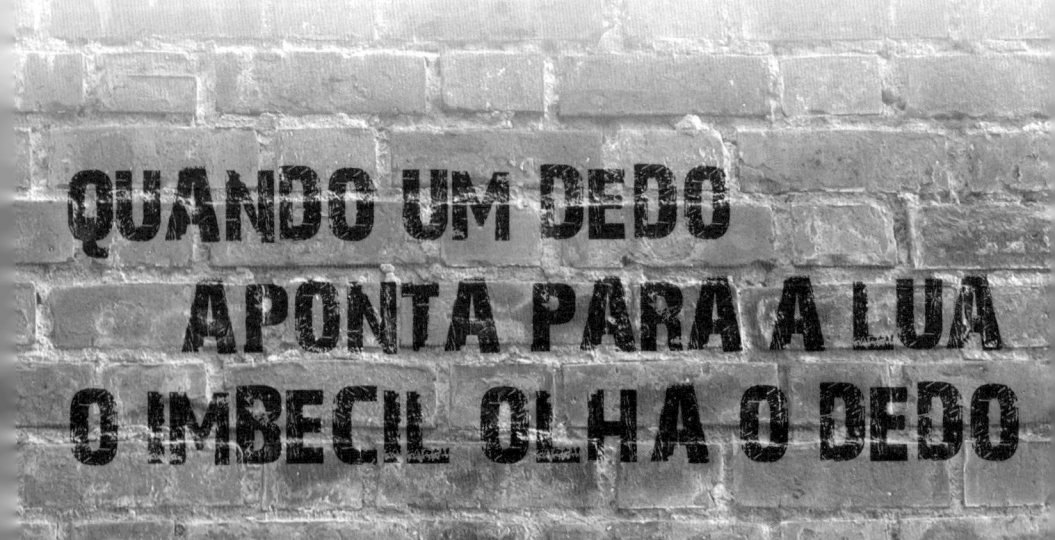

QUANDO UM DEDO APONTA PARA A LUA O IMBECIL OLHA O DEDO

"Viemos em paz, em nome de toda a humanidade"

"A Terra é azul, e eu não vi Deus."
YURI GAGARIN, 1961, primeiro homem a viajar em órbita da Terra

"Um pequeno passo para o homem, um salto gigantesco para a humanidade."
NEIL ARMSTRONG, 1969, primeiro homem a pisar na Lua

Foi certamente a mais longa corrida em que os seres humanos estiveram envolvidos. Tanto no tempo quanto no espaço. O ponto de partida foi a Terra. O de chegada, a Lua. União Soviética e Estados Unidos eram os dois únicos competidores. E 1968 marcou um dos momentos culminantes dessa emocionante disputa, quando a Apolo 8 tornou-se a primeira nave espacial a entrar em órbita lunar, na noite de Natal, dando o passo definitivo que permitiria ao homem, seis meses depois, pisar pela primeira vez o solo poeirento da Lua.

Desde o tempo em que o ser humano vivia nas cavernas, a Lua sempre exerceu uma permanente atração sobre o homem. Essa paixão está registrada em desenhos rudimentares, pinturas, livros, poesias, músicas e filmes. Em 1865, Júlio Verne, em uma de suas mais famosas obras de ficção, *Da Terra à Lua*, colocava o homem no satélite da Terra a bordo de uma bala disparada por um gigantesco canhão. No cinema, um dos primeiros filmes de que se tem notícia, *Viagem à Lua*, feito em 1902 pelo francês Georges Méliès, descrevia uma fantástica e incrivelmente fantasiosa viagem.

Para muitos especialistas, a corrida espacial começou oficialmente no dia 4 de outubro de 1957, quando a União Soviética surpreendeu o mundo colocando no espaço o Sputnik, o primeiro satélite artificial da Terra. O Sputnik foi lançado do Cosmódromo de Baikonur, em Tyuratam, no Cazaquistão. Em todos os países, as pessoas ouviam, emocionadas, o seu bip-bip enviado do espaço.

A corrida espacial, na realidade, começou na década de 1940, com a derrota da Alemanha na Segunda Guerra Mundial. Americanos e russos se precipitaram numa intensa batalha para capturar a maioria dos cientistas alemães responsáveis pela construção dos foguetes V-2, que chegaram a ser usados nos últimos bombardeios de Londres. Os Estados Unidos conseguiram cooptar o mais destacado cientista alemão, Wernher von Braun, que passou a colaborar com os americanos participando do programa de mísseis balísticos. Depois, ele coordenou os primeiros passos do programa espacial da Nasa e foi o principal diretor da equipe que projetou e construiu o lançador Saturno V, que levou as naves Apolo à Lua.

Em 3 de novembro de 1957, os russos desferiram outro doloroso golpe no orgulho americano ao colocar no espaço, a bordo do Sputnik 2, uma cadelinha chamada Kudriavka, da raça Laika. O grande cérebro por trás do programa espacial russo era o engenheiro-chefe Sergei Korolev, que conseguiu convencer o primeiro-ministro russo Nikita Kruschev da importância política, científica e propagandística do programa espacial.

Os americanos conseguiram dar uma resposta aos russos quatro meses após o lançamento do Sputnik, quando, em 31 de janeiro de 1958, enviaram ao espaço o Explorer 1, seu primeiro satélite. A partir daí, Estados Unidos e Rússia lançaram dezenas de satélites espiões, de comunicação e de meteorologia. Além dos Sputniks, os russos criaram uma série numerosa de satélites Cosmos, enquanto os americanos faziam os Vanguards e os Discoverers.

No dia 12 de abril de 1961, os russos reafirmavam sua superioridade sobre o programa espacial americano ao colocar, pela primeira vez, um homem na órbita da Terra, num voo de 48 minutos. Yuri Gagarin era o seu nome, e a façanha foi a bordo da nave Vostok 1. Durante o voo ele disse uma frase que entraria para a história: "A Terra é azul, e eu não vi Deus." Somente em 5 de maio de 1961, os americanos colocariam um homem no espaço, mesmo assim num voo suborbital. Para agilizar e centralizar seu programa espacial, até então dividido entre diversas agências, os Estados Unidos criaram a Nasa em julho de 1958.

Para especialistas, o atraso inicial no programa espacial americano se deveu ao erro de se investir prioritariamente nos lançadores Vanguard, mais complexos e menos confiáveis do que os Redstones (as V-2 alemãs aperfeiçoadas). Em virtude desse equívoco, enquanto os russos tinham uma capacidade de lançamento de 500kg com os Sputniks, os americanos amargavam uma capacidade de apenas 5kg. Em 1961, o presidente John Kennedy lançou um novo e ambicioso programa para a Nasa e, num famoso discurso, assumiu o desafio de enviar homens à Lua e trazê-los a salvo antes que a década terminasse. Nesse discurso, que entrou para a história e foi pronunciado na Universidade de Rice, Kennedy disse: "Nós decidimos ir à Lua. Nós decidimos ir à Lua nesta década e fazer as outras coisas não porque elas são fáceis, mas porque são difíceis."

A partir daí, os americanos deflagraram o projeto Mercury, com uma cápsula com capacidade para um astronauta; o projeto Gemini, com uma cápsula para dois astronautas; e o Apolo, para três astronautas e com capacidade de pousar na Lua.

Na noite de Natal de 1968, uma grande vitória para os americanos: a bordo da Apolo 8, James Lovell, Frank Borman e William Anders tornavam-se os primeiros humanos a realizarem uma circunavegação da Lua. Paralisados por uma tecnologia mais atrasada e falta de verbas, os russos acabaram ficando para trás, acumulando problemas com suas naves Zond.

Finalmente, oito anos depois do discurso de Kennedy, de ter gasto impressionantes US$20 bilhões, mobilizado 20 mil companhias e 300 mil trabalhadores, a missão Apolo 11 pousou na superfície lunar no dia 20 de julho de 1969. Neil Armstrong e Edwin Aldrin foram os primeiros homens a caminhar na Lua, num local chamado Mar da Tranquilidade. Ao sair da Apolo, Armstrong pronunciou a famosa frase: "Um pequeno passo para um homem, um salto gigantesco para a humanidade."

Uma placa foi deixada no solo lunar. Nela se podia ler: "Aqui os homens do planeta Terra pisaram pela primeira vez na Lua. Julho de 1969. Viemos em paz, em nome de toda a humanidade."

A Lua dos poetas

Em "Lunik 9", canção incluída no disco *Louvação* (1967), Gilberto Gil parecia prever o impacto que a divulgação das primeiras fotos do solo lunar causariam à humanidade. Nesta canção, ele canta seu fascínio e preocupação com a ciência e o avanço tecnológico.

Primeira nave tripulada a dar a volta em torno da Lua, a Apolo 8 parte para sua missão

Lunik 9
Gilberto Gil

Poetas, seresteiros, namorados, correi
É chegada a hora de escrever e cantar
Talvez as derradeiras noites de luar
Momento histórico, simples resultado do
  desenvolvimento da ciência viva
Afirmação do homem normal, gradativa
  sobre o universo natural
Sei lá que mais
Ah, sim! Os místicos também
  profetizando em tudo o fim do mundo
E em tudo o início dos tempos do além
Em cada consciência, em todos os confins
Da nova guerra ouvem-se os clarins
Guerra diferente das tradicionais, guerra
  de astronautas nos espaços siderais
E tudo isso em meio às discussões, muitos
  palpites, mil opiniões
Um fato só já existe que ninguém pode
  negar, 7, 6, 5, 4, 3, 2, 1, já!
E lá se foi o homem conquistar os
  mundos lá se foi
Lá se foi buscando a esperança que aqui
  já se foi
Nos jornais, manchetes, sensação,
  reportagens, fotos, conclusão:
A Lua foi alcançada afinal, muito bem,
  confesso que estou contente também

A mim me resta disso tudo uma
  tristeza só
Talvez não tenha mais luar pra clarear
  minha canção
O que será do verso sem luar?
O que será do mar, da flor, do violão?
Tenho pensado tanto, mas nem sei
Poetas, seresteiros, namorados, correi
É chegada a hora de escrever e cantar

1968: nasce a Teologia da Libertação

FREI BETTO

Pode-se afirmar que a Teologia da Libertação – essa ótica latino-americana da fé cristã – nasceu em 1968. Nesse ano ocorreu, em Medellín, Colômbia, entre 26 de agosto e 6 de setembro, a Segunda Conferência dos bispos católicos da América Latina. Ali, o episcopado procurou "latino-americanizar" as conclusões do Concílio Vaticano II (1962-65). E o fez sob a repercussão de uma sequência de eventos que marcariam a história: assassinato, no ano anterior, nas selvas da Colômbia, do padre-guerrilheiro Camilo Torres e, nas selvas da Bolívia, de Che Guevara; publicação, na Páscoa de 1967, da encíclica *Populorum progresio*; e, em julho de 1968, da encíclica *Humane vitae*.

Em 1968, vocábulos como "novo", "inovação" e "revolução" soavam como pilares trigêmeos de uma cultura disposta a reinventar o mundo. Se no Brasil a criatividade artística adjetivava-se de nova – a Bossa Nova, o Cinema Novo etc. –, na América Latina o êxito da Revolução Cubana, em 1959, e os indícios de derrota dos Estados Unidos na guerra contra o Vietnã nutriam a esperança de, com a tomada do poder pelas forças de esquerda, surgir "a mulher e o homem novos", segundo a imagem idílica embutida na utopia comunista.

O *Documento de Medellín* reflete aquele otimismo de quem vislumbrava o futuro ali na esquina: "Não teremos um continente novo sem novas e renovadas estruturas, mas sobretudo não haverá continente novo sem homens novos, que à luz do Evangelho saibam ser verdadeiramente livres e responsáveis."

A encíclica *Populorum progresio*, publicada um ano e meio antes, dera o tom para Medellín proclamar a "opção pelos pobres", por parte da Igreja, e justificar o

Frei Betto é escritor

envolvimento de cristãos, inclusive sacerdotes, com movimentos revolucionários. A carta de Paulo VI defende a legitimidade da "guerra justa" e da revolução popular em caso de tirania prolongada e inamovível por outros meios – princípio que deriva da teologia de santo Tomás de Aquino, teólogo dominicano do século XIII.

A outra encíclica, a *Humanae vitae*, sobre os direitos de concepção e anticoncepção, publicada dois meses antes de Medellín, deixaria como marca na Igreja católica, ainda hoje, o paradoxo de abrir-se à moral social, a ponto de legitimar o direito à insurreição, e fechar-se à moral individual, impedindo qualquer método contraceptivo que não seja o de controle das funções procriadoras pelos ritmos naturais dos períodos inférteis. Assim, fechou-se a porta da doutrina católica para qualquer regulação artificial da natalidade, o aborto, o uso de preservativos e, em tese, as relações sexuais que não tenham por finalidade a procriação.

A candente questão sociopolítica da América Latina, com vários países do Cone Sul governados por ditaduras militares, fez com que a *Humanae vitae* não repercutisse tanto quanto a *Populorum progresio*, sobretudo considerando que, na América Latina, bispos e sacerdotes costumam ser tolerantes quanto à vida afetiva e sexual dos fiéis, tendo em conta que vivem mais perto de Deus do que de Roma...

A hora da ação

Ao viajar à Colômbia, para a abertura, em Bogotá, da Conferência de Medellín, Paulo VI deu um passo que, pelo seu significado, ultrapassaria as fronteiras geográficas: era a primeira vez na história que um papa deixava o solo europeu e atravessava o oceano. Por que não poderia a Igreja latino-americana livrar o seu rosto da máscara vaticana e mostrar-se com a sua cara indígena, negra, mestiça, mulata?

Medellín como que exigia da Igreja o engajamento político nas causas sociais:

> Não basta, certamente, refletir, conseguir mais clarividência e falar. É necessário agir. A hora atual não deixou de ser a hora da palavra, mas já se tornou, com dramática urgência, a hora da ação. Chegou o momento de inventar com imaginação criadora a ação que cabe realizar e que, principalmente, terá que ser levada a cabo com a audácia do Espírito e o equilíbrio de Deus.

Esta Assembleia foi convidada a tomar decisões e a estabelecer projetos, somente com a condição de que estivéssemos dispostos a executá-los como compromisso pessoal nosso, mesmo à custa de sacrifícios.

Nascia uma Igreja que, numa realidade marcada pela opressão, tanto de estruturas arcaicas (latifúndio, neocolonialismo, dependência externa etc.) quanto de práticas pessoais (machismo, trabalho escravo, nepotismo, caudilhismo etc.), assumia a libertação – um desafio político – como imperativo evangélico e exigência pastoral.

Imbuído dessa consciência e sensibilidade, entre os assessores dos bispos destacava-se, em Medellín, um teólogo peruano de ascendência indígena: o padre Gustavo Gutiérrez. Dotado de profundos conhecimentos de ciências sociais, perito nas obras de Marx e Engels e pastor de uma das paróquias mais pobres da periferia de Lima, foi ele quem deu o tom progressista do *Documento de Medellín*, assinado pelos bispos e aprovado pelo Vaticano.

De fato, aquele documento reflete a renovação da Igreja católica que se vinha aprofundando desde o fim da Segunda Guerra Mundial. O caráter social do pensamento católico francês (Maritain, Mounier, Lebret, Congar, Calvez); a aliança entre cristãos e comunistas na resistência ao nazifascismo; a imersão de padres no mundo operário e sindical; a renovação litúrgica – foram fatores que induziram a Igreja na América Latina a reinventar seus métodos e recursos de evangelização. A falta de sacerdotes numa população majoritariamente católica levou à criação das Comunidades Eclesiais de Base (CEBs), grupos de base integrados por pessoas simples do povo, em geral moradores de periferias e da zona rural, que se encontram para refletir, à luz da fé, e sobretudo da Bíblia, sobre os problemas que os afligem: falta de terra e moradia, trabalho e educação, saúde e transporte.

Das CEBs brotaram inúmeros movimentos populares. E do conjunto dessa prática é que surgiu a matéria-prima que, recolhida pelos teólogos e devidamente sistematizada, veio a produzir a Teologia da Libertação. Hoje, ela faz parte do leque de enfoques doutrinários e teológicos da Igreja católica. Sem ela não se explicaria a postura de parte da Igreja, incluídos bispos, contra as ditaduras militares, e a favor dos direitos dos pobres, como a reforma agrária. Sem ela possivelmente não teríamos, hoje, o papa expressando críticas ao neoliberalismo, ao peso da dívida externa na frágil economia dos países pobres, à invasão do Iraque pelo governo dos Estados Unidos.

Medellín fixa o novo posicionamento da Igreja face às condições socioeconômicas e político-religiosas da América Latina. O documento analisa a explosão demográfica, o analfabetismo, a má distribuição de riquezas – como a concentração da propriedade das terras nas mãos de uma minoria –, a dependência ao capital estrangeiro e as tensões entre as classes e os países latino-americanos, bem como as tensões internacionais. O documento aponta a necessidade de promover uma radical modificação nas estruturas políticas, econômicas e sociais, devendo a Igreja comprometer-se nesse processo; assinala a marginalização política do povo e as formas de opressão de grupos e de setores dominantes; insiste em que a Igreja deve se engajar na promoção de uma educação conscientizadora (influência de Paulo Freire), na instauração de uma justiça e paz, na ajuda aos oprimidos para conhecer e lutar pelos seus direitos.

Padres católicos envolviam-se nas passeatas, enquanto nascia a Teologia da Libertação

O *Documento de Medellín* – uma peça publicada há 40 anos e que conserva ainda sabor de futuro – é a espinha dorsal do livro *Teologia da Libertação*, publicado por Gustavo Gutiérrez em 1971 e dedicado, sintomaticamente, ao padre Henrique Pereira Neto, assassinado no Recife pela ditadura militar em maio de 1969.

O ano de 1968 marcou a virada de amplos setores da Igreja católica na América Latina. No ano seguinte, frades dominicanos brasileiros seriam presos, acusados de envolvimento na guerrilha urbana liderada por Carlos Marighella, conforme retrata o filme *Batismo de sangue* (2007), de Helvécio Ratton. E, desde então, os movimentos sociais e revolucionários do continente passaram a trazer a marca inconfundível da presença cristã, como ocorreu com a Revolução Sandinista, em 1979, na Nicarágua, e a ampla capilaridade do Partido dos Trabalhadores em todas as regiões do Brasil, graças às Comunidades Eclesiais de Base, causa e efeito da Teologia da Libertação.

Conclusão
A insurreição do desejo

> Esse revolucionário [Ho Chi Minh], de raras cóleras e muita doçura e senso de humor, verteu sua vida inteira na vida de seu país, como um afluente na corrente de um rio. Ho é a vontade de liberdade de um povo feita homem. E o recado que dá ao mundo, com sua vida vivida em escala nacional, é de que qualquer povo pode enfrentar e vencer não importa que grande potência.

Esse trecho da bela reportagem feita por Antonio Callado no Vietnã do Norte, em 1968, traduz com simplicidade o sentimento romântico de uma época naquilo que o conceito de romantismo tem de potente e rico. A ideia de que, com perseverança e luta, se poderia vencer o pior dos inimigos, fosse ele a ditadura militar, o preconceito racial, o autoritarismo ou a injustiça social, estava impregnada na juventude ativa daquela época e naqueles que buscavam dias melhores para a humanidade.

Foram tempos de rebeldia, de sentimentos de solidariedade e comunhão. Sonhos de justiça e liberdade tão profundos que lançaram gerações em trincheiras opostas. Para uma geração, como no caso europeu, que saía de uma vida de austeridade e sacrifícios impostos por duas guerras em casa, era difícil compreender as razões da juventude e sua sede de mudança. Para os mais velhos, não se podia abrir mão das conquistas árduas dos pós-guerras, que puseram a casa "em ordem" e cada coisa novamente em seu lugar. O temor de perder mais uma vez o controle os inquietava porque ainda eram perseguidos pela memória da "desordem" social gerada pela guerra. Mas era justamente esse ordenamento do mundo que as gerações mais novas queriam destruir. Um ordenamento que obedecia a uma hierarquia baseada na autoridade e na disciplina e limitava a liberdade tão cobiçada.

O fantasma da guerra rondava o planeta. Os europeus a haviam experimentado de forma devastadora. Os americanos, nos anos 50, não ousaram se manifestar contra a Guerra da Coreia porque podia parecer falta de patriotismo num país extremamente conservador. Mas, em 1968, as cenas de horror da guerra nos arrozais remotos do Vietnã foram levadas pela televisão para dentro de suas casas, para o conforto de suas salas de estar.

O mundo inteiro parecia querer mudança e era tão forte esse desejo que saía pelos poros de todas as artes – música, teatro, cinema, artes plásticas. O idealismo fazia parte da vida dos jovens, assim como os cabelos longos, as saias curtas, os livros de Marcuse e Sartre, a irreverência, os discos de Joan Baez e Bob Dylan, de Chico Buarque e Caetano Veloso, de Léo Ferré e The Who. O establishment, fosse ele representado pelo capitalismo americano ou o comunismo soviético, era repudiado por abrigar sistemas velhos e démodés. O sistema capitalista era injusto e desumano; o comunista, inibidor da vida e do pensamento livres. Queria-se um mundo melhor. E diferente. Aspirava-se à liberdade.

Em Paris, o paralelepípedo foi eleito arma e símbolo da contestação ao poder estabelecido, e os jovens gritavam slogans libertários como "Seja realista, peça o impossível" ou "É proibido proibir".

Quarenta anos depois, os franceses ainda não sabem muito bem o que fazer com maio de 1968. Os líderes estudantis da época, os *enragés* Cohn-Bendit, Alain Krivine, Alain Geismar e Jacques Sauvageot, reconheceram, anos depois, que não tinham nenhum plano e sequer uma ideologia em comum. Cohn-Bendit se dizia um libertário e os outros vinham de uma tradição socialista. Mas tinham também muito em comum: todos se recusavam a pertencer a um partido, rejeitavam as lideranças, viviam sob um código antiautoritário, abominavam a Guerra Fria e não achavam que deveriam escolher entre direita e esquerda tradicionais. De resto, sabiam que queriam mudar a sociedade, e não apenas as regras universitárias. Queriam mudar o que existia, mas botar o que no lugar daquilo?

"Queríamos mudar a vida, mas não tomar o poder. Do ponto de vista político nada sobrou", diz nos dias de hoje Krivine, o líder estudantil trotskista de Paris.

A geração de 68 não queria o poder, ela buscava a felicidade. "O que os franceses queriam era poetizar a vida", afirma o escritor Alcione Araújo.

Na França sobrou, por certo, a democratização da universidade. O movimento, que começou com alunos de Nanterre exigindo o prosaico direito de frequentar o dormitório das alunas e se desdobrou por um período de greves de trabalhadores, protestos, passeatas estudantis, barricadas nas ruas de Paris e embates com a polícia – que levaram o então todo-poderoso Charles de Gaulle a fugir de helicóptero para Baden-Baden, na Alemanha, por um dia – guarda até hoje suas incongruências, mas abriu as portas democráticas para o ensino superior.

Em 2007, manifestações estudantis voltaram a sacudir a França, dessa vez contra o Contrato do Primeiro Emprego (CPE), lei que previa a flexibilização nos contratos de trabalho como uma das medidas para diminuir o índice de desemprego dos jovens no país. O CPE foi suprimido pelo governo por força da pressão das ruas, e, claro, o movimento foi comparado ao de 1968, embora fossem diferentes na forma, no conteúdo e nas intenções. O que se vê de rebeldia na Paris atual são jovens filhos de imigrantes africanos incendiando carros na periferia da capital francesa, num protesto bem diferente daquele de seus antecessores de 68. Eles pedem a legalização de seu status de cidadãos franceses, querem inclusão. Em 68, os estudantes queriam transformação.

O balanço que se faz hoje na França daquele maio de 68 vai da idolatria à flagelação, passando pelo desprezo e a incompreensão. O idealismo, para muitos, parece ter sido substituído pelo pragmatismo. Para outros, as contestações do movimento ao excessivo poder do Estado abriram caminho para as ambições desmesuradas do neoliberalismo. Entretanto, há ainda um sentimento de que a democracia política firmou suas bases atuais nas reivindicações daquele movimento.

Na então Tchecoslováquia, atual República Tcheca, havia um cenário um tanto diferente dos acontecimentos que se desenrolavam ali perto, na França, protagonizados por jovens de esquerda. Os tchecos, que desafiaram os invasores tanques soviéticos e seguiram, sem saber, a canção brasileira, acreditando que as flores venceriam o canhão autoritário, sonhavam com um socialismo de rosto humano. Foram derrotados, mas deixaram plantada a semente que acabou germinando a Revolução de Veludo, em 1989, quando o país assistiu à deposição pacífica dos dirigentes comunistas.

Na América Latina, os jovens lutavam contra ditaduras que não só restringiam as liberdades como queriam cortar pela raiz os sonhos de se construir um mundo mais justo e igualitário. Nos Estados Unidos, jovens universitários pregavam a deserção e a fuga da convocação do Exército para combater no Vietnã. No Brasil, a contestação começou a engrossar o caldo com o movimento dos estudantes excedentes, atingiu o seu auge com a Passeata dos Cem Mil contra a ditadura, em junho, e acabou melancolicamente em dezembro, quando a espada supressora dos direitos dos cidadãos inventou o AI-5 e desandou a cortar gargantas.

Com o passar dos anos, na Europa prevaleceu a mudança de comportamento provocada pela contestação aos velhos costumes, às restrições sexuais, ao autoritarismo do Estado e também à família. Nos Estados Unidos, a luta pelos direitos civis, que envolveu pacifistas como Martin Luther King e radicais de grupos como os Panteras Negras, trouxe grandes transformações numa sociedade até então manchada pela forte segregação racial. O movimento pelos direitos civis acreditava no sonho da igualdade de direitos para todos os cidadãos. Logo, Luther King foi assassinado, Bob Kennedy também. Por um momento, os movimentos dos direitos civis se radicalizaram e pregaram a violência como única opção para a luta dos negros, num tempo em que jovens pediam paz no Vietnã e amor no coração. Mas o país mudou e os direitos conquistados pelos negros foram fruto, em grande parte, da mobilização de 68. Quem poderia prever, por exemplo, no final de 1967, que a ofensiva do Têt, no Vietnã, e os protestos contra a guerra tivessem repercussão tão devastadora na política interna americana?

Charles Kaiser, professor americano autor de *1968 in America*, é duro ao analisar as conquistas da sua geração. Ele afirma que a universidade americana é atualmente muito mais aberta do que em 1969, mas bem menos crítica do sistema. Segundo ele, a herança da geração de 68 que tomou o poder nas universidades é a do ambiente politicamente correto, que torna "quase impossível haver oposição". De qualquer forma, há hoje nas universidades americanas estudos importantes sobre raça, gênero, minorias, homossexualismo, direitos da mulher etc. Isso tem suas origens na visão progressista do final dos anos 60.

No Brasil, vivia-se a intenção da revolução socialista no quadro de uma ditadura militar. A tentativa fracassou. Mas, como diz Vladimir Palmeira, a geração de 68 "rompeu com muitas das antigas relações sociais e desenvolveu um pensamento crítico que permanece". Para Fernando Gabeira, os acontecimentos de 68 contribuíram para a contracultura, mas sua geração cometeu muitos erros, entre os quais a opção pela luta armada, que, segundo ele, prejudicou a resistência democrática e fortaleceu a ditadura.

O vendaval de utopias que varreu o ano de 1968 começou a se formar na década anterior. O final dos anos 50 e começo dos 60 foram tempos de questionamentos e inquietação, de preparação de terreno. 1968 cristalizou-se como ponto culminante de um movimento da sociedade, como uma onda que finalmente quebrava na praia. Em breve se desenrolariam acontecimentos que fariam deste um ano inesquecível, um ano incomum, no qual os ânimos estavam em ebulição e os espíritos se preparavam para o que o escritor Mark Kurlansky chamou de "combustão espontânea". Para ele, nunca houve um ano como 1968 "e é improvável que volte a haver".

Sobre 1968, o historiador Eric Hobsbawm escreveria, anos depois: "O que faz de 1968 uma data essencial na história do século XX é a explosão cultural depois de 20 anos de transformações econômicas e sociais sem precedentes. Esse ano viu explodir a revolução na educação que, nos três 'mundos', transformou a população estudante, até então composta por elites provenientes das classes médias, em imensos exércitos."

E quem tomou as grandes decisões em 1968? Ninguém em particular, mas o "coletivo". Para Hobsbawm, os movimentos mais característicos de 68 idealizaram a espontaneidade e se opuseram à liderança, à estruturação e à estratégia. O historiador revelou seu encantamento com um período que abrigou uma conversao "aparentemente súbita" de uma multidão de homens e mulheres à causa da revolução.

Menos romântico, o historiador Tony Judt se refere a uma época marcada pela "autoindulgência narcisística". Nunca, segundo ele, uma geração falou tanto de si própria em seu próprio tempo. Os que viveram intensamente aquele ano sabem o que isso significa, porque as mudanças pareciam ocorrer diante de seus olhos e impulsionadas por sua vontade.

Bob Dylan cantava "Quando você não tem nada/ Não tem nada a perder", e Janis Joplin emendava: "Liberdade é só mais uma palavra que significa nada a perder." Para o escritor francês Mark Weitzman – que em 1998 escreveu um artigo sobre 68 intitulado "O ano em que a Coca-Cola ganhou a Guerra Fria" –, o que talvez reste de exemplo disso tudo é a confiança admirável, a coragem insurrecional que tudo permitia. "Continuo a adorar essa exaltação elegante, esse lirismo sem compromisso, essa esperança no limite do suicídio, que não espera nada da vida a não ser a vida ela mesma."

Para Noam Chomsky, um dos mais importantes intelectuais de esquerda dos tempos atuais, o ativismo dos anos 60 mudou a sociedade e a cultura e teve um "efeito civilizador". Ele também concorda que temas como direitos de minorias e mulheres, preocupação ambiental, movimentos de solidariedade e por justiça que se desenvolveram nos anos 80 ultrapassaram as décadas e se miraram no exemplo dos combativos anos 60.

O mundo não mudou como se queria. Sonhava-se com a liberdade sem limites, o socialismo de rosto humano, a cidadania solidária, a justiça social, o fim de todo tipo de discriminação e repressão e a paz para se viver todos os amores. Muitas dessas utopias ficaram para trás como desejos singelos. Mas foram muitas as revoluções comportamentais que nasceram do espírito de 68, varrendo, quiçá para sempre, muitos tabus e preconceitos, inventando uma nova estrutura familiar e forçando a mudança no modo de se ver o outro e o mundo. A ecologia, a liberdade sexual, a afirmação do desejo, os valores progressistas que humanizam a sociedade vêm daqueles tempos.

A Teologia da Libertação, por exemplo, desenvolvida no Brasil a partir do trabalho das Comunidades Eclesiais de Base, em 1968, agora faz parte do leque de enfoques doutrinários e teológicos da Igreja católica. Frei Betto acredita que, sem ela, não veríamos, hoje, críticas do papa ao neoliberalismo ou à invasão do Iraque pelos Estados Unidos.

O ano de 1968 mostrou, sobretudo nos países do Ocidente, uma fantástica aceleração das transformações sociais que vinham acontecendo após a Segunda Guerra Mundial. Embora tenham vivido num mundo ainda não globalizado, filósofos da Alemanha, como Reich, Marcuse, Adorno e Horkheimer, disseminaram um pensamento que influenciou fortemente a juventude da época. Os movimentos tinham razões e objetivos distintos, mas, tanto na França, nos Estados Unidos e na então Tchecoslováquia quanto no Brasil, o germe da rebeldia que estava no pensamento desses filósofos contaminou sutilmente os jovens e provocou uma insurreição contra tudo e a favor do desejo. Resultou na valorização do indivíduo e da subjetividade. Na abertura de espaço para a mulher, o homossexual, o negro, o diferente, a alternativa.

1968 foi o apogeu de uma trajetória de contestação aos valores, tabus e preconceitos existentes. A herança das lutas utópicas desse tempo está presente nos costumes mais liberais dos nossos dias, nas relações sociais mais generosas, na visão solidária do mundo, no humanismo que sobrevive em meio à aspereza do mercado e na aspiração à liberdade, uma conquista cada vez mais acalentada.

A história segue seu curso. Não haverá, possivelmente, outro ano tão rico em combatividade e idealismos quanto 1968. Serve de alento, no entanto, imaginar que sempre se poderá buscar na memória desse tempo a semente do não conformismo e do sonho de um mundo melhor.

Cronologia

Janeiro

Brasil

04 Decreto-lei n.348 regulamenta e fortalece as Divisões de Segurança e Informações dos ministérios civis.

08 O general Costa e Silva amplia os poderes da Secretaria-Geral do Conselho de Segurança Nacional.

15 *Roda viva* estreia no Teatro Princesa Isabel, no Rio de Janeiro.

Passeata de estudantes do Calabouço, no Rio.

Criada a Assessoria Especial de Relações Públicas (Aerp), incumbida da propaganda política do regime.

Mundo

02 África do Sul: o médico Christian Barnard realiza o segundo transplante de coração do mundo.

Cuba: Fidel Castro decreta que 1968 será o Ano do Guerrilheiro Heroico, em homenagem a Che Guevara.

05 Tchecoslováquia: Alexander Dubcek é eleito primeiro-secretário do Partido Comunista. Ganha força o movimento que se tornaria conhecido como Primavera de Praga.

07 Estados Unidos: lançada de Cabo Kennedy a Surveyor, última sonda lunar.

18 Genebra: Estados Unidos e União Soviética assinam um tratado de não proliferação de armas nucleares.

19 Estados Unidos: cientistas realizam no deserto de Nevada o mais potente teste nuclear subterrâneo.

23 Coreia do Norte: o navio patrulha americano *Pueblo* é capturado pelos norte-coreanos no mar do Japão.

27 Grécia: a ditadura liberta o compositor Mikis Theodorakis.

29 Espanha: polícia ocupa a Universidade de Madri.

30 Vietnã: começa a ofensiva do Têt (Ano Novo chinês).

Fevereiro

Brasil

08 Assalto a banco em São Paulo. Primeira das 47 ações atribuídas à esquerda.

11 Greve nacional de artistas de teatro contra a Censura.

15 Passeata no Rio de excedentes (aprovados no vestibular mas sem vagas nas universidades).

23 Passeata de excedentes em São Paulo.

Mundo

01 Vietnã: o Vietcongue estabelece um governo revolucionário em Huê, antiga capital imperial no sul do país.

08 Estados Unidos: três mortos e 34 feridos numa manifestação de negros na Carolina do Sul.

10 Inglaterra: os Beatles partem para a Índia com o objetivo de estudar e meditar.

17 Etiópia: os países africanos ameaçam boicotar os Jogos Olímpicos se a África do Sul participar.

20 Estados Unidos: Rap Brown, presidente do Student Nonviolent Coordinating Committee (SNCC), é preso.

23 França: agitação em Paris, com os jovens reivindicando o direito de livre circulação para homens e mulheres nas residências estudantis.

Março

Brasil

21 Estudantes invadem e ocupam a reitoria da Universidade de São Paulo (USP).

22 Passeata em São Paulo.

Mundo

01 Itália: conflitos fecham a Universidade de Roma.

Estados Unidos: o presidente Lyndon Johnson propõe uma lei nacional que proíbe a segregação racial no aluguel de residências e no emprego e cria 2 milhões de novos postos de trabalho para os negros.

07 Vietnã: guerrilheiros vietcongues travam combates em Saigon.

28 Polícia invade o restaurante do Calabouço e mata o estudante Edson Luís. Seu corpo é levado para a Assembleia Legislativa.

29 Edson Luís é enterrado por 60 mil pessoas. Protestos em todo o país fazem 20 feridos.

30 Manifestações em diversas capitais. Em Goiânia (GO), a polícia mata outro estudante, Ivo Vieira.

O ministro da Justiça, Gama e Silva, manda reprimir as passeatas estudantis.

08 Polônia: manifestações estudantis em Varsóvia.

16 Vietnã: marines massacram mais de 500 camponeses, em sua maioria velhos, mulheres e crianças, na aldeia de My Lai.

Estados Unidos: Robert Kennedy anuncia que concorrerá à Presidência.

17 Alemanha Oriental: cúpula dos partidos comunistas decide pressionar a Tchecoslováquia a desistir da abertura política.

União Soviética: morre em desastre de aviação o astronauta russo Yuri Gagarin.

18 Estados Unidos: o Departamento de Defesa revela que, desde 1963, mais de 100 mil toneladas de napalm foram lançadas sobre o Vietnã.

21 Oriente Médio: em represália contra o Fatah, Israel bombardeia um acampamento de refugiados palestinos na Jordânia, fazendo mais de 200 mortos.

26 Japão: milhares de policiais reprimem uma manifestação de estudantes contra a construção de um aeroporto para reabastecer as tropas americanas no Vietnã.

28 Japão: batalha entre estudantes e polícia em Tóquio dura dez horas.

Estados Unidos: Lyndon Johnson desiste de disputar a Presidência.

30 Estados Unidos: um congresso de nacionalistas negros publica uma declaração de independência e propõe a criação de um Estado negro independente, englobando os estados do Mississippi, Alabama, Geórgia, Carolina do Sul e Louisiana, que se chamaria República de Songhay.

Abril

Brasil

01 Estudantes nas ruas das principais cidades do país protestam contra o golpe militar de 1964. Governo coloca o Exército nas ruas do Rio.

02 Passeatas e greves em várias capitais.

04 Missa de sétimo dia de Edson Luís, na Candelária. Cavalaria da PM investe com sabres contra padres e estudantes. Explodem conflitos em todo o país.

05 Ministro da Justiça proíbe o funcionamento da Frente Ampla, que Carlos Lacerda articulava com Juscelino Kubitschek e João Goulart.

26 Começa a greve de metalúrgicos em Contagem (MG). Durante nove dias, 15 mil operários permanecem parados.

Mundo

01 Etiópia: manifestações estudantis em Adis Abeba.

04 Estados Unidos: Martin Luther King é assassinado em Memphis. Revoltas de negros explodem em 125 cidades, deixando quase 50 mortos, 3 mil feridos e mais de 20 mil presos.

05 Tchecoslováquia: desafiando abertamente a União Soviética, o Partido Comunista decide reabilitar todas as vítimas de processos políticos entre 1950 e 54 e anula as expulsões de escritores realizadas até 1967.

06 Estados Unidos: lançamento do filme *2001: uma odisseia no espaço*, de Stanley Kubrick.

08 Estados Unidos: manifestação em Memphis reúne mais de 40 mil pessoas.

09 Estados Unidos: mais de 100 mil pessoas participam do enterro de Martin Luther King.

11 Alemanha Ocidental: Rudi Dutschke, líder da Liga de Estudantes Socialistas, é gravemente ferido em um atentado.

Estados Unidos: Lyndon Johnson assina lei sobre direitos civis.

12 Alemanha Ocidental: manifestações nas principais cidades do país deixam dois mortos e 200 feridos e provocam milhares de prisões.

14 Espanha: polícia reprime violentamente manifestação cultural no País Basco e ocupa San Sebastian.

União Soviética: os soviéticos unem no espaço, pela primeira vez, dois satélites (Cosmos 212 e 213).

20 Canadá: Pierre Elliott Trudeau torna-se primeiro-ministro.

22 Estados Unidos: estudantes ocupam o Trinity College.

Maio

Brasil

01 Dia Internacional do Trabalho é comemorado com manifestações em todo o país. Em São Paulo, estudantes apedrejam o governador Abreu Sodré.

07 Manifestações no Rio.

22 Lei n. 5.439 estabelece responsabilidade criminal para menores de 18 anos envolvidos em ações contra a segurança nacional.

26 O médico Euryclides de Jesus Zerbini realiza em João Boiadeiro o primeiro transplante de coração no Brasil.

23 Estados Unidos: estudantes ocupam a Universidade de Colúmbia.

França: realizado em Paris o primeiro transplante europeu de coração.

24 Estados Unidos: estudantes ocupam a Universidade de Boston.

26 Estados Unidos: estudantes ocupam a Universidade de Ohio.

27 Estados Unidos: 550 mil militares americanos combatem no Vietnã.

Estados Unidos: protestos contra a Guerra do Vietnã explodem em 17 cidades.

França: Daniel Cohn-Bendit é preso em Paris.

Mundo

01 Estados Unidos: o Congresso Americano pela Igualdade Racial anuncia oficialmente, perante estudantes brancos e negros, que apoia totalmente as propostas radicais do Black Power, liderado por Stokely Carmichael e Rap Brown.

02 França: início do maio de Paris. Barricadas são levantadas nas ruas e ocorrem os primeiros choques com a polícia.

03 França: polícia invade a Sorbonne e incidentes no Quartier Latin deixam mais de 100 feridos.

10 França: começam em Paris as negociações de paz entre os Estados Unidos e a República Democrática do Vietnã.

França: Noite das Barricadas no Quartier Latin.

11 Estados Unidos: Marcha dos Pobres chega a Washington com protestos contra a discriminação sofrida por índios, chicanos e porto-riquenhos.

Junho

Brasil

- 04 Greve geral na Universidade Federal do Rio de Janeiro (UFRJ). Sessenta e oito cidades são declaradas áreas de segurança nacional e seus eleitores ficam impedidos de escolher pelo voto direto os respectivos prefeitos.
- 11 Estudantes ocupam a reitoria da USP.
- 19 Passeatas no Rio e em São Paulo.

Mundo

- 05 Estados Unidos: Robert Kennedy sofre um atentado no Hotel Ambassador, Los Angeles, Califórnia.
- 06 Estados Unidos: morre Robert Kennedy.
- 07 França: volta ao trabalho anuncia o fim do maio francês.
- 12 França: governo proíbe novas manifestações e dissolve organizações consideradas extremistas.
- 14 França: começa greve geral com mais de 10 milhões de trabalhadores.
- 19 Tchecoslováquia: estudantes protestam em Praga contra a presença no país do dirigente soviético Andrei Kosygin.
- 20 Haiti: frustrada tentativa de desembarque de guerrilheiros haitianos exilados na República Dominicana.
- 22 Estados Unidos: o submarino nuclear americano *Scorpion* afunda com 99 homens a 400 milhas dos Açores.
- 24 França: nova noite de barricadas em Paris.
- 27 Argentina: violentos choques em Buenos Aires entre estudantes e polícia.
- 29 França: manifestação em Paris reúne 700 mil em apoio ao general De Gaulle.

20 Concentração estudantil na reitoria da UFRJ, na Praia Vermelha, termina com cerca de 400 estudantes presos e humilhados no campo do Botafogo, provocando revolta em todo o país.

21 Sexta-Feira Sangrenta no Rio. Estudantes apoiados por populares protestam contra a ação da PM no campo do Botafogo. Enfrentamentos durante todo o dia deixam quatro mortos, 60 feridos e mais de mil presos.

Polícia invade a Universidade de Brasília (UnB).

22 A Vanguarda Popular Revolucionária (VPR) realiza uma ação para se apropriar de armas no Hospital Militar de Cambuci (SP).

23 França: eleições garantem ampla maioria para De Gaulle.

24 Manifestações em várias capitais.

25 Vaticano: o papa publica a encíclica *Humanae vitae*, que condena o uso de anticoncepcionais.

26 Passeata dos Cem Mil no Rio de Janeiro. Polícia é retirada das ruas e não ocorrem incidentes. Formada na passeata uma comissão para dialogar com a ditadura.

27 A VPR lança um carro-bomba contra o QG do II Exército, em São Paulo, matando o soldado Mario Kozel Filho.

Julho

Brasil

02 Na Faculdade de Filosofia da USP é descoberta a espiã Maçã Dourada (Heloísa Helena), falsa estudante infiltrada pela polícia no movimento estudantil e apontada como namorada de José Dirceu.

Reunião em Brasília entre o general Costa e Silva e a Comissão dos Cem Mil.

04 Passeata pacífica no Rio reúne 50 mil pessoas.

11 O general Costa e Silva determina que o Conselho de Segurança Nacional estude um projeto de estado de sítio para o caso de continuarem as manifestações estudantis.

13 A brasileira Martha Vasconcellos é eleita Miss Universo.

16 O Comando de Caça aos Comunistas (CCC) ataca o Teatro Ruth Escobar, onde estava sendo exibida a peça *Roda viva*, espancando atores e destruindo cenários.

Greve de 15 mil operários em Osasco (SP) começa com a ocupação da Cobrasma.

17 O general Costa e Silva incumbe os ministros militares e o da Justiça de tomarem providências para coibir o "estado contrarrevolucionário".

18 Estudantes se manifestam no Rio e em São Paulo em solidariedade aos operários de Osasco.

19 CNBB apela em favor da não violência e faz críticas à falta de liberdade.

22 Atentado a bomba na ABI, no Rio.

23 Atentado contra o Teatro Ruth Escobar.

30 Confinado em Corumbá (MT), até 26 de novembro, o ex-presidente Jânio Quadros.

Mundo

01 Cuba: publicado em Havana o diário de Che Guevara.

ONU: 137 países assinam o Tratado de Não Proliferação Nuclear.

15 Estados Unidos: um avião da Aeroflot pousa em Nova York, restabelecendo os voos diretos entre a União Soviética e os Estados Unidos, em mais um passo na política de distensão nas relações diplomáticas entre os dois países.

17 Uruguai: greve geral paralisa o país.

23 Estados Unidos: conflitos entre manifestantes negros e policiais em Cleveland.

Agosto

Brasil

01 Atentado contra o Teatro Opinião, no Rio.
02 Prisão de Vladimir Palmeira.
09 Novas passeatas no Rio, violentamente reprimidas.
10 A Ação Libertadora Nacional (ALN) expropria o trem pagador Santos–Jundiaí.
19 Grupo de direita assume atentado a bomba contra o Dops de São Paulo.
26 O Conselho de Segurança Nacional aprova o Conceito Estratégico Nacional.
29 Polícia invade a UnB. Vários feridos graves.
30 Assembleia de estudantes na UFRJ atacada a tiros pela polícia.

Mundo

01 México: manifestação pacífica reúne mais de 50 mil pessoas.
09 México: greve geral dos estudantes.
20 Tchecoslováquia: União Soviética invade o país com 650 mil homens, esmagando a Primavera de Praga.
24 França: os franceses detonam sua primeira bomba H (hidrogênio) no atol de Fangataufa, no Pacífico Sul. A bomba é 170 vezes mais potente do que a que destruiu Hiroshima. A França se torna a quinta potência nuclear.
26 Estados Unidos: Convenção Democrata em Chicago termina com violentos confrontos com a polícia e protestos explodem em dezenas de cidades.
29 Estados Unidos: manifestações em todo o país contra a Guerra do Vietnã.

Setembro

Brasil

02 O deputado Márcio Moreira Alves critica no Congresso a ditadura militar e incita as moças a boicotarem os cadetes nos bailes de formatura de militares.

07 Atentado contra a Editora Tempo Brasileiro, no Rio.

13 Os ministros militares se julgam ofendidos e exigem abertura de processo contra Márcio Moreira Alves.

29 Invasão do campus da Universidade Federal de Minas Gerais (UFMG) por tropas policiais.

Mundo

04 Tchecoslováquia: restabelecida oficialmente a censura.

06 China: institucionalizada a Revolução Cultural.

09 Estados Unidos: greve de professores em Nova York deixa mais de um milhão de estudantes sem aulas.

24 México: noite de conflitos entre a polícia e estudantes termina com 17 mortos.

Outubro

Brasil

01 O deputado Maurílio Ferreira Lima denuncia no Congresso um plano de utilização do Serviço de Salvamento da Aeronáutica (Para-Sar) em ações terroristas, sob o comando do brigadeiro João Paulo Burnier.

O cardeal Agnelo Rossi, arcebispo de São Paulo e presidente da CNBB, recusa a medalha da Ordem Nacional do Mérito.

03 Conflito em São Paulo entre o CCC e estudantes de filosofia da USP deixa um morto.

04 Grupo paramilitar sequestra em Porto Alegre (RS) atores de *Roda viva*.

Mundo

02 México: massacre na praça das Três Culturas (Tlatelolco) deixa centenas de mortos.

03 Peru: golpe militar. Assume o general Velasco Alvarado.

11 Panamá: golpe militar. Assume o general Omar Torrijos. Estados Unidos: lançada a Apolo 7, a primeira missão espacial televisionada.

12 México: pela primeira vez os Jogos Olímpicos são realizados na América Latina.

06 Polícia reprime com violência manifestações no Rio e em São Paulo.

08 A atriz Norma Bengell é sequestrada em São Paulo por um comando de extrema direita.

12 Polícia estoura o XXX Congresso da UNE, em Ibiúna (SP), prende cerca de 800 estudantes e toda a direção nacional do movimento.

Em São Paulo, o militar americano Charles Rodney Chandler é executado pela VPR.

13 Atentado a bomba contra a Editora Civilização Brasileira, no Rio.

14 Manifestações em todo o país contra as prisões em Ibiúna.

22 Um morto e sete feridos a bala na repressão policial contra uma manifestação na Faculdade de Ciências Médicas em Vila Isabel, no Rio.

14 México: o americano Jim Hines é o primeiro ser humano a correr 100 metros em menos de dez segundos. Ele bate o recorde mundial, ganha a medalha olímpica e entra para a história ao completar a distância em 9'95''.

16 Os corredores negros americanos Tommie Smith e John Carlos fazem manifestação no pódio contra o racismo.

20 Grécia: Jacqueline Kennedy casa-se com o armador grego Aristóteles Onassis.

Novembro

Brasil

08 A Ação Libertadora Nacional (ALN) expropria carro pagador no Rio.

Mundo

01 Estados Unidos: Lyndon Johnson decide suspender os bombardeios no Vietnã. Relatório oficial dos EUA indica que mais de um milhão de toneladas de explosivos foram lançados sobre o Vietnã do Norte em 94.081 missões. Os vietnamitas abateram 911 aviões e cerca de 300 pilotos são prisioneiros de guerra.

05 Estados Unidos: Richard Nixon é eleito presidente.

13 Estados Unidos: conflito entre Panteras Negras e policiais na Califórnia.

Dezembro

Brasil

01 Convocação extraordinária do Congresso Nacional para votar o pedido de abertura de processo contra o deputado Márcio Moreira Alves.

03 CCC explode bomba no Teatro Opinião, no Rio.

07 Atentado contra o *Correio da Manhã*, no Rio.

12 Congresso rejeita licença para processar Márcio Moreira Alves.

13 Ministro da Justiça anuncia o AI-5. Congresso é fechado e garantias individuais são suspensas.

17 Criada a Comissão Geral de Investigações (CGI) para apurar o enriquecimento ilícito e propor o confisco de bens de funcionários públicos.

27 Prisão de Gilberto Gil e Caetano Veloso.

Mundo

01 Jordânia: Israel ataca bases palestinas.

02 Estados Unidos: conflitos estudantis em Nova York resultam em 132 prisões.

20 Estados Unidos: morre John Steinbeck.

23 Coreia do Norte: depois de complicadas negociações, a tripulação do navio americano de espionagem *Pueblo* é liberada.

25 Estados Unidos: a nave Apolo 8 circunda a Lua pela primeira vez.

Referências bibliográficas

Araujo, Maria Paula. *Memórias estudantis, da fundação da UNE aos nossos dias*. Rio de Janeiro, Relume-Dumará, 2007.
Calado, Carlos. *Tropicália, a história de uma revolução musical*. Rio de Janeiro, Editora 34, 1997.
Caldas, Álvaro. *Tirando o capuz*. Rio de Janeiro, Codecri, 1982.
Cotta, Pery. *O sufoco da imprensa nos anos de chumbo*. Rio de Janeiro, Bertrand Brasil, 1997.
Couto, Ronaldo Costa. *Memória viva do regime militar, Brasil: 1964-1985*. Rio de Janeiro, Record, 1999.
D'Araujo, Maria Celina. *Os anos de chumbo – A memória militar sobre a repressão*. Rio de Janeiro, Relume-Dumará, 1994.
Da-Rin, Silvio. *Hércules 56*. Rio de Janeiro, Zahar, 2007.
Debray, Régis. *Revolução na revolução*. São Paulo, Centro Editorial Latino-Americano, 1967.
Duncombe, Stephen. *Dream: Re-imagining Progressive Politics in an Age of Fantasy*. Nova York, New Press, 2007.
Gaspari, Elio. *A ditadura envergonhada*. São Paulo, Companhia das Letras, 2002.
_____. *A ditadura escancarada*. São Paulo, Companhia das Letras, 2002.
_____. *A ditadura derrotada*. São Paulo, Companhia das Letras, 2003.
_____. *A ditadura encurralada*. São Paulo, Companhia das Letras, 2004.
Ginsberg, Allen. *Uivo, Kaddish e outros poemas*. São Paulo, L&PM, 1999
Hobsbawm, Eric e Marc Weitzmann. *1968, Magnum dans le monde*. Paris, Éditions Hazan, 1998.
Judt, Tony. *Postwar*. Londres, The Penguin Press, 2005.
Kaiser, Charles. *1968 in America*. Nova York, Weidenfeld & Nicolson, 1988.
Kerouac, Jack. *On the Road*. Nova York, Penguin Books, 2003.
Kurlansky, Mark. *1968, o ano que abalou o mundo*. Rio de Janeiro, José Olympio, 2005.
Mailer, Norman. *Os exércitos da noite (Os degraus do Pentágono)*. Rio de Janeiro, Record, 1997.
_____. *Miami e o cerco de Chicago*. Rio de Janeiro, Expressão e Cultura, 1969.
Martins, M. "Ecos de tempos perturbadores", *O Globo*, 27 jan 2008.
_____. "Da contracultura à correção política", *O Globo*, 8 jan 2008.
Mendes Junior, Antonio. *Movimento estudantil no Brasil*. São Paulo, Brasiliense, 1982.
Michalski, Yan. *O teatro sob pressão*. Rio de Janeiro, Zahar, 1985.
Reis Filho, Daniel Aarão e Pedro Moraes. *1968, a paixão de uma utopia*. Rio de Janeiro, Fundação Getulio Vargas, 1988.

Ross, Kristin. *May 68 and its afterlives*. Chicago, The University os Chicago Press, 2002.
Santos, Carlos Aparecido dos. "O teatro na época da ditadura", in http://www.historianet.com.br/conteudo/default.aspx?codigo=716
Schilling, Voltaire. "1968 – Contestação e contracultura", in http://educaterra.terra.com.br/voltaire/mundo/1968_3.htm
Sounes, Howard. *Dylan, a biografia*. São Paulo, Conrad, 2002.
Talbot, David. *Brothers: The Hidden History of the Kennedy Years*. Nova York, Simon & Schuster, 2007.
Vasconcellos, Luiz Paulo. *Dicionário de teatro*. Porto Alegre, L&PM, 1987.
Veloso, Caetano. *Verdade tropical*. São Paulo, Companhia das Letras, 1997.
Ventura, Zuenir. *1968, o ano que não terminou*. Rio de Janeiro, Nova Fronteira, 1988.

Agradecemos aos amigos que colaboraram com nossa viagem ao ano de todos os sonhos:

Alcione Araújo • Bruno Liberati • Carlos Vainer • Chico Buarque • Claudia Antunes • Cláudio Cordovil • Dalton Castro Junior • Domingos Oliveira • Dora Vasconcellos • Edu Lobo • Eduardo Graça • Fernando Gabeira • Frei Betto • Glória Ferreira • Helena Celestino • Iesa Rodrigues • Jamari França • Jean-François Villetard • José Gradel • Lucia Murat • Luiz Carlos Maciel • Macksen Luiz • Marcia Fiani • Maria Helena Guimarães Pererira • Maria Helena Malta • Maria Luiza Franco • Monica Horta • Pedro Butcher • Pham Toàn • Schuma Schumaher • Sergio Flaksman • Tárik de Souza • Tulio Mariante • Vladimir Carvalho • Vladimir Palmeira

Créditos das ilustrações

Na listagem abaixo, os números referem-se às páginas; as letras especificam a imagem, quando necessário.

p.1: Acervo Iconographia; 3: Evandro Teixeira/CPDoc JB; 17: Alain Dejean/Sygma/CORBIS/LatinStock, 18 e 21: Bettmann/CORBIS/LatinStock; 27A: Hamilton/CPDoc JB; 27B: autor desconhecido/CPDoc JB; 29: Hulton-Deutsch Collection/CORBIS/LatinStock; 30A e 30C: Bettmann/CORBIS/LatinStock; 30B: CORBIS/LatinStock; 35: AFP/Getty Images; 39: Monica Horta; 44: Bettmann/CORBIS/LatinStock; 47: Hulton Archive/Getty Images; 52, 55 e 59: Acervo Iconographia; 70: Bettmann/CORBIS/LatinStock; 73: Hamilton/CPDoc JB; 75: Ronald S. Haeberle/Time Life Pictures/Getty Images; 79: Bettmann/CORBIS/LatinStock; 81: CORBIS/LatinStock; 91: Evandro Teixeira/CPDoc JB; 97: Bettmann/CORBIS/LatinStock; 101: AFP/Getty Images; 102: Bettmann/CORBIS/LatinStock; 107: Acervo Iconographia; 111: França/CPDoc JB; 115: CORBIS/LatinStock; 118: Central Press/Getty Images; 120: Hulton-Deutsch Collection/CORBIS/LatinStock; 125: Henri Bureau/Sygma/CORBIS/LatinStock; 129: Guy Le Querrec/Magnum Photos; 143: Ronaldo Theobald/CPDoc JB; 145: Rogério Reis/CPDoc JB; 147: Evandro Teixeira/Agência Tyba; 151A: Bettmann/CORBIS/LatinStock; 151B: Elliott Landy/CORBIS/LatinStock; 153: Bill Eppridge/Time Life Pictures/Getty Images; 157: Hamilton/CPDoc JB; 162: Alberto Korda; 163: Keystone/Getty Images; 165: Acervo Iconographia; 167: Underwood & Underwood/CORBIS/LatinStock, 175: Getty Images; 178: Henry Diltz/CORBIS/LatinStock; 179: Bettmann/CORBIS/LatinStock; 181: Getty Images; 185: Time & Life Pictures/Getty Images; 187: Paulo Salomão/Abril Imagens; 191: Libor Hajsky/AFP/Getty Images; 197: Bettmann/CORBIS/LatinStock; 198: Charles H. Phillips/Time & Life Pictures/Getty Images; 203: New York Times Co./Hulton Archive; 205: Acervo Iconographia; 208: CPDoc JB; 209: Rubens Barbosa/CPDoc JB; 215: CORBIS/LatinStock; 217: AFP/Getty Images; 219: Tony Cenicola; 227 e 229: Carlos Namba/Abril Imagens; 234: OBrito News/Agência Tyba; 236: Acervo Iconographia; 237: Reuters/LatinStock; 241, 243, 255 e 260: Bettmann/CORBIS/LatinStock; 261: Acervo Iconographia; 267: Jorge Butsuem/Editora Abril; 270: Arquivo/Agência O Globo; 272: NASA/Time & Life Pictures/Getty Images; 275: Getty Images; 279: NASA/Roger Ressmeyer/CORBIS/LatinStock; 283: Correio da Manhã/Arquivo Nacional.

Todos os esforços foram feitos para identificar as fontes das imagens aqui reproduzidas. Estamos prontos a corrigir eventuais falhas ou omissões em futuras edições.

Índice onomástico

Os números em negrito referem-se a páginas com ilustrações.

A

Abreu Sodré, Roberto Costa de, 11, 166, 295
Adorno, Theodor W., 83, 130-5, 248-9, 290
Agnew, Spiro, 255-6
Aguilera, Jaime Roldós, 244
Al-Amin, Jamil Abdullah, *ver* Rap Brown
Aleixo, Pedro, 207
Allencar, Marcelo, 165
Almeida Prado, Décio de, 58
Almeida, Araci de, 173
Alves, Ataulfo, 173
Alves, Márcio Moreira, 192, 194, **205**, 206-7, 269, 271, 300, 302
Alves, Mário, 53
Amado, Jorge, 93
Amaya, Mario, 151
Anderson, Michael, 221
Andrade, Joaquim Pedro de, **261**
Andrade, Oswald de, 26, 107, 184
Antônio Marcos, 260
Antonio Pedro, 24
Apel, Karl-Otto, 248
Apollinaire, Guillaume, 87
Arap, Fauzi, 57
Araripe, Oscar, 56, 60
Araújo, Alcione, 130, 288
Arguedas Manieta, Antonio, 162-4
Assis, Chico de, 58

B

Bachman, Josef, 95
Baer, Steve, 259
Baez, Joan, 134, 178, 182, 286
Baker, Roy Ward, 221
Baldi, Ferdinando, 221
Barata, Mário, 106
Barbosa, Adoniran, 173
Barnard, Christian, 19, 291
Barrault, Jean-Louis, 123
Barrientos, René, 162-4
Basaglia, Franco, 149
Batista, Wilson, 172-3
Bazzoni, Luigi, 221
Beamon, Bob, 241
Beatles, 15, 30, 46-50, **47**, 76, 177, 178, 180, 181, 260, 292
Becker, Cacilda, 60
Bengell, Norma, 232, 301
Benjamim, Caio, 113
Benjamin, Walter, 248-9
Bernofsky, Gene, 259
Bird, Lady, 80
Blanco, Billy, 173
Boal, Augusto, 56, 57, 58
Bonchristiano, José Paulo, 230-1
Borghi, Renato, 56
Boyle, T.C., 261
Branco, Castelo, 58-9
Brecht, Bertolt, 26, 61
Bressane, Júlio, 108, 184, 261
Brooks, Mel, 221
Brown, Norman, 85, 135
Brown, Pat, 254
Buarque, Chico, 23-6, 60, 146, 173, 177, 184, 208-10, **209**, 260, 275, 286
Burnier, João Paulo, 232-5, 300
Burroughs, William, 83, 196, 233
Bush, George, 202, 203, 255, 256

Bush, George W., 174, 255-6, 266
Butler, Judith, 213

C

Cacá, Diegues, 23
Caetano, Pedro, 173
Cage, John, 109, 186, 259
Calder, Alexander, 240
Callado, Antonio, 74, 146, 272, 285
Callas, Maria, 246
Campelo, Celly, 26
Campos, Augusto de, 177
Campos, Haroldo de, 177
Campos, Milton, 207
Candia, Ovandio, **163**
Capinam, 23, 184, 187
Capote, Truman, 86, 257
Cara de Cavalo, 108
Cardin, Pierre, 18, 30
Cardoso, Fernando Henrique, 118
Carlos, John, 240-2, **241**, 301
Carlos, Roberto, 260
Carmichael, Stokely, 45, 95-6, 126, **260**, 295
Caroles, Buckhard, 242
Carrero, Tônia, 24, 60, 146
Carter, Amy, 202
Carter, Jimmy, 202, 204, 244, 265
Cartola, 172-3
Carvalho, Apolônio de, 53
Carvalho, Hermínio Bello de, 173
Carvalho, Maria da Glória, 247
Carvalho, Vladimir, 192-4
Carvana, Hugo, 24
Cash, Johnny, 182

Cassavetes, John, **167**-8, 221
Castel, Robert, 149
Castro, Amilcar de, 109
Castro, Fidel, 17, 157, 161-4, **163**, 190, 206, 252, 291
Celestino, Vicente, 178
Cerruti, Francisco Morales Bermúdez, 243
Chagas, Walmor, 60
Chandler, Charles Rodney, 235, **236**, 301
Chaplin, Geraldine, 124
Chaves, Erlon, 208
Ching, Chiang, 224-5
Chun-chiao, Chang, 224-5
Churchill, Winston, 34
Cinquetti, Gigliola, 260
Clark, Lygia, 106, **107**, 109
Cleaver, Eldridge, 98-9
Clinton, Bill, 80, 255, 266
Cohen, Sacha Baron, 204
Cohn-Bendit, Daniel, 61-2, 95, 116-7, **118**, 120, 124, 125, 128, 131, 258, 286, 295
Colares, Raimundo, 106
Conrad, Reinaldo, 242
Cordeiro, Waldemar, 109
Costa, Alcindo, 71
Costa, Gal, 260
Costa e Silva, Arthur da, 26-7, 27, 143, 165, 167, 291, 298
Cotta, Pery, 233
Coutinho, Rodolfo, 34
Cream, 180
Creedence Clearwater Revival, 180
Crimmins, John, 22
Crosby, Stills, Nash & Young, 180
Cruz, Claudionor, 173
Cunha Garcia, José Horácio da, 72
Cunha, João Ferreira da, 113
Cybele, 208, **209**, 260
Cynara, 208, **209**, 260

D

Daï, Bao, 20, 35
Daley, Richard, 195-6, 199
Daltrey, Roger, 262
Daniel, Ronald, 57
Da-Rin, Silvio, 166, 230
Davis, Angela, 98

Davis, Rennie, 199, 200-4, **203**
De Gaulle, Charles, 31, 61, 114, 119-20, 123-5, 137, 148, 188, 287, 296, 297
Debord, Guy, 252
Debray, Régis, 143, 252
Dellinger, David, 199, 200-4, **203**
Demônios da Garoa, 173
Dias, Antonio, 106
Díaz Ordaz, Gustavo, 236, 238-9
Díaz, Mário, 163
Didion, Joan, 86, 257
Diem, Ngo Dinh, 20
Dirceu, José, 161, **227**, 228, 230-2, 298
Dona Zica, 172
Donovan, 46
Doria, Gustavo, 58
Drummond de Andrade, Carlos, 58
Du Bois, William, 98
Duarte, Rogério, 109
Dubcek, Alexander, 18-9, 152, 185, 186, 188-9, 291
Duncombe, Stephen, 200-1
Dutschke, Rudi, 43, **44**, 93, 127, 294
Dylan, Bob, 15, 88-9, 134, 177, 178-80, **179**, 218, 286, 289

E

Earl Ray, James, 99
Eça, Luiz, 54
Eisenhower, Dwight, 254
Elbrick, Charles, 92-3, 166
Electric Prunes, 180
Eliot, T.S., 86
Elis Regina, 54, 173, 260
Entwistle, John, 263
Escobar, Ruth, 25, 60
Escoteguy, Pedro, 106
Evtuchenko, Eugene, 87, 190

F

Façanha, Juvêncio, 60
Fanon, Frantz, 86, 252
Farrow, Mia, 46, **167**, 168-9
Feliciano, José, 260
Fernandes, Millôr, 59

Ferreira Gullar, 60, **107**, 109, 272
Ferreira Lima, Maurílio, 232, 300
Filho, Adonias, 58
Fleury, Sérgio Paranhos, 93, 161
Fonda, Jane, 203
Forman, Milos, 188
Franco, Francisco, 211
Freed, Barry, 202
Freud, Sigmund, 87-8, 132-3
Friedan, Betty, 213
Froines, John, 199, 200-4, **203**
Fromm, Erich, 248-9
Fuller, Buckminster, 259

G

Gabeira, Fernando, 118, 144, **145**, **288**
Gallego, Hector, 244
Gama e Silva, Luis Antonio da, 24, 60, 268, **270**, 293
Gandhi, Mahatma, 95
Garcia, Isaura, 173
Garfunkel, Art, 141
Gaspari, Elio, 60
Geismar, Alain, 117, 286
Genet, Jean, 196
Gerchman, Rubens, 106
Gertel, Vera, 58
Giap, Vo Nguyen, 33, **35**, 36
Gil, Gilberto, 15, 23, 108, 146, 177, 184, 186, **187**, 271, 273-4, 279
Ginsberg, Allen, 83, 87, 196, 233, 252
Glucksmann, André, 258
Godard, Jean Luc, 124, 186
Goes, Miguel, 229
Gomes, Eduardo, 235
Gomes, Hilton, 208
Gonçalves, Milton, 58
Gorbachev, Mikhail, 191, 219
Gordon, Lincoln, 22
Gorki, Máximo, 58
Goscinny, René, 221
Goulart, João, 22, 93, 206, 234, 268, 294
Goulart, Jorge, 173
Gross, Carmela, 110
Guarnieri, Gianfrancesco, 23, 54-5, 57

Guevara, Ernesto (Che), 11, 17, 108, 123, 161-4, **162**, 166, 235, 242, 252, 280, 291, 298
Guimarães, Honestino, 94
Guimarães, José Carlos, 228

H

Habermas, Jüngen, 248-9
Haddad, Amir, 56
Harrison, George, 46-8, 47
Harvey, Anthony, 221
Havel, Václav, 188, 219-20
Hayden, Tom, 199, 200-4, **203**
Heliodora, Bárbara, 58, 60
Heloísa Helena (Maçã Dourada), 161, 298
Hendrix, Jimi, 15, 177, *178*, 180
Hesse, Hermann, 46, 85
Hirszman, Leon, 58, 262
Ho Chi Minh, 20, 34-5, 35, 36, 64, 74, 222, 252, 285
Hobsbawm, Eric, 212, 289
Hoffman, Abbie, 85, 199, 200-4, **203**
Hoffman, Julius, 201
Hongwen, Wang, 224-5
Hoover, John Edgar, 102
Hopkins, Mary, 48
Horkheimer, Max, 83, 130-1, 133, 135, 248, 290
Hughes, Frede, 151
Humphrey, Hubert Horatio, 100, 197, 253-4,
Hutton, Brian G., 221

I

Ibrahin, José, 111, 166
Incríveis, Os, 260

J

Jabor, Arnaldo, 23
Jackson, Jesse, 99
Jagger, Mick, 76-7, 220, 274, **275**
Jardim, Reinaldo, **107**
Jefferson Airplane, 180
Jewison, Norman, 221
Jobim, Tom, 54, 208-10, **209**

Johnson, Lyndon B., 14, 21, 43, 75, 78, 80, **81**, 101, 200, 253-4, 265, 292, 293, 294, 301
Joplin, Janis, 15, **151**, 178, 180, 289
Judt, Tony, 71, 119, 289
July, Serge, 258

K

Kadar, Jan, 188
Kai-Shek, Chiang, 35
Kasey, Ken, 85
Kennedy, Ethel, 152, 154
Kennedy, Jacqueline, 100, 245-6, 301
Kennedy, John, 32, 80, 101, 155, 195, 245-6, 253-4, 278
Kennedy, Robert (Bob), 14, 21, 79, 81, 152-5, **153**, 194, 195, 253, 288, 293, 296
Kerouac, Jack, 83
Klos, Elmar, 188
Korda, Alberto, **162**
Kosygin, Andrei, 127, 296
Kouchner, Bernard, 258
Kozel Filho, Mario, 142, 297
Krieger, Edino, 209
Kristol, Irving, 264, 266
Krivine, Alain, 121, 286
Kruschev, Nikita, 31, 223, 277
Kubitschek, Juscelino, 93, **234**, 268, 294
Kubrick, Stanley, 221
Kurlansky, Mark, 123, 289

L

La Vey, Anton, 168
Lacerda, Carlos, 93, 158, **234**, 268, 294
Langlois, Henri, 124
Lazcano, Severo, 164
Leão, Nara, 58, **59**, 172
Leary, Timothy, 85, 87, 134, 145, 233,
Lebret, Robert Favre, 124, 282
Led Zeppelin, 180
Lee, Rita, 187
Leiner, Nelson, 108
Lênin, Vladimir, 35, 98, 113, 145, 190

Lennon, Cyntia, 48
Lennon, John, **47**, 48-9, 169, 274
Lennon, Julian, 48
Lenzi, Umberto, 221
Levin, Ira, 167, 272
Lima, Helena de, 173
Lobo, Edu, 23, 54-5, **55**, 146, 173, 177
Lobo, Fernando, 55
Losey, Joseph, 221
Love, Mike, 46
Lowell, Robert, 86
Luther King, Martin, 14, 95-6, 99-103, **101**-2, 126, 135, 152, 154, 155, 194-5, 197, 253, 288, 294
Lutz, Bertha, 213
Luxemburgo, Rosa, 252
Lyra, Carlos, 54

M

Madrid, Arnulfo Arias, 243
Maiakovski, Vladimir, 184
Mailer, John Buffalo, 86
Mailer, Norman, 85-6, 196, 201, 257
Makeba, Miriam, **260**
Malcolm X, 98, 252
Mandela, Nelson, 33, 56
Manson, Charles, 169
Marchais, Georges, 120
Márcia, 173
Marcuse, Herbert, 83, 130-1, 133-5, 201, 248-52, 286, 290
Maria Bethânia, 58, 172
Maria Fernanda, 56, 60
Marighella, Carlos, 53, 92-3, 235, 284
Marins, José Mojica, *ver* Zé do Caixão
Martínez, Bóris, 243
Martinez Corrêa, José Celso, 15, 24-6, 56-7, 108, 146, 184
Martinho da Vila, 260
Martins, Carlos Estevam, 58
Martins, Franklin, 146, 165, 167
Martins, Heloísa Souza, 51-2
Martins, Mário, 146, 165
Marx, Karl, 34, 74, 98, 113, 133, 160, 222, 282

Mathias, Germano, 173
McCarthy, Eugene, 79-80, 86, 197, 199, 253
McCarthy, Joseph, 254
McCartney, Paul, 47, 48-9
Medalha, Marília, 173
Medeiros, Elton, 172-3
Medeiros, Marcos, 165, 232
Meireles, Gildo, 110
Melo Neto, João Cabral de, 59
Mendes Junior, Antonio, 49
Menzel, Jiri, 188
Michalski, Yan, 61
Migliaccio, Flavio, 58
Miller, Arthur, 196
Miller, Sidney, 173
Mills, C. Wright, 251-2
Miltinho, 173
Miranda de Carvalho, Sérgio Ribeiro, *ver* Sérgio Macaco
Miranda, Carmem, 178
Missoffe, François, 62
Mitchell, Joni, 180
Monteiro, Ciro, 173
Moon, Keith, 262
Moore, Henry, 240
Moraes, Vinicius de, 54, 173
Morais, Frederico, 106, 108
Moreira, José Gil, 186
Morgan, Robin, 212-3
Morrison, Jim, 15
Morrissey, Paul, **151**
Mota, Flávio, 108
MPB 4, 173
Mutantes, Os, 108

N

Nandi, Ítala, 58
Nascimento, Maria Rita do, 92
Nascimento, Milton, 173, 177, 260
Negrão de Lima, Francisco, 72
Nelson Cavaquinho, 172
Neves, David, 23
Newton, Huey, 45, 97, 98
Ney, Nora, 173
Niemeyer, Oscar, 93
Ninh, Bao, 63
Nitsche, Marcelo, 110
Nixon, Richard, 14, 22, 36, 80-1, 199, 233, 253-6, **255**, 265, 301
Noriega, Manuel, 244

Norman, Peter, 240
Novotny, Antonin, 185-6, 188
Nunes, Osvaldo, 260

O

Oiticica, Hélio, 106-9, 184
Olavo, Agostinho, 58
Oliveira, Domingos, 257
Oliveira, Servílio de, 242
Onassis, Aristóteles, **245**-6, 301
Ono, Yoko, 48, 50, 274
Originais do Samba, 173
Orwell, George, 252
Orwell, Robert, 196
Oswald, Lee, 155
Owen, Wilfred, 87

P

Paine, Tom, 98
Palmeira, Vladimir, 24, 54, 112, 145, 156-7, **157**, 183, 232, 288, 299
Papadopoulos, Georgios, 32
Pape, Lygia, 106, **107**, 109
Parks, Rosa, 44-6, 101
Pasolini, Pier Paolo, 221
Paulinho da Viola, 172-3
Payant, Lee, 221
Pearson, Lester, 103
Pedrosa, Mário, 105, 110
Penn, Arthur, 32
Penna, Hermano, 193
Pêra, Marília, 25
Pereira, Astrojildo, 34
Perkins, John, 244
Perrot, Michelle, 213, 216
Perry, Frank, 124
Perry, Troy, 170-1
Pestse, Heleno, 24
Petroni, Giulio, 221
Pignatari, Décio, 177-8
Pinheiro, Luís Carlos Sá Fortes, 71
Pink Floyd, 180, 218, 220
Pixinguinha, 173
Plastic People of the Universe, 218-9
Plimpton, George, 257
Plínio Marcos, 112
Polanski, Roman, 167-9, 221
Pompidou, Georges, 122, 124-5

Pound, Ezra, 87
Powell, Baden, 173
Prado, Gary, 162
Presley, Elvis, 177, 180, 182
Prudêncio, Nelson, 242

Q

Quadros, Jânio, 206, 298
Quant, Mary, 18, **30**
Queiroz Telles, Carlos, 56
Qing, Jiang, *ver* Ching, Chiang

R

Rangel, Flávio, 59
Rap Brown, Hubert, 45, 46, 96, 126, 292, 295
Rauschenberg, Robert, 259
Ravi Shankar, 180
Reagan, Ronald, 84, 96, 99, 202, 203, 244, 255, 256, 265
Reich, Wilhelm, 87-8, 130-3, 135, 290
Ribeiro, Darcy, 192, 194
Ribeiro, Isabel, 58
Ribeiro, Solano, 173
Richards, Keith, 77, 274
Richert, Clark, 259
Riley, Denise, 213
Robbins, Tom, 233
Rocha, Glauber, 15, 23, 60, 108, 184, 261
Rocha, Marta, 247
Rockefeller, Nelson, 100, 253, 255
Rodrigues, Glauco, 108
Rodrigues, Jair, 173
Rolling Stones, 76, 169, 177, 180, 182, 218-9, 260, 262, 274, **275**
Romero, George, 169
Roosevelt, Franklin D., 34, 265
Rossi, Agnelo, 235, 300
Rowbotham, Sheila, 213
Rubin, Jerry, 199, 200-4, **203**

S

Saint-Laurent, Yves, 30
Salazar, Antônio de Oliveira, 25, 31, 207, 211-2
Salazar, Mario Teran, 162
Sarkozy, Nicolas, 258

Sartre, Jean-Paul, 120, 132, 252, 286
Sassoon, Vidal, 168
Saura, Carlos, 124
Sauvageot, Jacques, 117, 286
Schaffner, Franklin J., 221
Schwarz, Roberto, 106
Scliar, Carlos, 108
Seale, Bobby, 45, 97, 199, 200-4, **203**
Sérgio Macaco, 235
Severo, Marieta, 24-5
Sganzerla, Rogério, 108, 184, 261
Sheehan, Cindy, 174
Siegel, Don, 221
Silva, Ismael, 173
Silva, Luiz Inácio Lula da, 111
Silva, Sinval, 173
Silva, Walfrido, 173
Silveira, Nise da, 213
Simon & Garfunkel, 180, 260
Simon, Paul, 141, 181
Sinatra, Frank, 169, 180, 257
Sinh Huy, Nguyen, 34
Sirhan, Sirhan Bishara, 152, 154-5
Smith, Stephen, 154
Smith, Tommie, 240-2, **241**, 301
Sócrates (jogador), 118
Solanas, Valerie, **151**
Solzhenitzin, Aleksandr, 152
Souto, Edmundo, 209
Souto, Edson Luís de Lima, 71-3, 73, **91**-2, 94, 143-4, 193, 228, 293, 294
Souza Leão, Manuel Felipe de, 56
Spanudis, Theon, **107**
Spielberg, Steven, 204
Stálin, Joseph, 34, 74, 131
Starr, Ringo, **47**, 48
Stevens, Wallace, 86
Stone, Oliver, 202
Stoppard, Tom, 217-20, **219**

T

Taiguara, 260
Talbot, David, 154-5
Talese, Gay, 86, 257
Tate, Sharon, 169
Taylor, James, 48
Teixeira, Anísio, 192
Terry, Fernando Belaúnde, 242
The Doors, 180, 182, 218
The Kinks, 180
The Who, **29**, 180, 262-3, 274-5, 286
Theodorakis, Mikis, 32-3, 291
Thieu, Nguyen van, 43
Thomas, Dylan, 86
Thompson, Hunter S., 257
Tibiriçá, Alice, 213
Tito, Josip, 150
Torquato Neto, 184, 187
Torrijos Espino, Martín, 243
Torrijos Herrera, Omar Efrain, 243-4, 300
Townshend, Pete, 262, 275
Tozzi, Claudio, 108
Travassos, Luís, **227**, 231-2
Trudeau, Pierre, 103-4, 298
Truffaut, François, 221, 271
Tsé-tung, Mao, 14, 35, 216, **217**, 222-5, 252
Twiggy, **30**, 246

U

U2, 218

V

Vaculik, Ludwig, 152, 189
Vadim, Roger, 221
Vale, João do, **59**, 172
Valle, Marcos, 173, 209
Valle, Paulo Sérgio, 173, 209
Vandré, Geraldo, 184, **208**-9, 210, 260, 275
Vanusa, 260
Vanzolini, Paulinho, 173
Vargas, Iêda Maria, 247
Vasconcellos, Martha, **247**, 298
Veiga, Jorge, 173
Velasco Alvarado, Juan Francisco, 242-3, 300
Veloso, Caetano, 15, 23, 108, 145, 177, 184, 186-7, **187**
Ventura, Zuenir, 158
Vergara, Carlos, 106, 108
Veruska, **30**, 246
Vianna Filho, Oduvaldo (Vianinha), 57, 58, 60
Viansson-Ponté, Pierre, 133
Vieira, Ivo, 73, 293

W

Waldman, Anne, 87
Wallace, George Corley, 253-4
Walters, Vernon, 22
Warhol, Andy, 150, **151**
Watts, Alan, 85
Weid, Jean-Marc van der, 232
Weil, Felix, 248
Weiner, Lee, 199, 200-4, **203**
Weissmann, Franz, 109
Wenyuan, Yao, 224
West, Morris L., 221
Williams, Tennessee, 56
Williams, W. Carlos, 86
Wolfe, Tom, 86, 257

X

Xavier, Nelson, 58
Xiaoping, Deng, 226

Y

Yates, Peter, 221
Yeats, B., 86
Yogi, Maharishi Mahesh, 30, 46, **47**, 203

Z

Zamma, Caetano, 57
Zampari, Franco, 57
Zannier, Victor, 162-3
Zé do Caixão, 169
Zé Kéti, **59**, 172
Zeffirelli, Franco, 221
Zerbini, Euryclides de Jesus, 113, 295
Zilio, Carlos, 106, 110
Ziraldo, 208

A marca FSC® é a garantia de que a madeira utilizada na fabricação do papel deste livro provém de florestas que foram gerenciadas de maneira ambientalmente correta, socialmente justa e economicamente viável, além de outras fontes de origem controlada.

Este livro foi composto em Minion e Legacy Sans e
impresso em papel offset 90g/m² e cartão triplex 250g/m²
por Geográfica Editora em fevereiro de 2018.